2014 南方传媒前沿论坛

2014 NANFANG CHUANMEI QIANYAN LUNTAN

广州大学新闻与传播学院 编

暨南大学出版社
JINAN UNIVERSITY PRESS
中国·广州

图书在版编目(CIP)数据

2014南方传媒前沿论坛/广州大学新闻与传播学院编.—广州：暨南大学出版社，2014.12
(南方传媒前沿论坛)
ISBN 978-7-5668-1283-4

Ⅰ.①2… Ⅱ.①广… Ⅲ.①传播媒介—中国—文集 Ⅳ.①G219.2-53

中国版本图书馆CIP数据核字（2014）第270388号

出版发行：暨南大学出版社

地　址：中国广州暨南大学
电　话：总编室（8620）85221601
营销部（8620）85225284　85228291　85228292（邮购）
传　真：（8620）85221583（办公室）　85223774（营销部）
邮　编：510630
网　址：http://www.jnupress.com　http://press.jnu.edu.cn

排　版：广州市天河区东棠尚诚图文快印服务部
印　刷：佛山市浩文彩色印刷有限公司

开　本：787mm×1092mm　1/16
印　张：16.5
字　数：299千
版　次：2014年12月第1版
印　次：2014年12月第1次

定　价：38.00元

起承转合（代序）

2004年，中国，广州，一所新的传媒学院正式成立，她就是广州大学新闻与传播学院。在此之前，她已在新闻传媒人才培养道路上跋涉了11个春秋。21年，只是弹指一挥间，但对一个年轻的传媒学院来说，却正是她茁壮成长的青葱岁月。

正是在这21年间，学院走上了一条适合于自身发展的道路，那就是：立足于本土，放眼海内外，着重围绕“广播电视与新媒体”办学，专业与学科建设力求做到“本土化”、“特色化”与“国际化”。

由于理念清晰，定位恰当，目标明确，学院的发展蒸蒸日上。2009年以来，学院先后获批建立了国家级新闻与传播专业“2+2”人才培养模式创新试验区、两个一级学科硕士点（新闻学与传播学、戏剧与影视学）、一个专业硕士点（广播电视艺术），还有广东省特色重点学科（广播电视艺术学）、广东省特色专业（广播电视学）、广东省特色文化研究重点基地（广府文化研究中心）、广东省实验教学示范中心、广东省大学生校外实践基地等一批省级学科与专业建设平台，有效地提升了学院的办学水平，优化了人才培养模式，提高了人才培养质量。

为了更好地培养具有开阔的国际视野、良好的专业文化素养与现代传播技能的复合型、应用型、创新型人才，学院积极开展与海内外高校的交流合作，加强与传媒业界的协同创新，不仅先后与广东南方广播影视传媒集团合作建立了“南方传媒学院”，与广州广播电视台合作建立了“广州大学传媒教育学院”，还开辟了“大学教育传播平台”、“图优网”、“南方传媒前沿论坛”等。

“海日生残夜，江春入旧年。”在2014年即将逝去，新的春天又将来临之时，学院迎来了十周年庆典。回首一起走过的岁月，想起许多兄弟院校与业界专家对学院发展的鼎力支持和无私奉献，我们满怀感激，为了给难忘的成长岁月留下一点雪泥鸿爪的记忆，我们特意结集出版了《2014南方传媒前沿论坛》一书。

收入该文集的文章，基本上都是来自高校的著名专家、业界精英参加“南方传媒前沿论坛”的讲座成果，同时也收录了本院部分老师的讲座资料。在新闻学、传播学、影视艺术与传播三个板块中，从本体论、效果论到文本研究再到实践研究；从宏观思维、系统思维到比较分析；从价值观、影响研究到案例研判……有洋洋洒洒数万言论述，也有几千字的精到短文，它们从不同角度、不同层面展示了对新闻、传播及影视艺术的关注。本着“博学笃行，与时俱进”的精神，学院将一如既往地加强与业界的合作及与学界的交流，力争将“南方传媒前沿论坛”作为南中国关于新闻传播研究的常态化窗口，力争开创此类研究的新态势、新格局和新天地。

2014，是一个十年的结束，也是一个新十年的开始。我们期待着更多业界、学界的朋友加入“南方传媒前沿论坛”，我们相约 2015、2016……我们将奋力打造一个具有南方特色的传媒“前沿阵地”。我们也期待着读者的批评与建议。

是为序。

纪德君 戴剑平

2014 年 11 月 17 日

目　录

新闻学

传播学

影视艺术与传播

新闻学

新闻发现力：一种历史性概括

刘海贵
（复旦大学新闻学院教授，博士生导师）

人类发展史实质是一部人类发现史。任何一个伟大的发现，均会产生巨大的动力，继而推动人类社会的发展。人类所创造的物质文明和精神文明的成果皆源于发现，一切事物都有着发现、发明、发展的规律。因此，从这个意义上说，优秀的新闻作品皆来自于发现。一个杰出的新闻工作者也必然是一个杰出的新闻发现者。

经过探索、研究，看见或找到前人、他人未发觉的事实或未知领域，这就是发现。所谓新闻发现力，即指新闻工作者及时识别新闻事实所含新闻价值的能力，也即指新闻工作者通过感官和思维敏锐感知新闻事实或事件所蕴含的重要性、显著性、时新性、接近性、趣味性等价值要素的能力。古今中外的新闻实践证明，新闻工作者需要的众多能力中，最重要的莫过于新闻发现力。新闻工作者能不能在纷纭复杂、浩如烟海的新闻事实中及时察觉和敏锐地分辨某个事实有无新闻价值和新闻价值大小，其直接着力点就是新闻发现力。新闻发现力俗称新闻敏感，西方新闻界则称之为新闻嗅觉或“新闻鼻”。新闻发现是新闻传播活动全过程的首道工序，也是新闻传播活动的基础和保证。

总结人类长期以来的新闻传播实践活动，本文认为，对新闻发现力的内涵应从四个层面予以考察：

一是判断力。这通常是指新闻事实的价值呈显性状态，关键是看记者是否具备对新闻价值快速反应的能力。如今新闻竞争的白热化程度日趋激烈，独家新闻很难寻觅，新闻活动也进入了“同题竞争时代”，往往一个新闻事实或事件的发生，会吸引数十位、百位记者迅速赶往该新闻现场，谁的反应快，谁先一眼看出事实的价值，谁就赢得了主动和胜利。如2005年11月下旬，哈尔滨市因松花江严重污染而全市停水，全国为之震惊。远在千里之外的浙江《今日早报》编委会快速认定这一事件的普遍价值，并果断决策，抢在国内其他媒体之前派出记者赴哈尔滨，并在11月24日至11月28日之间，共计推出12个整版刊载与该事件相关的新闻，在读者中引起了广泛反响，也受到了省内外同行的高度赞扬。

记者的这种快速反应能力不是与生俱来的，也不能指望从课堂上学来，而是主要靠平时的实践、磨炼、培养和不断总结。许多青年记者感叹老记者眼力好、下手狠，且常常“得来全不费功夫”，殊不知“纸上得来终觉浅，绝知此事要躬行”，这是他们几十年勤奋实践和科学总结的必然结果。

二是挖掘力。在物质世界中，有些事实的新闻价值是显性的，能一眼看穿，而有些事实的价值则是隐性的，不易识别。但记者的新闻发现力具有较强的穿透性，能够洞察事物的本质，从而排斥表象和一般化的东西，挖掘出价值含量较高的新闻事件。

常有记者感叹自己不是当记者的料，要不然怎么会这么多年记者当下来，写的尽是“白开水”、一般化的报道，还常常误把黄铜当金子。殊不知，这些记者采访时总被一些表象甚至假象牵着鼻子跑，而忽略了深层次的思考和挖掘。从理论上讲，新闻发现力远远不能简单地停留在对新闻价值的判断上。记者的工作绝非只是发现新闻、报道新闻，更多的是要探寻和挖掘那些深藏不露但含金量高的事实，追求并实现新闻价值的最大化和最优化。要使新闻发现力达到这一层次，记者就必须具有相当高的马列主义理论水平和明确的立场、观点，以及相当丰富的工作、生活经验。如在第24届汉城奥运会田径男子百米决赛时，加拿大选手约翰逊创下了9秒79的新世界纪录，千余名记者和场上数万名观众欢呼雀跃。但上海《新民晚报》特派记者徐世平却异常冷静，他注意到了约翰逊的眼神仿佛“醉汉的眼神”，怀疑该运动员有再次服用兴奋剂的可能，认定这成绩背后藏有不可告人的真相。于是他跟踪追击，挖掘到了该运动员检查尿样时的第一手资料。三天后，当大赛组委会宣布约翰逊尿样检查呈阳性，三天前所创成绩无效时，徐世平仅用15分钟就向编辑部发回题为《约翰逊再次欺骗全世界》的稿件，既抢了个第一时间报道，又抢了个独家新闻，令各国同行赞叹不已。美国哥伦比亚大学新闻学教授麦尔文·曼切尔在《新闻报道与写作》一书中说得好：“记者好像是一个勘探者，他要挖掘、钻探事实真相这个矿藏。没有人会满意那些表面的材料。”[①]新闻发现力不仅反映在对事实隐性价值的挖掘上，还反映在对这一事实被挖掘后的角度和细节等各个环节的表现上。

三是鉴别力。新闻发现力如果仅仅停留在感知新闻事实所含价值的高低上，是远远不够的，还必须反映在对价值优劣的鉴别上。新闻实践告诉我们，常常有这么一种情况，即新闻事实的价值是正面的，但传播出去的

---

①［美］麦尔文·曼切尔著，艾丰等编译：《新闻报道与写作》，北京：中国广播电视出版社1981年版。

效果却是负面的。因此，我们必须十分娴熟地运用“把关人”理论，对传播效果作出前瞻性的评估，必要时，还应用新闻政策对新闻价值作相应的制约。新闻价值与新闻政策的关系是明确的：新近发生、发现的某个事实能否报道，一要看其是否具有新闻价值，二要看其是否符合新闻政策，两者兼备就报道，否则不宜报道，两者相辅相成，相互制约。在以往的一些新闻传播活动中，由于把关不严、鉴别不力，我们也受过不少教训。

要增强自己的鉴别力，记者、编辑还应敢于质疑。不要迷信，不要盲从，“怀疑是上帝最大的恩宠”。从一定意义上说，敢于质疑，正是新闻发现力的核心所在。

四是预见力。这是指记者对新闻事实的发展趋势和本质作出科学分析时所表现出的一种见微知著的预见能力，也即“小荷才露尖尖角，早有蜻蜓立上头”的预判力。在许多情况下，有些新闻事实尚未成熟，但是，这些事实的构成元素却是存在的，只不过暂时处在分散、无序的状态之中而已。况且，事物一般都有一个从产生、发展到结束的过程，也有从量变到质变、质变的价值大于量变的规律。记者这种预见力、预判力的发挥，绝非凭空想象，而是在对事实进行了充分调查的基础上，在大脑中有效地建立起由事物发展过程和因果联系构成的事物环链模型，并根据自己以往的实践经验进行判断。当一个事实或事件初现端倪的时候，便可循着这一环链，推测出事物的下一环链，直至结束，从而有把握地对事物作出科学预见。新华社原社长郭超人就有这种能力，有这样一个堪称经典的事件：20世纪60年代初期，中国刚走出连续三年遭受严重自然灾害的困境，老百姓的生活极其贫困。当时，郭超人正在河南农村做采访。某天，他从广播里听到了党中央向全国发出的关于大力发展养猪事业的号召。于是，便琢磨起来：中央一声令下，农村地区一定闻风而动，对于报社、广播的编辑部来说，有关“养猪”的稿件一定不少，如果自己再在目前所在地采写这一类稿子，恐怕未必有什么影响力。他凭借经验和知识，迅速将视线移至该事物的下一个环链，即猪养起来之后，就必然产生怎样养好猪的问题，其中包括如何科学、经济地配制猪饲料及猪一旦患病如何治疗等问题。随后，他便以“怎样养好猪”为主题采集素材并整理成篇。十余天后，当他的稿件出现在当时的《人民日报》总编辑办公桌上时，总编辑不禁拍案叫绝。因为当时关于“养猪”的稿件每天如雪片般飞进编辑部，而“怎样养好猪”这一环链上的稿件则无。新闻传播史上的这一经典案例就准确地反映了作为新闻发现力基本内涵的预见力、预判力的极端重要性。

古今中外，许多新闻学者、行家都曾探寻培养新闻发现力的方法和途径。笔者以为，以下四个方面尤为重要。

第一，高度的责任感。

从根本上看，记者的工作责任感是比新闻发现力还要重要的东西。应当说，新闻发现力是新闻工作责任感派生出来的。有些记者发现不了新闻，其所缺少的恐怕不是“新闻眼”、“新闻鼻”，而是高度的工作责任感，即缺少那些对实际工作孜孜以求的感情和求“新”若渴的工作态度，对党和人民的利益、群众的疾苦和愿望无动于衷。邵飘萍先生所说的“铁肩担道义，妙手著文章”，正是采访写作与责任义务的辩证关系。

第二，强烈的探究欲。

好奇心和探究欲是记者的必备品格，也是新闻发现力的重要驱动。古人云：“处处留心皆学问。”此话用到新闻工作中来，也可理解为“处处留心皆新闻”。许多记者抓新闻看似“得来全不费功夫”，其实都是“踏破铁鞋”、苦苦探究的结果。

第三，广博的知识面。

实践证明，一个记者是博学多识还是知识贫乏，在新闻发现力的发挥上会产生截然不同的两种效果：若是知识广博，就能及时、敏锐地从客观事物和采访对象的叙述中判断、挖掘出有价值的新闻事实；若是知识贫乏，有价值的事实即便出现，也可能视而不见、充耳不闻。

第四，密切的关系网。

不管怎么说，记者接触社会生活的广度和深度总有其局限性，而受众却遍布社会的各个角落。记者若是与他们密切交往、联系，则社会触角就多，一有风吹草动，他们就会立刻告知记者，那么记者就会得到更多的新闻线索，新闻发现力也就会变强。因此，记者应当广交朋友，应当做社会活动家，有效建立起自己及时获取新闻线索的社会关系网。西方新闻界在长期激烈的新闻竞争中深切地感到：记者培养眼线，建立专家咨询群以及媒体培养受众中的报料积极者都是具有重大意义的工作。

展望未来，新媒体会陆续出现，新闻传播新载体和新平台也会不断涌现，这一切都是为了更好地传播新闻信息。新闻信息最重要的是发现，因此，对新闻发现力的研究是一个永恒的主题。

［原载于《西南民族大学学报》（人文社科版）2006年第6期，略有修改］

"媒体审判"真伪辨[①]

展江　李兵
（展江，中山大学传播与设计学院教授，博士生导师。李兵，中山大学传播与设计学院博士研究生）

新闻自由与公正审判的关系问题，实际上是指新闻媒体如何在行使正常的采访报道权的同时避免对司法过程的不当干预。这种不当干预最初被称为"报纸审判"，是国外司法界对报纸媒体在法制报道中越界行为的批评，后来又扩大到包括广播、电视等电子媒体的"媒体审判"，近些年来随着基于互联网的公众舆论的兴起又被称为"舆论审判"。

徐迅认为，"媒体审判"指新闻媒体为影响司法审判的结果而发表的各类文图信息。要点包括：主体是新闻媒体，不是个人，也不是在学术性讨论中的媒介审判；目的是影响审判结果，而不是讨论一个法律问题；最重要的是其内容，是给案件定性，给嫌疑人定罪；时间是在诉讼程序中间，也就是立案以后、结案以前；形式上，媒体的各类文图信息都可以构成。[②]

魏永征认为，"媒体审判"是指新闻媒体报道正在审理中的案件时超越法律规定，影响审判的独立和公正，侵犯人权的现象。这种现象多数发生在对刑事案件的报道中，主要表现为在案件审理前或判决前就在新闻报道中抢先对案件进行确定式报道，对涉案人员给出定性、定罪、量刑等结论。[③]"媒体审判"是对法院的审判权和犯罪嫌疑人的公民权利的双重侵犯。

"媒体审判"本来是法律界和法学界对新闻媒体不当干预法院所独享的审判权，以致阻碍司法公正行为的一种讥讽和批判。如果新闻媒体作出这样的行为，那就越过了正常报道的界限，是一种应该遭到谴责的媒体失德行为。但是在中国的特殊语境下，新闻传播和法律学界对"媒体审判"

---

① 基金项目：教育部人文社科"突发公共事件报道法社会学研究"项目（12YJA860028）。

② 吴飞、程怡：《传媒与司法的对话——"公开与公正——司法与传媒关系研讨会"述评》，《新闻记者》2006年第4期，第42~45页。

③ 魏永征：《新闻传播法教程》，北京：中国人民大学出版社2010年版，第97页。

的看法多有分歧，因此它成了一个中国式的媒体伦理议题。

一、案例一：被判损害公正审判的黑格案

约翰·乔治·黑格，1909 年生于英格兰北部的林肯郡，双亲均为普利茅斯弟兄会教徒，成长环境刻板而严苛。但是黑格不守新教教义，热衷于追求物质财富。1937 年，黑格因冒充律师从事诈骗而入狱。1940 年提前获释后继续以诈骗为生，先后几次坐牢。在监狱里，黑格想出了他所认为的完美谋杀方法：用硫酸将被害人的尸体溶解掉。他用老鼠做试验，只用了 30 分钟老鼠的尸体就消失了。

1944 年，黑格在海德公园附近的格洛斯特路 79 号租了一间地下室作为他的工作室，自称在那里从事"发明"工作。同年 9 月 6 日，他将前雇主唐纳德·麦克斯旺诱骗至工作室，将其击打致死并将尸体放入一个 40 加仑的大桶，以硫酸浸泡。随后，黑格通过伪造的证书将麦克斯旺的房产转至自己名下。1945 年 7 月 2 日，黑格又将麦克斯旺的父母骗至地下室，以同样的手法将这对夫妇杀害。他窃取了威廉·麦克斯旺的养老金支票，攫取了老夫妻 8 000 英镑的财产。

1947 年夏，黑格已将钱财挥霍一空。随后他在克劳利的利奥波德路 2 号又租了一间小工作室，把硫酸和大桶从格洛斯特路 79 号转移到了那里。1948 年 2 月 12 日，他将阿奇博尔德·亨德森博士带到克劳利，谎称带他去看"发明"，在那里他将亨德森博士枪杀。黑格后又把亨德森夫人诱骗至工作室枪杀，并将尸体投入硫酸桶。他再以伪造文件的方式获得了亨德森夫妇价值 8 000 英镑的财产。

黑格的最后一个猎杀对象是 69 岁的寡妇奥莱夫·杜兰德－迪肯夫人。1949 年 2 月 18 日，黑格谎称对她制作塑料指甲的主意感兴趣，邀请她到他在克劳利的工作室商讨。黑格开枪将她射杀后，再将她投入硫酸大桶浸泡，并卷走了她的波斯羔羊皮和首饰等贵重物品。①

被捕后，黑格试图用以下行为来证明自己精神不正常以逃脱极刑：他喝尿液，并声称"杀那些人是为了喝他们的血"；他还说他杀了 9 个人，以佐证自己有精神病，而警方只发现了他谋杀 6 人的证据。然而，12 位医师鉴定了他的精神状况，大部分认为他是在装疯卖傻。法院也认为他的"吸血"之说没有任何证据支撑。陪审团只花了 15 分钟便确定黑格有罪。

① http://en.wikipedia.org/wiki/John_George_Haigh.

1949年8月6日，黑格被执行绞刑。[1]

《每日镜报》全程介入了对“黑格案”的报道。这份知名小报创刊于1903年，1949年前后发行量高达450万份，到2013年年初仍然有近106万份的日销量。[2]其典型新闻操作手法是选取煽情和惊悚的故事，以显著版面利用大标题和大照片制造卖点。1949年3月1日，该报头版报道了寡妇杜兰德–迪肯夫人失踪一事。报道第四段用加粗字体写道：“尽管那天她未按事前约定与约翰·乔治·黑格先生会晤，但也可能坐车去了另一个地方。”文末还写道：“伦敦警察厅已经审讯了一名有犯罪记录的男子，该男子是自上周五起失踪的寡妇的私人朋友。”

3月2日，《每日镜报》在头版以“多少有钱寡妇死了——迪肯夫人葬身酸浴”为题报道说，警方在英格兰东南部一家工厂的硫酸桶里发现了杜兰德–迪肯夫人未完全溶解的尸体，“伦敦警察厅昨晚被告知，杀害杜兰德–迪肯夫人的男子也有可能杀了其他几名有钱寡妇”。报道还说，警方称杀手为“人格分裂型蓝胡子”，“凶手生活奢侈，曾经由于诈骗和行窃坐牢多年”。文末写道：“约翰·乔治·黑格，39岁，公司董事长，周一下午4点15分去了警察局，今晨还在那里。他告诉警方，他在杜兰德–迪肯夫人失踪那天约见她，但是杜兰德–迪肯夫人没有赴约。”

3月3日，《每日镜报》第一次将杀人凶嫌称为“吸血鬼”，在头版以“伦敦的吸血鬼恐怖”为题报道说：“警察正在追踪一个疯子，这个疯子就像东欧民间故事里的吸血鬼一样，吸了被害者的血。”又用加粗字体写道：“警察厅认为，吸血鬼杀了5人——两个伦敦富有家庭的成员——之后，肢解并销毁了他们的尸体。”《每日镜报》还列出了5名失踪者的姓名和年龄，以及其中一对遇害夫妇的照片，并采访了这些失踪者的友人，还称“警察厅正在收集一名吸血鬼疯子的恐怖档案，他的滥杀行为在英国犯罪史上史无前例”。当晚，伦敦警察厅发表声明称：“任何在案件审判前的陈述都可能损害被告人的公正审判权，发布这类观点或提及这类事件都是非常错误的，面对站在法庭上的被告人时，法庭无疑会考虑这些内容。”[3]首席大法官戈达德勋爵事后称：“从伦敦警察厅的声明来看，似乎之前有报纸报道了此事件。”将凶嫌称为“吸血鬼”具有严重的误导性，因为这是黑格在自辩中提出的企图逃避极刑的一个借口。

---

① Katherine Ramsland, “John George Haigh”, http://www.trutv.com/library/crime/serial_killers/weird/haigh/index_1.html.

② http://en.wikipedia.org/wiki/Daily_Mirror.

③ “Writ against the ‘Daily Mirror’”, *Daily Mirror*, March 22nd, 1949.

Daily Mirror
VAMPIRE—
A MAN HELD
3 thirsty Russians rush the barricade

图 1　1949 年 3 月 4 日《每日镜报》头版

图 2　黑格工作室

然而在 1949 年 3 月 4 日，《每日镜报》又连发三篇报道。在其头版以“吸血鬼——一男子被拘留”这一大标题报道说：“这个吸血鬼杀手再也不会来袭了。他已经被收押了，无力去诱惑他的受害者暴死了。这是《每日镜报》今天能给出的保证。”文章还写道：“但是当警方听了他的骇人的大规模谋杀、毁尸以及吮吸他的受害者的血的故事时，他较早前的自吹自擂还真不是假话。”①

该报道还用粗体字写道：“他告诉审讯者，他割断了被他杀害的那些人的喉咙，并用柠檬水吸管吸他们的血。”该文还采访了很多就受害者遗产与这名“吸血鬼”有过接触的人，称遇害人之间的共同点只有一个，那就是“有一个共同的朋友——那个吸血鬼”。此外，文中还提到“他现在已经从审讯室回到了囚室。他在那里就其他罪行等待审判”。

第二篇报道在第二版，题为“凶手偷偷接近独处者”，称“伦敦有 5 个人失踪了。据信，他们已经惨遭吸血鬼杀手灭口”。文中还用加粗字体称“虽然有一名男子已供认罪行，但是其他人还有一个共同的话题：吸血鬼”。第三篇报道题为“吸血鬼索要租金”。该文与前两篇一样，没有提及黑格的名字，而用“吸血鬼”或“他”来指代，讲述了“吸血鬼”如何假借遇害人的名义敛财。

3 月 5 日，《每日镜报》的头版还是被“吸血鬼”占据。大标题为“新诉求紧随吸血鬼调查的发现”，称警方发现了谋杀的新证据。头版另一篇文章题为“曾是唱诗班少年的男子现遭谋杀指控”，还附上了一张嫌犯 12

① “John George Haigh: Acid bath murderer”，http://usersites.horrorfind.com/home/horror/bedlambound/library/haigh.html.

岁时在唱诗班的照片。报道称，一个名叫黑格的人被指控谋杀了69岁的有钱寡妇杜兰德–迪肯夫人，并且“已经被送往刘易斯监狱医院——这对面临最重指控而入狱的任何人而言是常规程序，并不意味着他病了”。

在这些报道出来之后，《每日镜报》总编辑西尔维斯特·博拉姆被拘留，经审判以藐视法庭罪被判入狱3个月，《每日镜报》被罚款1万英镑并支付诉讼费。首席大法官戈达德勋爵认为，《每日镜报》的“这些版次所含的文章、照片和最大字体的标题，本法院只能称其为英国新闻界之耻；英国以正义和公平为傲，即使极恶之罪犯亦不例外，但《每日镜报》却将其践踏殆尽”①。

二、案例二：首次被称为“报纸审判”的谢帕德案

在美国，“报纸审判”这一带有贬义的术语最早出现在1954年的“谢帕德诉马克斯韦尔案”的审理过程中。该案被认为是美国司法史上的媒体不当报道影响被告公平受审的著名案例。案件当事人萨姆·谢帕德是俄亥俄州克利夫兰的一名外科医生，1954年6月4日被指控犯有谋杀罪，杀害了其正怀有身孕的妻子玛丽莲。该案引起了全国各媒体的极大关注，案件的审理持续了9个星期。

在此期间，公众从报纸上读到了许多对谢帕德不利的报道，诸如，“他拒绝与警方合作，不接受关于谋杀案的调查”；“他聘请了一位知名的刑事辩护律师，这表明他显然是有罪的”；“他和许多女性存在婚外情”等。甚至有一家报纸的报道称，“检控方将请一位‘重量级’的证人出庭证实谢帕德的火爆脾气”。然而，这一证据并未在庭审过程中出示。并且，媒体非常强势地介入了整个庭审过程，甚至在法庭前排邻近陪审团席位的地方设置了专门的媒体席。

谢帕德的律师提出延期审理、改变审判地点、已进行的审理过程无效等请求，但是均被驳回。陪审团并未被隔离，法官也没有采取措施限制他们与外界的接触。最终，地方法院一审判决谢帕德谋杀罪成立。谢帕德以审判过程被严重干扰为由上诉至联邦最高法院，但被最高法院驳回。

在谢帕德被关押了超过10年之后，美国最高法院于1966年对该案进行了重新检视，认为媒体在审前渲染案情，严重误导陪审团的判断，导致谢帕德在一审中没有得到公正审判，要求释放谢帕德直至该案件重新审理。

---

① *The Times*, March 26th, 1949.

州法院于是对该案进行了重新审理，第二次审理时，媒体的报道活动受到了严格的限制。经过 16 天的审理，谢帕德被判无罪，从狱中释放。

在“谢帕德案”中，最高法院大法官托马斯·克拉克在 1966 年的审理意见中批评了一审法官对媒体无节制报道庭审活动的纵容，认为这直接导致了庭审报道的失控。他指出，一审法院犯了四个基本的错误：第一，对关于审判的舆论缺乏控制；第二，能隔离却未隔离证人，导致证人被报纸和电台随心所欲地采访；第三，没有对媒体传播从警方、证人和控辩双方获取的未经证实的传言的行为采取控制；第四，没有对泄露庭审信息的当事人和知情人进行警告，也没有警告发布不当报道的新闻记者。他最后写道：“我们从本案中注意到，在关于未决案件的报道中，有越来越多的报道是不公平或带有偏见的。法律的正当程序赋予了刑事案件的被告获得不受外界干扰的公正陪审团审理的权利。目前，媒体对庭审的报道已经十分普遍了，要消除审前信息公开对陪审员的影响也很困难。因此，法院必须采取有力的措施以防止被告的权利因此而受到损害。”

最高法院的这一意见为法官警惕新闻媒体对案件的报道提供了宪法上的理由。同时，“谢帕德案”的教训警示了其他法官在此后的庭审过程中要采取必要的措施，以避免案件陷入“媒体审判”的不利境地。[①]

三、“媒体审判”之中国版

进入新世纪以来，随着中国媒体法制报道和评论的发展，对“媒体审判”的关注和批评也在增加，法律和新闻传播业界、学界已经发表和出版了一大批论文和著作。就它的源头来看，这种批评首先来自维护法院审判权的法学界和法律界，包括新闻法学界。

魏永征在其经典教材《新闻传播法教程》中列举了多个他认为存在“媒体审判”现象的案例，其中的“夹江打假案”、“蒋艳萍案”、“张君案”和“尹冬桂案”在此后也被许多研究者认为是“媒体审判”的典型案例。[②]来杨在其硕士学位论文中制作了 1995—2008 年间“媒体评论影响司法活动的典型案例一览表”（如下表所示）。

① 参见来杨：《媒介审判与司法公正》，清华大学硕士学位论文，2009 年。
② 魏永征:《新闻传播法教程》, 北京: 中国人民大学出版社 2010 年版, 第 99~101 页。

媒体评论影响司法活动的典型案例一览表

名称	庭审年份	类型	媒体报道倾向	裁判结果
夹江打假案	1996 年	行政	质疑原告	驳回原告诉讼请求
张金柱案	1997—1998 年	刑事	不利于被告	死刑
赵湘杰案	1998 年	刑事	不利于被告	有期徒刑 15 年
蒋艳萍案	2001 年	刑事	不利于被告	死刑
张君案	2001 年	刑事	不利于被告	死刑
二奶继承案	2001 年	民事	质疑原告	驳回原告诉讼请求
钟志斌案	2002 年	刑事	不利于被告	无期徒刑
张二江案	2002 年	刑事	不利于被告	有期徒刑 18 年
尹冬桂案	2003 年	刑事	不利于被告	有期徒刑 5 年
刘涌案	2001—2003 年	刑事	不利于被告	死刑
宝马撞人案	2003 年	刑事	不利于被告	有期徒刑 3 年半
马加爵案	2004 年	刑事	不利于被告	死刑
王斌余案	2005 年	刑事	同情被告	死刑
黄静案	2004—2006 年	刑事	不利于被告	无罪
尚军案	2006 年	刑事	不利于被告	有期徒刑 10 年
邱兴华案	2006 年	刑事	不利于被告	死刑
彭宇案	2006—2007 年	民事	同情被告	一审判被告承担责任，二审和解
许霆案	2007—2008 年	刑事	同情被告	有期徒刑 5 年

来杨认为，与美国的情形相似，被研究者认为是中国内地“媒体审判”现象典型案例的绝大多数都是刑事案件，其中又以造成巨大人身伤害或被告人有可能被判处死刑的重大刑事案件居多。而被指为存在“媒体审判”现象的民事案件和行政案件都有一个共同特点：这些案件中存在法律和情理的冲突，导致法院对案件事实的认定与媒体和公众对案情的评价有着重大分歧。

对国内研究者选取的“媒体审判”典型案例进行研究，大致可分为三个阶段：

第一阶段：2001 年及以前。典型案例有：夹江打假案、张金柱案、赵湘杰案、蒋艳萍案、张君案、二奶继承案等。

当时，“媒体审判”（最初叫“媒介审判”）的说法刚刚被引入中国内地。除了魏永征等少数研究者率先比照这一说法的本原意义分析上述案件外，其他研究者的研究视角基本上都集中在对上述案件中媒体的不当“舆论监督”行为的反思上。

第二阶段：2002—2006 年。典型案例有：钟志斌案、张二江案、尹冬桂案、刘涌案、宝马撞人案、马加爵案、王斌余案、黄静案、尚军案、邱兴华案等。

在“媒体审判”这一说法经“概念推广”并为广大研究者和实务工作者所接受后，他们开始对具体的个案展开分析和研究。2002 年到 2006 年是对“媒体审判”现象讨论最热烈的阶段，其中又以 2003 年为最。有人将 2003 年称为“中国法治年”，媒体大规模介入司法审判活动，让这些本来就具有相当新闻价值的重大案件在公众中进一步传播，并引起巨大反响。对此，有人认为舆论监督强化了司法公正，推动了社会进步（如孙志刚案）；也有人认为其中的不少案件和庭审报道存在“媒体审判”的现象，从而危害了司法权威（如刘涌案）。

这一阶段的后期还有一个重要特征：随着互联网的普及使用，网络媒体开始介入对案件与庭审活动的报道和评论，并形成网络舆论。于是，“媒体审判”的内涵得到进一步丰富，开始包含一部分的“网络审判”和“舆论审判”。

第三阶段：2007—2009 年年中。典型案例有：彭宇案、许霆案等。

尽管 2006 年以后仍然有许多引人关注的案件发生，并且媒体的相关报道、评论和网络舆论的倾向性也引起了一定的争议，但指责媒体的报道是“媒体审判”的评议却少了。相关的讨论、研究在一定程度上形成了“司法机关应宽容媒体的质疑”和“媒体在报道和评论案件和庭审时要平衡且公允”的共识，同时，研究者也在进一步发掘公众利用互联网等新兴媒介评议案件时形成的舆论可能对司法审判活动造成的影响。

四、魏永征的“行为犯论”与徐迅的“划界论”

魏永征指出，媒体的报道往往是片面的、夸张的甚至是失实的。它的语言往往是煽情式的，力图激起公众对当事人憎恨或者同情的情绪。它有时会采取“炒作”的方式，即由诸多媒体联手对案件作单向度的传播，有意无意地压制了相反的意见。它的主要后果是形成一种足以影响法庭独立审判的舆论氛围，从而使审判在不同程度上失去了应有的公正性。[①]

魏永征认为，刘涌案是“媒体审判”的典型。最初的报道是新华社的两篇电讯稿《沈阳“黑道霸主”覆灭记》（2001 年 1 月 19 日）、《“黑道霸主”刘涌是如何“当”上人大代表的？》（2001 年 4 月 24 日）。这两篇报道，虽然刻意用“恶行”替代“罪行”，用“血案”替代“罪案”，

---

① 魏永征：《新闻传播法教程》，北京：中国人民大学出版社 2010 年版，第 114 页。

回避了“罪”字，但是这种以国家通讯社名义发布的公布罪状式的报道，无疑是确定了刘涌有罪。而且报道中使用的“组织黑社会性质的犯罪集团”、“黑道霸主”、“黑帮”、“黑老大”一类词语，远远胜过“罪犯”一词的分量，也就是宣布了刘涌的罪行十分严重。而刘涌被一审判决死刑是在一年以后，有关报道只有数百字。这是一种在法院判决之前就抢先给当事人定罪的报道方式。

图3 媒体上“国人皆曰可杀”的刘涌

这种报道的有害之处在于：首先，有损国际形象。1997年《刑事诉讼法》明文规定：“未经人民法院依法判决，对任何人不得确定有罪。”这被认为是“无罪推定”原则的中国式表述。无罪推定是国际人权公约规定的一项基本人权。刘涌案的初期报道就与这个原则相悖。人们会说，国家宣布尊重并保障人权，而且法律也已经作了明确规定，你们的国家通讯社怎么能视若无睹呢？你们的司法公正是真的吗？而一篇有影响的“媒体审判”报道，足以抵消万言人权白皮书的皇皇宣示。其次，不利于对公众进行法治教育。媒体不仅以内容，而且用自身的行为来影响公众。新闻报道采取了违法的方式，怎么可能正确引导民众走向法治呢？再次，损害了法院的权威和尊严。①

徐迅也认为，在中国，“媒体审判”的情形确实存在。其主要表现包括：对案件作煽情式报道，刻意夸大某些事实；偏听偏信，只为一方当事人提供陈述案件事实和表达法律观点的机会；对采访素材按照既有观点加以取舍，为“我”所用；断章取义，甚至歪曲被采访者的原意；对审判结果胡

① 魏永征：《关于媒介审判的通信》，http://yzwei.blogbus.com/logs/6682650.html。

乱猜测，影响公众判断；未经审判，报道即为案件定性，给被告人定罪；发表的批评性评论缺乏善意，无端指责，乱扣帽子等。上述违背法治精神的“媒体审判”无疑已对司法公正构成一定的威胁，产生了不容忽视的严重后果。

但是徐迅强调，承认存在“媒体审判”现象，不意味着“媒体审判”这顶帽子就可以随便戴。如果简单地一概而论，认为只要是媒体发表的有关案件的报道和评论就是“媒体审判”，必将导致对公众知情权和言论自由权的不合理限制。在尚未进入法律程序（即立案）前，和一审判决作出之后，尤其是终审后发表的有关案件的报道和评论不应视为“媒体审判”。所谓司法公正，很大程度表现在判决结果上。如果判决尚未作出，媒体即发表文章对其公正性表示质疑，那是无源之水，无本之木——判都没判，你怎能认定公正或不公正？如果判决已经作出，特别是终审判决已经作出，媒体发表有关报道和评论便不再能影响判决结果了。①

五、对中国式“媒体审判”的质疑

如果徐迅的观点可称为“划界论”，那么另一名媒体法学者周泽则对中国是否存在干扰司法的“媒体审判”表示强烈质疑。这位执业律师承认，在目前的司法实践中，可能确实存在法官受媒体不当报道所误导的舆论影响的现象。而这种种情形也正表明，我国司法权力的配置及其运行，还存在问题，即法庭不合格（法官不称职、不合格）、审判不独立，还达不到国际人权文件规定的公正司法的条件，而并不是媒体报道和舆论妨碍了法庭的独立审判。在司法权力的配置及其运行存在问题的情况下，对于一个具体案件，即使没有媒体的报道和舆论关注，也难以保证审判的公正。甚至可以说，没有媒体报道和舆论关注，审判可能会更不公正。

“在司法权力的配置及其运行存在问题的情况下，对于一个具体案件，即使没有媒体报道和舆论关注，也难以保证审判的公正。甚至可以说，没有媒体报道和舆论关注，审判可能会更不公正。如果我们的司法是独立的，法庭是合格的，法官是称职的；领导干部有基本的法治观念，不随意对案件进行批示，不以行政权力干预司法审判，那么，即使媒体的报道有再大

① 徐迅：《质疑生效判决不等于“媒体审判”》,《检察日报》，2003 年 10 月 8 日。

的问题，司法公正也不会被扰乱。”[①]

几乎在周泽立论的同时，2005年1月，曾在中国求学多年，与中国法律界和法学界熟稔的美国哥伦比亚大学法学院中国法律研究中心主任李本（Benjamin Liebman）在《哥伦比亚法学评论》上发表了关于中国法制的长达157页的鸿篇巨制，题为“守望者还是鼓吹者：中国法律制度中的媒体”（Watchdog or Demagogue: The Media in the Chinese Legal System）。李本指出，英美法系国家和地区的“媒介审判”是媒体的报道与评论可能直接影响到行使司法权的主体——陪审团，进而可能导致不公正的审判；而中国内地的情形则是，媒体的报道和评论首先影响不直接行使司法权的权力机关，再由权力机关对行使司法权的主体（法院）施压，从而间接影响审判的公正。因此，与人们一般理解的“媒体审判”不同，中国媒体影响司法的基本模式是“媒体影响领导，领导影响法院”。如图4所示：

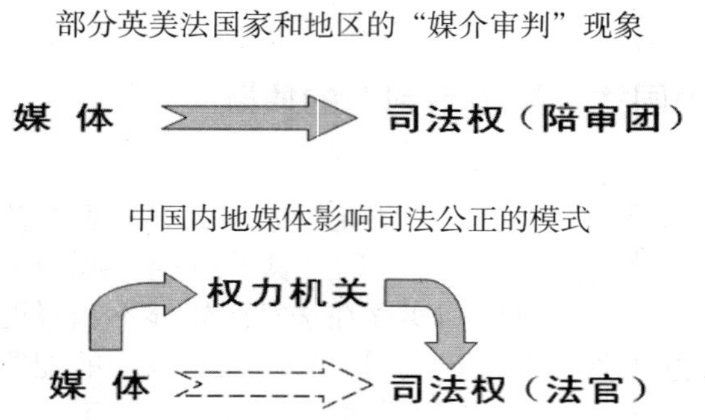

图4 英美法系与中国语境下媒体影响司法的不同模式[②]

在体现领导关心群众的新闻报道中，我们不难找到这种模式下的媒体—官员—法院互动关系的例证。1997年8月25日，《大河报》率先报道了张金柱案。26日，河南省委书记李长春、郑州市委书记王有杰等省市领导要求有关部门对此事抓紧时间严肃查处，公开见报，决不姑息。27日，郑州市公安局金水分局将张金柱刑事拘留。同日，金水区检察院批准逮捕张金柱。与之类似的还有在2009年4月贵州习水公职人员涉嫌嫖宿幼女

① 周泽：《舆论评判：正义之秤——兼对“媒体审判”、“舆论审判”之说的反思》，《新闻记者》2004年第9期。

② 来杨：《媒介审判与司法公正》，清华大学硕士学位论文，2009年。

案的审理过程中，遵义市政法委书记杨舟要求“在法律规定的量刑范围内对此类伤天害理、影响极坏的案件必须依法体现从严、从重原则”。[①]

如果说局外人一般无法窥见判决决策内情，因而可能陷入猜测和推断的尴尬中，那么，具体办案的法院负责人和法官是怎么看待媒体的影响与法院最终判决的关系的，他们能不能将这种内情公开出来呢？《网络舆论与法院审判》一书问世于微博刚刚兴起、尚未在舆论形成过程中大显身手的时候，但是它提供了许多法官的亲身经历和新鲜见解。该书作者之一——武汉市中级人民法院法官杨凯观察到了互联网所造就的“网络舆情刑事案件”给公权力带来的压力和反应：“当网络传媒的舆论监督将某一案件置于社会舆论巨大压力之下时，各级领导和地方党委、政府、人大、政协等权力机关、社会团体组织为表示对案件的关注或重视，层层批示，限期审结，或要求‘从重、从严、从快’，或要求‘考虑法律效果与社会效果的统一’，或要求‘考虑民生问题’，或要求‘依法公正处理’，或要求‘依法审结，并报结果’。从这个意义上讲，司法审判机关由于受到各级相关权力部门的干涉、干预而丧失独立性和中立性，或者说网络媒体通过借助相关权力部门的权力而构成对人民法院依法独立行使审判权并作出公正裁判的侵犯或影响。”[②]

另一名作者——武汉海事法院副院长李群星写道：“在某些情况下，民意监督司法反而有利于促进司法机关独立行使职权。目前，我国司法机关独立行使职权的最大障碍不是民意，而是权力干预。”李群星还不失精辟地揭示了这种干预的运作机制：“一次有着民意充分表达的司法活动，权力很可能出现两次：一次是民意表达之前就已经存在的操纵司法的力量，一次是后来公开表现出尊重民意的批示。在现实生活中，民意面对的常常不是独立的司法，而是已经受到权力干预乃至操纵的司法。在此情况下，民意表面上表达的是对司法的不满，实质是对权力干预司法的反感。民意通过对权力干预司法的阻击，为司法减轻了压力，由此而成为司法机关独

---

① 雷成：《习水公职人员涉嫌嫖宿幼女案今日开庭》，《中国青年报》，2009 年 4 月 8 日。

②杨凯：《民意与司法：互动与交融——以民意与司法的关系为视角》，载郭卫华主编：《网络舆论与法院审判》，北京：法律出版社 2010 年版，第 36 页。

立行使职权的推动力。”[①]

有论者通过比较中国内地与英美法系国家和地区在司法审判制度和媒体体制上的区别后指出，基于中国自身的司法和新闻制度，不存在本原意义上的“媒体审判”的根源：第一，中国内地地区并不实行陪审制度，对案件的事实认定和法律审判都是由法官（和人民陪审员）作出的。第二，中国的媒体是各级党和政府的“耳目喉舌”，其报道与监督的行为带有权利（Right）和权力（Power）双重属性。在我国当下司法不公现象广泛存在的情况下，新闻报道和监督对司法的影响，从总体上讲是积极的（除非媒体背后有权力的介入）。正是因为媒体的积极介入，才推动了许多案件的公正解决。司法公正与否的关键在于司法人员自身，而不在于媒体如何报道。如果一定要说媒体对司法公正产生了影响，那么，这种力量并非必然来自媒体自身，而是来自媒体背后的强大权力。[②]

六、如何改进媒体对司法的报道

事实上，魏永征也是倾向于李本和周泽的见解的。不过，他还进一步提出了关于“媒体审判”的新颖的区分。刑法学上有“行为犯”和“结果犯”之界说，行为犯是指以危害行为的完成为犯罪客观要件齐备标准的犯罪。即只要行为人完成了刑法规定的犯罪行为，犯罪的客观方面即为完备，犯罪即成为既遂形态。这类犯罪的既遂并不要求造成物质性的和有形的犯罪结果，它以行为实施完成为标志。结果犯是以法定的犯罪结果的发生为犯罪构成要件的犯罪。[③]

魏永征认为，“媒体审判”并不是一个法律术语，按照英美国家的法律，如果新闻报道影响了公正审判，是按“藐视法庭罪”论处的。藐视法庭并不要求受到指控的新闻报道一定造成影响公正审判的后果。他类比道：“这有点像我们刑法理论里说的行为犯，只问行为，不问后果。我们不能轻易就说哪一案件是媒介审判的报道造成的，但是这并不影响我们反对媒介审

---

① 李群星：《论民意与法意的冲突与平衡》，载郭卫华主编：《网络舆论与法院审判》，北京：法律出版社2010年版，第9~10页。

② 史忠治、王中伟：《中国有“媒介审判”吗》，《青年记者》2008年9月号下；王中伟：《中国语境下的“媒介审判”解读》，http://academic.mediachina.net/article.php?id=5776。

③ http://baike.baidu.com/view/373703.htm.

判，如上所述，那些超越和违反法律程序的报道，即使不影响法院审判，同样是有害无益的。”而对于所谓的“结果犯”，即媒体能够产生直接影响法院和法官的结果，他是持怀疑乃至否定态度的：“媒介的报道和意见一旦影响了党委领导、人大委员和代表或者政府的首长，他们会对司法施加实质性的影响，法官就很难抗御。”[①]

当然，案件中是否都存在司法不公，不能一概而论。但是无可否认，某些地方的确存在司法受到权力影响和干扰的现象。媒体一方面应力求像后文介绍的“徐十条”那样从事报道和评论，另一方面是在公安部门立案之后，媒体可以有理有节地介入事件。毕竟我们的法制还不够健全，地方保护主义和官官相护还很普遍，法院尚不能摆脱权力的支配，所以包括互联网在内的媒体能够在制衡权力的滥用方面发挥重要作用。同时，媒体也应避免被偏激的情绪所左右，特别是在难以断定是过失杀人还是故意杀人的命案中，不能轻易给肇事者扣上“故意杀人”的帽子。事实上，近年来引发对“媒体审判”的批评的，有相当一部分是此类案件。

根据魏永征的观点，无论是认为“媒体审判”令人担忧，还是认为它只是一定程度地存在，或者认为不存在媒体直接影响法院和法官的司法裁判的现象，有一点是必须要反对的，那就是“行为犯”类型的“媒体审判”。而这种问题的根源比较复杂，既有可能是有人故意要误导司法进程，也有可能是记者、编辑以及网民对法律一知半解，或者完全不懂，弄不清“无罪推定”、“疑罪从无”、“罪由法定”这些基本原则，往往出于道德义愤而讨伐尚未定罪的犯罪嫌疑人。

图 5　“媒体审判”式报纸标题

① 魏永征：《关于媒介审判的通信》，http://yzwei.blogbus.com/logs/6682650.html。

从1997年起，《中国新闻工作者职业道德准则》中有了关于案件和庭审报道的准则。比如1997年版：维护司法尊严，对于司法部门审理的案件不得在法庭判决之前作定性、定罪和案情的报道；公开审理案件的报道，应符合司法程序。又比如2009年版：维护司法尊严，依法做好案件报道，不干预依法进行的司法审判活动，在法庭判决前不作定性、定罪的报道和评论。尽管如此，徐迅认为这些准则还存在三个缺陷：内容简单，表述含混，操作性差。[①]

因此，徐迅根据已有法律法规和既往经验教训，提出媒体在报道司法审判活动时的十条自律规则（即“徐十条”）：①案件判决前不作定罪、定性报道；②对当事人正当行使权利的言行不作倾向性的评论；③对案件涉及的未成年人、妇女、老人和残疾人等的权益予以特别关注；④不详细报道涉及国家机密、商业秘密、个人隐私的案情；⑤不对法庭审判活动进行暗访；⑥不做诉讼一方的代言人；⑦评论一般在判决后进行；⑧判决前发表质疑和批评限于违反诉讼程序的行为；⑨批评性评论应避免针对法官个人的品行、学识；⑩不在自己的媒体上发表自己涉诉的报道和评论。[②]

［原载于《中国地质大学学报》（社会科学版）2014年第14卷第5期，略有修改］

① 徐迅：《媒体报道案件的自律规则》，载康为民主编：《传媒与司法》，北京：人民法院出版社2004年版，第266~268页。

② 徐迅：《四大焦点引人注目　十条规则首次亮相》，《检察日报》，2003年12月17日。

市场逻辑如何影响新闻生产[①]
——麦克马纳斯市场新闻业理论再审视

田秋生
（广州大学新闻与传播学院副院长，教授，博士生、硕士生导师）

当编营分离的制度遭到破坏——“国家”与“教堂”之间的围墙坍塌之后，市场化运作的媒体还能否承担起为公共利益服务的任务？20世纪90年代以来，此类问题已成为欧美新闻学研究中的热门议题。伴随我国媒体的市场化转型，市场逻辑对新闻生产已产生了深刻的影响，市场与媒体生产的关系也受到业界与学界的共同关注。在本领域的研究中，美国学者约翰·麦克马纳斯（下文简称“麦氏”）所提出的市场新闻业理论备受瞩目，是诸多后续研究探讨的热点之一。对于来自域外的理论，我们不能简单地全盘接收，而是需要将理论置入其所产生的情境中进行审视，了解它的背景、核心观点及其背后的逻辑和事实论据，在真正理解的基础上，结合中国语境的特点进行批判性吸收。对于麦氏的理论，自然也不能例外。

循此思路，本文所要探讨的问题是：麦氏理论是在何种背景下提出的？要义是什么？有效性如何？如何认识市场因素对当代中国新闻生产的影响？

一、麦氏市场新闻业理论的提出及其要义

麦氏的研究源自其在斯坦福大学所写的博士学位论文《经济和技术因素对地方电视台新闻产品质量的影响》，该论文于1986年动笔，1987年完成。后在该论文的基础上，麦氏增补了部分二手资料，写成《市场新闻业：公民自行小心？》一书，并于1994年出版；随后又在1995年11月出版的《传

① 本文为广东省自然科学基金项目“新闻报道行为的行为模式及其影响因素的实证研究”（编号8151009101000001）、广州市社科规划项目“广告商对新闻生产的影响研究”（编号08G-06）的阶段性成果。

播理论》上发表了《新闻生产的市场模式》一文，论文略去了《市场新闻业：公民自行小心？》一书中的个案材料，以纯理论探讨的形式呈现，也宣告了其理论的基本定型。

理解麦氏的市场新闻业理论有两个关键：一是市场新闻业的概念，二是商业化新闻生产模式。

早在19世纪中后期，随着便士报的产生，美国的新闻业就已走上了市场化生存的旅程，市场理念与新闻理念的冲突自此源源不断。其后，新闻专业理念的形成和职业道德守则的确立，尤其是编辑权与经营权的分离，在一定程度上使事业化与商业化的矛盾得以缓和。然而，到20世纪80年代中后期，美国新闻业发生了重大变化："随着报纸、电视台乃至全国电视网被家族企业卖给了华尔街的投资者，越来越多的新闻由那些股份制大企业所生产，其股票持有者寻求回报的最大化。新闻部门也开始出现有MBA头衔的管理者的意向，而不是那些'绿眼影人'的理念。读者和观众成了'消费者'，新闻成了'产品'，传播领域或曰信号领域成了'市场'。"[①]针对此种变化，麦氏提出了市场新闻业的概念。那么，麦氏笔下的市场新闻业与便士报诞生以来的市场化运作的新闻业有何不同呢？主要在于一是媒体所有权的变更——由家族企业变成了在华尔街上市的股份制大企业，投资人寻求投资回报的最大化；二是"国家"与"教堂"之间的围墙已经坍塌——编营分离的制度遭到破坏，持市场营销理念的管理者开始主导新闻生产。

麦氏以微观经济学的社会交易理论透视市场新闻业的新闻生产，提出了一个美国民主市场社会情境下的商业化新闻生产模式。麦氏指出，市场化运作、以广告作为主要收入来源的新闻媒体必须在投资者、广告商、消息来源、消费者四种市场上与其他媒介企业展开竞争，以获取必备的资源。

在商业化新闻生产中同时存在着四种交易：一是投资者与媒介企业之间的交易。投资者拿出资金、倚靠政策以获取利润与影响力。作为媒介企业结构的一部分，投资人在新闻生产过程中发挥着最大的影响力。二是广告商与媒介企业之间的交易。广告商向媒介企业支付金钱（广告费），以获取潜在消费者对其产品（服务）的注意。作为媒介企业的主要收入来源，广告商对新闻生产发挥的影响力仅次于投资者。三是消息来源与媒介企业之间的交易。消息来源向媒介企业提供新闻生产所需的素材，借助媒介报

---

① ［美］约翰·麦克马纳斯著，张磊译：《市场新闻业：公民自行小心？》，北京：新华出版社2004年版，第11页。

道获取媒体曝光率或传播其理念。四是新闻消费者与媒介企业之间的交易。新闻消费者付出注意力或订阅费，以获取信息。消费者在新闻生产中发挥的影响力最小。

置身于新闻部门的新闻工作者按照媒介企业自身的组织文化行事，这种组织文化来源于两套不同的规范——新闻规范和市场规范。新闻规范立足于通过客观公正的报道，来保障公民的知情权，不考虑达成目标所需要的人力物力成本；市场规范则追求媒介企业自身利益的最大化——以尽可能低的成本生产出吸引最多受众的内容。

麦氏宣称：尽管新闻规范和市场规范并非完全不相容，但二者在实践中时常发生冲突，且一旦二者发生冲突，市场规范往往战胜新闻规范成为主导新闻生产的逻辑。1994 年麦氏出版《市场新闻业：公民自行小心？》一书时，认为新闻就是这两种规范互相妥协下的产品。1995 年，他在《新闻生产的市场模式》一文中，对原有的观点进行了修订，断言经济理性已取代社会责任成为媒介常规的基础。[①]

二、后续研究者对麦氏理论的质疑

自麦氏的市场新闻业理论提出后，市场逻辑对新闻生产的影响，为市场服务与为公众服务能否协调等问题已成为美国新闻学研究中的显著议题。然而，本领域一些后续研究者的发现却并未对麦氏的结论形成有效支持，反而构成了对其理论的质疑。

1992 年，安德伍德（Underwood）等人对美国西部沿海 12 家报社的新闻采编人员展开调查，其所探讨的问题是：在市场新闻业浪潮席卷美国各大媒体的背景下，报纸的编辑方针与新闻生产管理发生了何种变化？其对新闻产品的质量产生了何种影响？调查结果显示：报纸确实变得更加注重读者导向与市场导向了。不过，受访者同时认为，他们的报纸依然强调传统的新闻价值观。略占多数的受访者声称，在更加重视市场效益的情况下，报纸的新闻产品质量较之以前却提高了。据此，研究者给出如下结论：报业发生的变化是复杂的。报纸正通过更强调消费者导向的新闻业来赢得市场，不过同时也力图维护传统的新闻价值观——那些新闻工作者所珍视的

① ［美］约翰·麦克马纳斯著，张磊译：《市场新闻业：公民自行小心？》，北京：新华出版社 2004 年版。John McManus. “A market-based model of news production” . *Communication Theory*,1995(4)：pp.301–338.

专业社区自治及为社会提供公共服务的理念。[①]

受市场驱动的媒体是否会优先考虑经济效益，而将对新闻产品的质量的考量置于相对次要的位置？ 1994年，科尔森（Coulson）就此问题对报社采编人员展开了调查，结果有47%的受访者给出了否定的答案，39%的受访者给出了肯定的回答，14%的受访者表示不确定。[②]

对于市场驱动新闻业的一种常见的批评是：受市场驱动的媒体将偏向于报道娱乐性强的新闻，较少致力于有关公共事务的严肃新闻。对此，毕姆（Beam）在1996年通过严格的抽样调查对美国报业展开研究，来自全美182家报社的406名高级采编人员接受了调查。研究发现，与市场倾向较弱的报纸相比，市场倾向更强的报纸反而更加坚守传统的新闻价值观，更多地致力于有关严肃公共事务的报道，而且更有可能在报道中持对抗性的观点。[③]

1995年，时任《洛杉矶时报》发行人的马克·威利斯为了提高报纸的发行量以增加广告收入，决定采取措施来增强报纸的多样性，一方面增加少数族裔成员担任该报采编工作；另一方面开辟专门的版面与栏目刊载少数族裔群体感兴趣的内容。1998年春至1999年秋，密苏里新闻学院的研究者就此项目对该报的76名采编人员进行深度访谈，让受访对象就发行人的动机和此项目的效应进行评估。研究发现，大多数受访者认为，发行人增强报纸多样性的行为具有双重动机——既有提高经济效益，改善报纸经营状况的考虑，也有改进新闻报道质量的考虑。而且，几乎所有受访者都认为，该项行动所带来的效果是积极的——既改善了报社的经营状况，也提高了新闻报道的质量。换句话说，他们认为，良好的经营状况对提高新闻报道质量起到了积极的作用。[④]

这些研究所得出的结论是一致的：为市场服务与为公众服务可以并行不悖，在媒体更多地倾向于市场导向的同时，传统的新闻价值观并没有被抛弃，新闻产品的质量也并未降低。尽管这些研究本身也有其局限性，但

---

① Underwood, D. & Keith Stamm. Balancing business with journalism：Newsroom policies at 12 west coast papers. *Journalism Quarterly*，1990(2)：pp.301–317.

② Coulson, D. C..Impact of ownership on newspaper quality. *Journalism Quarterly*, 1994(2)：pp.403–410.

③ Beam, R.A.. What it means to be a market-oriented newspaper. *Newspaper Research Journal*，1998(3)：pp. 2–12.

④ Gross, R., Curtin, P. & Cameron, G.. Diversity advances both journalism,business. *Newspaper Research Journal*, 2001 , 22(2)： p.14.

至少它提醒了我们，麦氏的市场驱动新闻业理论及其商业化新闻生产模式的有效性需要重新检视。

三、麦氏的理论逻辑与实证基础再审视

先从理论探讨部分来看，在麦氏的分析中，新闻消费者的脆弱（Consumer Vulnerability）是一个至关重要的决定因素。

麦氏指出，要让市场正常运作，让“看不见的手”来自发调节各方利益，使交易双方共同获利，必须符合以下条件：一是交易双方能够理性行事，以维护自身利益；二是充分竞争的市场提供了足够的选择；三是买方对产品质量有充分的了解。

在与媒介企业展开交易的四个伙伴中，投资者、广告商、消息来源拥有相应的资源和条件，能够像媒介企业一样理性行事。但作为个体的新闻消费者却不可能做到理性、自利地行事，在市场中拥有的选择更少，而且，更为重要的是，缺乏判断产品质量的能力。在市场交易中，脆弱的一方将遭到剥夺。由于这四种市场之间存在结构性失衡，更准确地说，由于消费者的脆弱，媒介企业倾向于按市场规范来组织新闻生产，在满足投资人、广告商和消息来源要求的同时，求得自身利益最大化。[①]

在《新闻生产的市场模式》一文中，麦氏用了一个形象的类比来说明投资人、广告商、消息来源、新闻消费者四方的力量对比及其对新闻生产可能施加的影响。若将四者共同参与商业化新闻生产的过程比作赌场中的一场纸牌游戏，其情形就是这样的：“投资人作为庄家，制定游戏规则，使游戏能吸引参赛者，负责发牌。牌桌的两端分别坐着广告商和消息来源，通常情况下，他们是老练的，甚至是专业的玩家。另一端坐着新闻消费者——尽管不笨却是赌场中的新手，而且还有两个不利因素：他们的赌本及能赢的钱都是有限的；发给他们的牌不能每张都看，要隔一次才能看。”[②]在对新闻消费者进行界定时，麦氏使用的词是“consumers”，他的解释是报纸的读者或电视的观众。可见，麦氏所言的新闻消费者也即大众传播中

---

① [美]约翰·麦克马纳斯著，张磊译：《市场新闻业：公民自行小心？》，北京：新华出版社2004年版。John McManus.A market-based model of news production. *Communication Theory*,1995(4)：pp.301–338.

② John McManus. A market-based model of news production. *Communication Theory*, 1995(4):p.321.

的受众。透过麦氏的论著，我们可以看出麦氏的受众观：受众是一群孤立个体所组成的集合体，作为个体的受众是非理性的，对媒体传播的消息缺乏判断能力和抵抗能力，会作出一致的反应。此类受众观自然使人联想起柏拉图的洞穴隐喻和李普曼笔下的幻影般的公众，进而显示麦氏在对受众理性的认识上，与李普曼有着一脉相承的关系。

此种受众观无疑是有偏差的。首先，受众并非孤立个体所组成的集合体。人是生活在社会中的人，是与他人交往的人，作为个体的受众（新闻消费者）置身于具体社会环境中并且与他人互动，每一个个体都具有社会性。

其次，受众在一定程度上是理性的。在麦氏的眼中，受众是非理性的，其文中有言："即使是'有限的理性'，现在看来也是对一个消费者追求自身利益能力的过于乐观的估计。"[①]在他看来，个体受众既没有时间，也没有相应的资源了解媒介企业及其产品的情况，无法对新闻产品的质量作出正确的评估，因而只能接受被操控的命运。这种观点倒是与早期"魔弹论"中的受众观颇为一致，也可跟李普曼和法兰克福学派的观点相通，但受众研究后来所取得的成果早已发现受众理性的存在。1940年的大众传播效果研究发现了受众的选择性，1970年的"使用与满足"理论进一步呈现了受众的能动性，看到了受众在多媒介环境中的自主选择能力、对信息的批判分析能力以及处理和探讨能力。当然，受众的理性与主动性并非是绝对的，而是受到社会结构和媒介结构的制约。

再次，"使用与满足"研究与文化研究中的"接受分析"从两个不同的路径出发，同时发现，对于媒介所提供的信息，受众并非照单全收，也不会作出一致反应。"使用与满足"研究发现："受众能够积极控制信息处理的结构，与媒介结构和内容产生互动，由此可能对相同的媒介信息产生不同的解释和理解。"[②]"接受分析"发现："受众按照他们自己的认识和期望，对媒介源所提供的信息的意义进行解码，虽然这种解码常常是在某些共同的经验框架内进行的。"[③]麦氏提出，和规范新闻业相比，市场新闻业可能产生的社会效应至少有四种：新闻消费者从新闻中获知的信息可能减少了，受众可能会被误导，新闻来源可能施加更多的操纵力，受众变

---

①［美］约翰·麦克马纳斯著，张磊译：《市场新闻业：公民自行小心？》，北京：新华出版社2004年版，第99页。

②周葆华著：《效果研究：人类传受观念与行为的变迁》，上海：复旦大学出版社2008年版，第176页。

③［英］丹尼斯·麦奎尔著，刘燕南、李颖译：《受众分析》，北京：中国人民大学出版社2006年版，第125~126页。

得对政治更加冷漠。对于前两种效应，麦氏采用的是内容分析所获得的证据，后两种效应则多来自推测。在讨论新闻产品的社会效应这一问题时，麦氏并未针对受众接收行为展开分析，没能呈现不同受众对同一新闻产品的解读与接收情况，因此也就忽视了受众对市场新闻业可能带来的负面效应的抵制能力。

从实证研究部分来看，麦氏的实证研究是围绕美国四家地方电视台的新闻生产展开的，他不仅考察了这四家电视台的新闻生产过程，也通过问卷调查和内容分析对其新闻产品的质量进行了评估。但其理论探讨却不仅指向美国地方电视台的新闻生产，而是所有以市场为导向、以广告为主要收入来源的媒体的新闻生产。也即是说，麦氏认为，其结论是具有普适性的。

为何选择地方电视台新闻部门作为考察对象？麦氏给出的理由是：其一，市场新闻业最早就是在地方电视台新闻部门确立的。和报业不同，地方电视台新闻业中没有传统新闻理念的束缚，它可以自己创造新的传统。结果出现了一种新的新闻样式，它更关注大众的需要，而不是报业所宣扬的传统的新闻价值。其二，麦氏坚信，地方电视台那时已成为美国新闻产业的主导力量。地方电视新闻成长最快，且比全国性电视网新闻或者报纸新闻更受欢迎，但其重要性却被忽略了，学界对其研究非常不够。

有批评者指出，麦氏的研究无异于在桶中捕鱼，早在研究开始前结论其实就已在预料之中。众所周知，与报业相比，地方电视新闻业更注重赢利。①

就麦氏理论产生的基础而言，其结论在效度方面具有一定的时空范围——20 世纪 80 年代中后期美国地方电视台的新闻生产。麦氏并未对报纸和全国性电视网的商业化新闻生产进行实证考察，则其理论与模式的普适性尚需进一步的检验。换句话说，即便是麦氏的理论能够正确地解释和预测地方电视台的商业化新闻生产，但其对报纸、全国性电视网等其他媒体的商业化新闻生产的有效性却需要进一步检视，况且前文所提及的众多针对报业开展的研究也确实与麦氏结论不相吻合。

四、结论与启示

综上所述，麦氏首次应用微观经济学的社会交易理论透视美国地方电视台的商业化新闻生产，提出了市场新闻业的概念，并建构了一个美国民

① Richard Robert Gross.Small newspapers, big changes: awareness of market-driven journalism and consequences for community newspapers.Unpublished doctoral dissertation, University of Missouri, P.25.

主市场社会情境下的商业化新闻生产模式。该模式将商业化新闻生产过程视为媒介企业与投资人、广告商、新闻来源和消费者进行交易的过程，并将这一过程置入特定的社会环境（文化、法律/法规、科技）中进行考察，既充分地考虑了内部的各种要素，也顾及了外部社会环境因素。该模式本身是较为周全、合适的，对于商业化新闻生产过程中可能出现的一些负面倾向也有很强的解释力。但是，对于模式内部各种力量的博弈过程及其结果，对于外部社会环境要素如何作用于具体的新闻生产过程，却还需要进一步的理论探讨和实证考察。

审视麦氏的市场新闻业理论，自然使人联想到当代中国的新闻生产，麦氏的模式也能为我们考察当代中国的新闻生产提供有益的启示。但是，对当代中国新闻生产的特定语境先要有清醒的认识。首先，经过30多年的新闻改革，我国的大多数媒体已走上了市场化生存的道路，市场逻辑在新闻生产中开始发挥重要作用。其次，中国有着独特的传媒体制，当代中国的新闻生产是有限商业化新闻生产。从所有制的角度来看，中国的媒体乃国有资产。在传媒管理上，我国实行党管媒体的制度，媒体必须无条件地完成党和政府的宣传任务。再次，中国新闻业尚处于市场化运作的早期阶段，不仅市场机制不健全，外部的法律机制与媒体的自律机制也不完备，新闻专业理念尚在形成之中。来自西方的新闻专业理念与中国传统的“文人办报”理念相遇，共同影响着中国新闻人的责任意识和家国情怀。

迄今为止，从整体上看，市场逻辑对中国新闻业的影响是积极的。市场化改革不仅催生出新的媒体品种，改变了传媒格局，也催生出中国媒体的受众意识和责任意识，使新闻产品的质量得到了提升。不过，与此同时，市场逻辑的负面效应也开始显现，虚假报道、有偿新闻、低俗之风、不良广告屡禁不止，成为全民公害。

考察中国的有限商业化新闻生产，需要将其置入当代中国的独特语境中，既看到各种社会结构性因素的制约，也承认包括新闻工作者、受众、广告商、消息来源等在内的各个行为主体的能动性，以主体间性的视角来考察他们之间的互动，从而揭示当代中国有限商业化新闻生产的真正逻辑，建构本土的原创性理论。

（原载于《新闻大学》2011年第4期，略有修改）

论新闻真实性的文本策略

夏德勇
（广州大学新闻与传播学院新闻学系教授，硕士生导师）

一、 新闻真实性与真实感

新闻的真实性，通常是指在新闻报道中的每一个具体事实、细节，必须与客观实际相符，要求新闻所承载的要素包括时间、地点、人物和背景，事情的起因、发展、经过和结果，以及人物的语言、心理活动、思想变化都必须经得起事实的检验，有据可查。为了保证新闻的真实，在业务方面大多是要求记者进行扎实深入的采访，在写作时，要求保证各种事实要素真实，有采访依据。这并不错，但是还不够，比如，有的事件的确是真实的，记者也进行了扎实的采访，但是写成的新闻却给人以不真实的感觉。这就说明，除了采访要扎实，要让读者有真实感，还涉及一系列的写作策略。在新闻传受活动中，受众绝大多数情况下并不可能真的去核实新闻是否与客观事实相符，而是凭着自己的学识、生活经验和对新闻的认识来判断。也就是说，新闻真实性在受众那里通常体现为真实感，而新闻的真实感，是指受众通过对新闻信息的各种表现形式如文本、图片、声音、录像等，获得新闻信息后所产生的一种主观感觉，是读者在阅读时对新闻是否真实、真实程度如何的感受与判断。那么，这种主观感觉事实上主要取决于作者的新闻陈述，以及信息的内在结构与表达方式等因素，当然也与读者的知识背景、个人经历、心理状态等有关。也就是说，新闻真实感的建立与新闻传受两个主体都有关系。这一点，一些研究者已经有所论述。

“真实是人们评价新闻的主要标准。当然，就新闻话语（新闻报道都是话语——引者）本身来说，它不可能达到‘真实界’，它只是培植一种‘真实性效果’。或者我们说，就新闻文本来说，真实，更接近的意义是可信。”①

---

① 黎明洁著：《新闻写作与新闻叙述：视角主体结构》，上海：复旦大学出版社2007年版，第227页。

什么是可信？无非是读起来、看起来像真的，判断的标准无非是合情合理。因为受众在阅读新闻的时候，都是根据自己的经验、学识等判断其真实程度，绝大多数都不会（或根本不可能）去核实报道的真伪。

台湾学者翁秀琪、钟蔚文等认为，"所谓新闻报道必须'真实'，事实上是包括至少两个层次的意义"。在第一个层次上，它指的是这个事件有没有真的发生过，考的是记者查证的功夫。新闻报道必须真实的第二个层次指的则是，记者以事实语言的方式来呈现事实。所谓事实语言是指在特定语言社群中，被用来表示事实的特定语言机制。例如，为了表达他们对自身所报道事件的相信程度或态度，记者可以对构成新闻报道的诸因素（人、时、事、地、物等）进行选择和排除，以决定新闻事实以何种面貌呈现在受众面前。因此，新闻报道既是记者对客观事实的陈述，又表现出主体对客体的认知态度。当这种认知态度与社会集体对事件的认识相契合时，新闻真实便被社会大众认可，进而影响社会大众对认知社会事实的心理预设。①

这里的"新闻真实便被社会大众认可"，也是可信性的问题，同样说明新闻真实的形成关涉两方面，即传播者是否传播了真实的事实、传播的策略和技巧如何，也看他的传播是否与受众的认知相契合。

理论家们对于历史的真实性也有类似看法。有的认为记录过去发生的重要事实的历史，也不过是一种叙述话语，不能呈现历史真实，而只是给人以真实感。如罗兰·巴特认为，历史话语不可能到达"真实界"，因此，它只是培植一种"真实性的效果"。卢波米尔·道勒齐尔进而认为，历史像现实主义小说一样，"它们的'真实'来自精心的叙述、讲究的章法和大量的扩充（这里指所谓的'具体细节'）"。②

这些不同的说法，都启发我们对新闻真实产生新的认识：新闻真实在受众接受的层面表现为真实感，新闻真实感与受众的认知有关，新闻真实感的获得离不开相应的文本策略。

所谓文本，是指主体通过语言、声音、图像或它们的复合体，按照一定的程序写作或制作而成的、可以感知的作品。在我国，新闻文本有消息、通讯（含深度报道）和新闻评论，消息和通讯是新闻报道文本，是叙事文本。本文所谈的就是新闻叙事文本。所谓文本策略，是指为了满足新闻的真实、

---

① 见陈龙著：《传媒文化研究》，北京：中国人民大学出版社2009年版，第152页。

② ［法］卢波米尔·道勒齐尔：《虚构叙事与历史叙事：迎接后现代主义的挑战》，见［美］戴卫·赫尔曼主编，马海良译：《新叙事学》，北京：北京大学出版社2004年版，第179页。

客观、公正等基本要求而运用的方法和技巧。“新闻修辞不仅限于使用常见的修辞手法，相反，它还包括为增强新闻报道的真实性、合理性、正确性、精确性和可信度而使用的策略性手段。”[①]“巧妙的修辞在一定程度上影响甚至决定新闻信息在多大程度上让受众感到可信、在理、有说服力。”[②]

可见，新闻的真实、可信并不仅仅是原原本本的客观陈述（这也是一种叙事修辞手段）的结果，还需要合理使用其他文本策略。

二、新闻真实感的文本策略

（一）消息头、新闻来源的交代，引语的使用

最典型的新闻文本是消息。消息的基本写作策略是与其真实、准确、客观、迅速地传播新闻信息的根本要求联系在一起的。比如，消息头的交代，“它说明了新闻话语的来源，证明了新闻话语的可信性，而记者的姓名除了说明本文的责任所属之外，在这还起着类似于电视新闻节目主持人的以其‘庄重的角色’形象促使受众对新闻深信不疑的作用”[③]。

路透社、美联社、《纽约时报》等国际性新闻媒体在其新闻报道规范中，对新闻来源都有详细、严格的规定。为了保障新闻真实，他们通常从多方面对消息来源的可信性进行评估，如动机如何、是否权威、接近性如何、关联度如何、精细度如何、能否自圆其说、可证实性如何等。在可证实性上，他们形成了多源核实的原则，即报道应该有多个消息来源，消息来源之间相互验证，消息来源彼此独立。在关键细节上，记者应该采用三点定位法，即采访说话当事人、他的对立面和中立方。[④]

国内新闻媒体也逐渐认识到新闻来源的重要性，并对其加以规范。如《广州日报采编行为准则》规定：“每一个事实来源都必须做到有根有据，避免使用模糊的说法。最好的消息来源是记者的亲眼所见，有名有姓的消息来源次之，最差的是匿名消息来源（如‘广大群众说’）。尽量避免匿

---

① ［荷］托伊恩·迪克著，曾庆香译：《作为话语的新闻》，北京：华夏出版社2003年版，第96页。

② 何纯著：《新闻叙事学》，长沙：岳麓书社2006年版，第208页。

③ 曾庆香著：《新闻叙事学》，北京：中国广播电视出版社2005年版，第29页。

④ 张宸著：《当代西方新闻报道规范》，上海：复旦大学出版社2008年版。

名消息来源。”[①]

与消息来源类似的是引语，以英美主流传媒为代表的西方传媒对引语十分重视。美联社前资深编辑杰克·卡彭说：“即使是初出茅庐的记者也会很快认识到，引语是不可缺少的。它使新闻具有真实感。”[②]因此，有影响力的报纸都推崇直接引语，如《广州日报采编行为准则》规定：“尽量不用间接引语。使用的直接引语应是某人所说的原话，除对语法和句法错误进行必要的纠正之外，记者不得制造直接引语，不得对采访对象的话语进行添油加醋或肆意歪曲。”[③]之所以如此，是因为它给受众这样的暗示——“这是他在说”和“这完全是他的意思”，这会让受众对报道感到更可信。当然，直接引语并非一引就灵，“好的引语能够起到补充引语和证实消息的作用，甚至可以让读者听到说话人的声音。它们可以为你的报道增添艺术性和趣味性。然而糟糕的引语却会毁掉一篇报道。如果引语只是对报道内容的重复，最好隐去这些引语和解释”[④]。

在我国新闻界，大量存在“伪直接引语”，话语没有一个具体的发出者，而经常被记者写成“异口同声地说”，也就是记者为了达到自己的目的，对自己的话语进行加工甚至用自己的话语代替人物话语。这不但不会让受众产生真实感，反而令人感到虚假和厌恶。这是需要竭力避免的恶劣倾向。什么样的引语才是好引语呢？不同的媒体有自己的规定，但是生动、清晰，能够反映说话者的情感，增加报道的信息量是基本要求。

（二）选择恰当的叙述视角

新闻的叙述视角是新闻叙述人（记者、编辑等）观察和叙述事实的角度，通常分为三种。

1. 全知视角：叙述者＞人物

这是指叙述者比文本中任何人物知道得都多，他全知全能，历史、现在、未来全在他的视野之内，任何地方发生的任何事，同时发生的几件事，甚至是人物内心都可以叙述。因此，这种叙述视角最大、最明显的优势在于，

---

①《广州日报》，2011 年 1 月 1 日。

②［美］杰克·卡彭著，刘其中译：《美联社新闻写作指南》，北京：新华出版社 1988 年版，第 140 页。

③《广州日报》，2011 年 1 月 1 日。

④［美］卡罗尔·里奇著，钟新等译：《新闻写作与报道训练教程》，北京：中国人民大学出版社 2004 年版，第 42 页。

视野无限开阔，适合表现时空延展度大、矛盾复杂、人物众多的题材。叙事朴素明晰，读者看起来觉得轻松，也是它的一个优点。但这种叙述视角的缺陷也是相当明显的，它的叙事真实可信性，亦即“全知性”经常受到挑剔和怀疑。在新闻文本中，尤其容易受到质疑，这是因为新闻真实性的基本要求是，所报道的一切都要有采访的依据，都要经得起核实。“如果是新闻叙述者的所知虽然大于报道中的任何一个消息来源，但等于这些消息来源的总和，这并不违背新闻的真实性原则。可如果新闻叙述者的所知不仅大于报道中的任何一个消息来源，而且大于这些消息来源的总和，也就是说新闻叙述者‘知道了’他 / 她实际上不可能知道的信息，这就是违背了新闻真实性原则的一种错误的叙述方式了。”[①]“1 月 29 日上午 10 时许，19 响礼炮宣告了邓小平副总理对美国的历史性访问开始。这时候，邓副总理和卡特总统满面笑容，并肩站在白宫南草坪铺着红地毯的检阅台上，面对着数以千计的人群，满怀信心地眺望远方。环顾白宫，看到第一次并排飘扬的五星红旗和星条旗，看到第一次肩并肩站在白宫前的中、美两国领导人，听到第一次在白宫同时演奏的中、美两国国歌，人们兴奋而激动的心情，怎么也不能平静。如果说，北京刚刚在鞭炮声中迎来了新春佳节的话，那么华盛顿的炮声则迎来了中美关系史上的新时代。”[②]这段报道使用的是典型的全知视角，画线的地方超越了文本中任何人的感知范围，还有毫不掩饰的评论。如果用新闻真实性的标准衡量，它是很容易受到质疑的。因此，直接叙述人物心理和对事实进行评论等体现全知视角的叙述，应尽量少用。有经验的记者往往不直接表达对事实的意见，而是使用转述别人的话语或引用背景材料等方法。

2. 内视角：叙述者＝人物

这是指叙述者所知道的同人物知道的一样多，叙述者借助某个人物的感觉和意识，从他的视觉、听觉及感受的角度去传达一切。叙述者不能像全知视角那样，提供人物自己尚未知的东西，也不能进行这样或那样的解说。由于叙述者进入故事和场景，一身二任，或讲述亲历或转叙见闻，其话语的可信性、亲切性自然超过全知视角。目击新闻就是典型的内视角叙事。现在常用的隐性采访除了题材吸引人外，与记者讲述亲身经历的叙述方式带来的高度逼真的效果也不能说没有关系。

---

① 王辰瑶著：《嬗变的新闻——对中国新闻经典报道的叙述学解读 1949—2009》，北京：中国传媒大学出版社 2009 年版，第 244 页。

② 欧洋、晓闻主编：《新时期优秀国际通讯选》，北京：新华出版社 1998 年版。

3. 外视角：叙述者＜人物

这种叙述视角可以说是“全知全能”视角的对立面。在这种视角中，叙述者对其所叙述的一切不仅不全知，反而比所有人物知道得还要少，他像是一个对内情一无所知的人，仅叙述人物的行为和语言。它最为突出的特点和优点是极富戏剧性和客观演示性；叙事的直观、生动使得作品表现出引人入胜的艺术魅力。它的“不知性”又带来另外两个优点：一是神秘莫测，既富有悬念又耐人寻味；二是读者面临许多空白和未知点，阅读时不得不多动脑筋，故而他们的期待视野、参与意识和审美的再创造力得到最大限度的调动。因此，这种视角在新闻叙述中用得很少，偶尔用于某些片段，因为它不符合新闻快速、准确地传播信息的根本目的。

这三种视角中用得比较多的是全知视角和内视角，交代背景和各种新闻要素是全知视角的特长，亲历性、现场感、情感性则是内视角的长处，但无论用哪种视角都要满足真实、准确、快速传播信息这些要求。

（三）受众的期待与新闻真实感

“可以说，新闻文本的客观性一方面来源于可以被接收者经验验证的特征，另一方面由叙事者运用视角策略等来建构。经由叙事者操作的电视新闻只有与接收者‘事实本身看起来会怎样’的期待相适应时，才能让他们产生客观印象。接收者的客观性期待得到满足的程度越高，就越不会质疑叙事者的客观姿态和公正立场，文本对所选新闻事实的客观性建构就越有效。因此，新闻叙事者在运用视角策略进行客观化建构时必须始终有接收者意识，以进行更有效的客观化作为。”①

这里虽然讲的是新闻叙述的受众期待对客观性建构的作用，但对新闻真实感也同样适用。

需要注意的是，受众的期待与客观的真实如果发生冲突怎么办？毫无疑问，还是要如实叙述客观事实。

新闻报道是一种叙述话语，话语并不能像镜子一样透明地反映客观世界已经成为共识，新闻报道自然也不能，它只是一种对事实的建构，是在新闻客观性原则下对事实的貌似自然化的符号化过程。这种建构要被受众认可为真实，而不致产生对抗性解读，就需要与受众的期待视野一致或近似。

符合受众的期待视野，不是说可以在受众的压力下制造假新闻，而是

---

① 袁黎：《叙述视角对新闻客观性的建构》，苏州大学硕士学位论文，2008年。

说，在事实的基础上挖掘与叙述符合受众期待的信息。

除此以外，为了显示新闻报道的真实、客观，新闻叙事文本的语言方面也有常用的策略，如句子方面常用陈述句、简单句，词汇方面常用中性词、多用动词、少用形容词等。

以上提出的几个文本策略，都是在新闻事实确有其事的前提下，为提高新闻真实感而采用的技巧和手段。没有这个前提，一切策略、手段和技巧都是空中楼阁。

（原载于《新闻知识》2012年第2期，略有修改）

在“全能”与“专精”之间把握平衡
——全媒体转型战略下的新闻人才培养

钟剑茜
（广州大学新闻与传播学院新闻学系副教授）

当今的新闻界，传统媒体为对抗新媒体对传媒生态格局的冲击，不断采取内容创新、改版、改栏目等措施，更有不少传统媒体纷纷尝试实施全媒体升级转型策略，拟从传播平台、新闻价值和传播秩序等方面进行重构，延续与拓展传统媒体的产业竞争力。

顺应传统媒体向全媒体升级转型战略的需要，为其提供或培训实施转型战略所急需的全媒体人才，是当今各高校新闻传播院系责无旁贷的事情。[①]因此，高校的新闻传播教育亟须在全媒体转型意识下，对传统的新闻教学进行改革创新。首先，须创新新闻人才培养的理念；其次，须在日常教学中结合全媒体转型的实际需要，加大实验与训练的课时比重，着重培养全媒体新闻人才所需的技能才干；最后，根据全媒体新闻生产运作的需要，加强各种科学思维的训练，增强人才培养的针对性。旨在让学生能自信地、卓有余力地应对传统媒体向全媒体转型运作的实战要求。

一、培养理念——“全能”与“专精”的合理把握

一般情况下，“所谓全媒体记者，就是要会摄像，会灯光，会录音，会采访，会写稿，会后期，会编辑，会创意，会沟通，会协调，会技术，会直播，会代码……”似乎全媒体记者应是万能的，十八般武艺样样精通。于是乎，在尝试实施全媒体运作的媒体中，难怪有记者感叹承受的工作压力太大。

---

①闫林：《传统电视全媒体战略转型的对策分析》，《中国记者》2012年第2期，第66~68页。

事实上，对于全媒体升级转型战略的认识，不能只是简单地理解为让纸媒体、广播媒体都转型去做视频传播或跨界去做网络传播。关于传统媒体新闻生产的全媒体转型，应全面而理性地解读为：传统媒体在新闻生产过程中，须合理运用多种媒介技术，在媒体内部进行多维度的挖掘，在多元媒介平台上去呈现新闻作品，而不再只是囿于运用原来单一的媒介技术制作新闻，利用单一的媒介渠道输出新闻作品。

从目前尝试实施全媒体转型的纸媒体运作实践来看，传统纸媒体在每次重要的新闻策划行动中，对每个记者都有相对明确而具体的分工。故在每次实际新闻采制流程里，对每个全媒体记者而言，实际只要求其精通一两种技能即可，无须强求每个记者都是全能人才。

事实上，对于耗时较长、过程复杂、采访对象众多、采访目的深刻的策划报道来讲，若记者没有明确的具体分工，采访实战中容易使记者们的工作相互交叠、重复，浪费时间与劳动，也容易使稍纵即逝的新闻素材流失。显然，即使转型为全媒体新闻生产，工作状态中的记者也须明确各自的职责与目标任务，尽可能发挥各自擅长的一两种技能，才可打造出色的新闻作品。

也就是说，实施全媒体转型战略，实质上是要求媒体记者尽可能多地掌握新闻生产的实务技能，懂得利用尽可能多的媒介技术，能自如地在多介质平台上呈现与传播其新闻作品，为完整的策划报道贡献自己的力量。但在全媒体新闻生产过程中，往往也不是由一个记者独自完成所有工作，仍须整个新闻生产团队通力协作，才能生产出多种类、多介质的新闻产品来。

故而，要顺应传统媒体向全媒体转型的战略发展趋势，高校新闻教学亟须改革，以满足传统媒体对全媒体人才的需求。而且，对全媒体人才的理解不应是“通才”或包揽一切的、三头六臂的“超人”。在全媒体人才的培养理念方面，应摒弃培养全能全才的思想。一方面，应把全媒体人才培养中教学实训的基础，放在夯实新闻采写基础上，着重培养学生最基本的新闻采写能力。这是因为无论是要完成视频访谈作品，还是要完成出镜采访报道，或是现场发出新闻评论，或是进行现场新闻的微博直播，都离不开新闻采访技能，离不开口头或书面的新闻表述功底。另一方面，须依据不同学生的不同特点，教导其专攻与精通一两项新闻实务技能，鼓励学生根据自己的不同特质、潜能、爱好与才华，在摄影、摄像、出镜报道、新闻现场述评、新闻深度评论及新闻深度报道等方向中选择一两项，作为以入职为前提的重点技能加强学习，加大培养训练的比重。

综上所述，全媒体人才培养的教学理念，须在“全面”与“专精”之间作合理的把握。

二、培养内容——依全媒体实战需要进行整合修改

一般地，目前高校所执行的人才培养方案，每隔四年都会进行一轮较全面而具体的修改和调整，以使人才培养能紧随现实形势变化的节奏与步调，适应或推动社会生活向前发展。与高校人才培养方案配套使用的，是高校要求各专业、各年级必须要执行、实施的教学大纲。它包括必须开设的课程、课时量（授课课时＋实验课时）、学分、上课学期等内容。在教学大纲的基础上，课程主讲老师依据课程内容，确立教学重点难点，安排教学进度。日趋规范的教学管理，要求每个教师授课须严格按照教学进度表执行，不得随意变更。

故而，日常的理论课可视为须严格执行教学大纲各项规定的“大课”，面向全班甚至合班的“大众”学生，讲解课程知识，使学生掌握其原理与规律。换言之，“大课”的教学改革，一般多体现为：课堂教学方法的改进，教学手段的创新，教学介质的丰富，课堂教学气氛的组织营造，教学节奏的灵活把握等。

显然，“大课”旨在向学生传授新闻专业所必需的专业基础知识与基础技能，进行的是专业通识教学。然而，实践性颇强的新闻教学，还须依靠大量的实验课进行实操实训。

紧扣全媒体转型的实战需要，最有整合修改必要的是实验课，即“小课”的教学模式与训练设计。所谓“小课”，并非是指把课程内容压缩，也不是指减少课时，而是根据全媒体实战的需要，尽可能在实验课上把学生化整为散，作“小众化”安排——分成3~5人小组，进行满足全媒体实战不同需要的模拟训练；或布置不同小组的学生，轮番负责完成预设的媒体业务任务。例如“新闻采访与写作”课程的教学，采访是一种针对性、实践性很强的能力，“采访”环节的教学，除了在“大课”上讲授采访理论外，极需对学生进行相应的 “小课” 分组训练：首先，在组内成员间练习互相模拟提问，互相指正纠偏，练习“采访”必不可少的基本功——提问的胆量和音量，侧重于鼓励学生迈出采访的第一步；其次，分组集体出外采访，学习如何选择合适而必要的采访对象，对不同采访对象应设计怎样的问题，如何依靠组员的集体智慧与力量，互相帮助，完成对真人采访对象的采访；再次，布置学生独立完成同一采访目的、不同采访对象的采访实训；最后，根据影像媒介（如电视、网络视频）的特点，要求学生自我训练如何面对镜头，在3~5个问题内，了解整个事件的基本信息。在提交的作业形式上，亦应根据全媒体实战需要作相应调整，灵活把握。如允许动手能力强、爱好或擅长拍摄或摄像的学生，交上其采录的摄影、摄像作品，

再配上相应的画外解说或文字报道；对于播音主持专业的学生，或有出色的口头表达能力的新闻专业学生，鼓励他们向“出镜报道记者”方向努力，着重训练面对镜头如何提问，面对镜头如何概括事实、描述现场，又如何根据对现场事实的冷静概括，迅速对新闻事实作出分析判断与点评；而对于文字功底扎实，逻辑分析能力、抽象思维能力较强的学生，鼓励他们多尝试从宽视野、多层面写作新闻深度报道。

“小课”的教学与实务训练，应配合理论课的进度而设置具体的、明确的目标，布置模拟或实操训练项目。“小课”的学习，旨在强化训练新闻实务操作所需能力，达到培养学生能独立完成生产不同种类的新闻产品的教学目的。

三、强化思维训练——增强全媒体人才培养的针对性和实效性

进入全媒体转型时代，媒体与受众之间的关系已由大众传播时代“一对多”的传播模式，逐渐向“多对多”的传播模式转变；由原来注重“受众意识”，向注重“用户中心意识”转变。①

新闻生产向全媒体转型使传统媒体由原来各负其责、各个环节相对独立的新闻生产状态，逐渐向“采写编播评”多环节合一的方向转变。而且，记者或媒体的采访规划和采访选题往往可以成为音视频媒介平台的资料共享对象，为全媒体产品的加工贡献素材。而且，在“一次性采集、多格式生成、多介质发布”的全媒体新闻生产流程模式下，作为全媒体记者并非是把一种“口味”的新闻产品分成多份分送给不同介质平台，而是要根据各介质平台、各信息用户的特征和喜好，进行调整、配置，提供用户所需的“适销对路”的新闻产品。这样，才能让不同需求的用户得到符合各自独特口味的新闻产品。因而，实战中的全媒体记者往往要善于追踪和捕捉用户的心态，再整合新闻事件的动态、原因、影响等各层面的信息，思考如何与不同用户进行匹配推送。也就是说，全媒体转型战略，要求全媒体记者具备换位思考的意识，具备较强的“用户中心意识”。全媒体记者能否追踪用户的喜好，融合媒体平台上他人提供的信息，或从公民记者采集的信息中发现有价值的信息，制造新的新闻产品，创造新的价值，将是对全媒体

① 于雪：《全媒体记者的发展趋势》，《新闻知识》2012 年第 8 期，第 12~13 页。

记者综合能力高低的全面考量。

上述全媒体的新闻生产流程及其新闻产品以多媒介输出的模式对全媒体记者而言意味着：在全媒体运作的“新闻超市”里，有价值的新闻信息容易被过载的信息所掩盖。另一方面，信息“用户中心”却往往很难得到用户所需的，或其乐于采用的，或有特色要求的信息。解决这一矛盾的关键是，全媒体记者需要具备更丰富灵活、更深刻的思维能力，善于开掘事实信息的深度，或善于把握不同媒介新闻产品的特长，灵活转换新闻产品的形式，以更好地满足不同用户的需求。如同一新闻事实的标题制作，在纸媒的版面上，可以取单式题或复式题，但新闻产品若匹配给网络用户或视频用户时，则只能取简明扼要的单式题。网络用户更关注新闻标题，故新颖的、突出概括信息核心点乃至带点夸张却不歪曲事实的新闻标题更受网络用户的欢迎。根据用户的特色需求进行新闻产品有针对性的匹配推送和反馈，提升新闻产品的采用率，是全媒体记者须重视与实际应对的问题。

故而，应有意识地在平时的教学与实验训练中，加强对学生进行深度思维、创新思维的训练。在“新闻采访与写作”课上，笔者曾给出同一事实素材，要求学生从不同角度、以不同思路提炼与确立采访主题、采访方向。在课堂上，先讲一个离奇的故事，让学生们对故事进行命名，命名没有标准答案。这个思维热身训练让学生们认识到，同一个故事素材可以从不同角度加以理解概括；人的发散思维可以打破陈规、超越常理。随后把另一则现实生活里发生的事实素材——“广西京族三岛，原是遍地黄沙的三小岛。那里的人们引种了一种叫‘木麻黄’的乔木，防风、固沙、改土，以后又围海造田，发展农业，旅游业……”交给学生们，要求完成相应的思维训练作业。作业目的是鼓励学生充分运用多种科学思维方式（如发散思维、创新思路等），告诉学生哪怕是异想天开地进行采访角度、采访主题的设计，都会被包容、肯定。由于训练目的明确，课堂上多鼓励引导，学生交上来的作业可谓“百花齐放，百家争鸣”：思考视野出乎意料地开阔；采访思路丰富多样，少有重复；采访主题设计活跃大胆，清新的、深刻的、单纯的都有。更有同学懂得从逆向思维的角度，开拓素材之外的其他思维角度，着力挖掘“引种木麻黄”是否会给当地的种植业带来弊端等。还有的同学运用发散思维，列举了从种植新品种带来农田的有效改造，到探讨如何开发当地的旅游资源，到了解当地是否能够发展编织业以开辟致富新径，再到是否规划围海造田以扩大种植木麻黄的面积，促进生产生活更大发展等。也许学生们的采访主题设计不尽成熟、不尽实际，但是他们的设计采用完全不同的思维角度，却印证了逆向思维、发散思维、创新思维等科学思维训练的成果。此外，课堂即席训练使以往作业中互相抄袭的现象基本消失，也杜绝了以往作业中普遍存在的照搬照抄网络搜集的信息的做法。最关键的是：强化思维训练提高了学生们对科学思维可以提升信息质量和价值的认识，有利于促使学生自觉加强科学思维训练。

在日常教学中不仅要重视传授理论知识，亦须强化科学思维的训练，以增强全媒体人才培养的针对性和实效性。

（原载于《中国记者》2013 年第 2 期，略有修改）

微博舆论监督的特点及其负效应的规避对策探析

郭　秦
（广州大学新闻与传播学院新闻学系副教授）

网络时代，微博因其传播及时、内容自主、方式互动等特征而广受大众喜爱，尤其是在舆论监督方面，微博的作用越来越大，从“药家鑫”、“郭美美”、“温州动车”、“局长腐败日记”等触动着千万人之心的网络事件中，人们感受到了微博舆论监督的巨大作用。微博，作为新型的社会化媒体，正逐渐由“传播者”演变为“监督者”，很多事件经微博披露之后，由于网民的集体力量而使事件得到了圆满快速地解决。但是，在一些媒体事件中，微博的舆论监督出现违背道德和法律的现象，甚至影响到社会的稳定。微博舆论监督为什么会发生偏差？如何使网络舆论监督在发挥正面效应的同时尽量避免负面影响的产生？本文拟从新闻生产角度探究上述问题。

一、网络舆论的特点

何谓舆论？舆论就是在特定的时间、空间里，公众对于特定的社会公共事务公开表达的基本一致的意见或态度。一般来说，舆论大致可以分为国家舆论、阶级舆论和公众舆论。国家舆论体现的是国家控制者的意志和要求，具有权威性和影响力；阶级舆论是有共同经济利益和政治地位的社会成员，基于共同的利益要求所产生的共同的意见，通常以政党舆论的形式表现出来；公众舆论是最常见、最普遍的舆论类型，是需要引导的舆论。公众舆论需要引导是由它的特征所决定的：急迫性，即对与时局相关的事态作出的反应；公共性，即切身利益受到公众普遍关注。公众舆论是社会大众对现实生活中某一事态的一种初步的、直接的反映，它内容广泛、大胆活跃，是未经组织自发形成的意见，常带有某种程度的偏激与盲目，然而其影响力不容低估。

网络舆论是公众在互联网平台上公开发表个人对某种社会现象或社会

问题的具有一定影响力与倾向性的意见和态度，属于公众舆论。[①]微博基于网络平台实现信息沟通和监督等多项功能，公众可以自主选择微博舆论监督的方式，诸如披露明星、政治领导等公众人物的违法犯罪行为，策划微博公共事件，通过微博转发和评论功能“围观”事件，意见领袖引导舆论方向等众多方式。微博作为众多网络传播工具中的一种，其舆论监督功能对整个社会的影响不可忽视。

舆论监督是社会发展所必需的。正确的舆论监督，对构建和谐社会、推动政治民主化进程、调节干群关系、维护社会的和谐稳定起着至关重要的作用。

通过微博进行舆论监督在当今社会已经成为舆论监督的主要形式。然而，微博舆论监督也常常出现偏差，也因此对整个社会的发展进程造成严重影响。纵观一些微博事件，笔者认为，舆论有时并不是依据事实而产生的，而是受制于网民个人的情绪和价值判断，这是导致舆论监督出现偏差的原因之一 。那么，为什么会出现这种问题呢？这源于网络舆论本身的特点。

1. 网络舆论具有自主性

这是网络舆论最主要的特点，网络社会的提出者 Casteils 认为，在网络时代，网民能够以“我”为中心生产信息和内容，表现为内容上自我生产。网民参与信息生产的方式分为两大类：一是提供线索和素材，引起传统媒体的注意；二是参与信息的再生产和再传播。此外，网民还会对媒体的新闻进行搜集、筛选和整合，并根据自己的兴趣爱好、思维框架和价值判断进行重新编排，实现接受上的自我选择，信息发布上的自我导向。例如引发“表哥风波”的实际上是一张关于车祸的全景照片，但是网民并没有被动接受传播者力图通过这张照片传达的信息，而是按照自己的需求对照片中微小的部分尽情裁剪和凸显，并通过微博转发、评论，进而形成与车祸不一样的事件传播。此外，网民还可以选择任意的网站、论坛、微博、博客等信息平台发表个人对某个新闻事件、议题的意见或建议。网络舆论在内容的产生和传播形式的选择上都具有相当的自主性。

2. 网络舆论形成迅速

互联网的交互性特点使网民传播信息并形成共识的速度加快，一个热点事件的存在加上一种情绪化的意见，就能形成舆论。一些带有偏激情绪的言论往往并不依据事实而产生。其中，微博传播的即时性加速了网络舆论的形成，而网络的迅速传播造就了微博的即时交流沟通，在一定程度上

---

① 张东明：《从报网互动到报网融合——从〈南方日报〉第九次改版看全媒体转型探索之路》，《中国记者》2013 年第 2 期。

导致微博舆论监督中出现的违背道德和法律的现象得以迅速扩散，甚至影响到社会的稳定。例如此前，随着李某某案律师的一封公开信的发布，公众、学者、新闻界人士在网络上纷纷发表观点，认为为李某某辩护就是为坏人张目。总之，不喜欢别人的言论，就通过谩骂等方式来剥夺别人说话的权利。一些网民还没有等到法院的判决结果出来，便匆忙代替法官对李某某进行宣判，这是舆论审判干预司法的表现。这种网络舆论，实际上是一种舆论暴力。

其实，这些网民实际上是担忧法院不能公正地对待此事，因而难免心理扭曲，行为偏激。但这样的舆论，却会误导受众，严重的可能对社会发展造成不利的影响。

3. 网络舆论难以控制

互联网的匿名性为网民提供了自主选择话题与自由发言的机会，既使网民可以在网络平台上畅所欲言，也让不恰当甚至不良的观点一旦形成就会病毒式地扩散，难以管理和控制。微博的互动性和匿名性是把双刃剑，方便网友的同时，也会带来麻烦甚至造成局面失控。

综上所述，网络舆论属于公众舆论，其特点是内容广泛、大胆活跃，但时常带有某种程度的偏激与盲目。

二、微博舆论监督负效应的规避和对策

新闻事业属于上层建筑的范畴，是社会不可或缺的信息媒介和舆论机构，负有监测环境、守望社会的职责，而舆论作为一种反映社会状况的温度计和晴雨表，代表和反映着社会成员中相当数量的人对某一问题的议论和评价，是群体意识的集合，具有鲜明的倾向性。[①]舆论是意见的公开表达，只有公开表达，才能反映交流，并吸引更多的人参与，从而形成更广泛的意见。在媒体资源相对贫乏、媒介主体垄断话语的年代，受众只能被动地接收信息；但在网络时代，媒介新技术使新兴媒体传播活动的门槛大为降低，新媒体提供了多元化的传播渠道和传播载体，各种信息呈爆炸性增长的同时，也导致公众注意力的分散，无法实现有效的公共议程设置，从而严重影响着人们对重大事件的阅读和判断，使舆论监督出现偏差。如何规避这些问题？笔者认为可以从以下几点入手。

---

①丁柏铨著：《新闻理论探索——对现实问题的研究》，上海：上海交通大学出版社2012年版。

1. 发挥意见领袖的作用，把脉舆情变化，主动设置议题

意见领袖可以设置议题引起民众对某些事件的关注和思考。意见领袖一旦站在舆论的源头，就有助于推动舆论的形成，甚至引导舆论向良好的方向发展。例如意见领袖对微博信息的转发、评论、关注等，能引起粉丝们的注意，逐渐扩大事件的影响力度。对网上的正面舆论，意见领袖应积极肯定、大力倡导，同时要反对偏激、极端、畸形的消极舆论。意见领袖还可以通过"设置议程"改变舆论走向。"设置议程"主要讲的就是舆论导向的功能和方法问题。美国传播学者麦克姆斯和肖在阐释这一理论时认为，"大众传播具有一种为公众'设置议程'的功能，传媒的新闻报道和信息传达活动以赋予各种'议题'不同程度的显著性的方式，影响着人们对周围世界的'大事'及其重要性的判断"。按照这一理论的解释，传媒正是通过设置能够体现传播者思想和利益的某一议程（话题），并将其突出到显著位置，用以吸引受众关注，借此来影响受众对这一议程的重视和认可。通过新闻传播手段实现对舆论的引导，实际上就是形成有利于社会发展的社会舆论。

2. 发挥主流媒体的作用，对新闻信息做好过滤、解析工作

主流媒体既是信息的传播者，也是信息的过滤器。它是一种建设性的社会力量，是公众主要的信息源与信息获取渠道，是保障社会秩序的"稳压器"与"安全阀"。正确把握突发性事件新闻报道的舆论导向、提高应急报道水平是新时期党和政府对媒体提出的政治要求，也是媒体应承担的社会责任。

主流媒体是自媒体高可信度的关键信源，所以，一定要把握好传统媒体的信源关，主动及时地发布正面信息，传达党和政府的声音。特别是在突发事件发生后，要遵循及时、准确、有利的原则开展相关的新闻报道，引导自媒体舆论健康发展。在重大突发事件面前，主流媒体的观点与态度直接影响到公众对问题的认识与情绪。在非常态下，由于正常的社会生活秩序被打乱，信息渠道被部分地阻隔，公众把获知真实情况的需求寄托于主流媒体，主流媒体要满足受众的知情权，使受众在充分知情的前提下依法行使其表达权、参与权和监督权。在此过程中，主流媒体还要注意引导舆论，并通过正面舆论凝心聚力。

3. 关注网络热点话题，实现网络议题和公共议题的对接，做到自下而上地引导议程和自上而下地设置议程

在网络时代，互联网成为大众舆论的集散地和风向标，但是由于网络信息具有碎片化等特点，因而缺少主流媒体的权威性和深度。因此，需要主流媒体关注网络上的热点话题并进行深度解读，做到自下而上地引导议程和自上而下地设置议程。《南方日报》和南方网在这一方面有许多成功

的经验，其做法主要是：一方面，根据党和政府的中心工作及社会热点问题做新闻策划和评论，以新闻方式做宣传，把握舆论导向；另一方面，利用官方微博、网络论坛和移动终端，筛选党和政府正在关注且能够解决的热点问题，并给予传播和引导，形成“网民提出问题—政府采纳意见—合理解决问题”的舆论正反馈形式，实现网络议题和公共议题的对接。这种做法对于规避网络的负面影响，有针对性地引导舆论是一种行之有效的方法。

4. 提高公众自身媒介素养

媒介素养是指公民对各种媒介信息的选择、理解、评估、思辨以及有效使用和生产的能力。微博时代，公民获得了从未有过的话语权，提高公民的媒介素养，对于提升公民的社会责任感，提高公民鉴别真假新闻的能力，培养公民健康的媒介批评能力，充分利用媒介资源完善自我，具有极其重要的作用。

（原载于《新闻知识》2013 年第 11 期，略有修改）

传播学

关于传媒学术论文写作的几点思考

胡智锋
（教育部“长江学者”特聘教授，博士生导师，《现代传播》主编，中国传媒大学传媒艺术与文化研究中心主任）

传媒学术论文写作和其他人文社科领域的论文写作，总的规律是一致的；但传媒研究对象——传媒本身的显著特性，如大众性、公共性、现实性等，使得传媒研究在许多方面也呈现出一些动态性或不确定性。因此，无论选题、写作方法还是论文价值，传媒学术论文的写作都有不少特殊问题需要面对和思考。

传媒学术论文的写作，首先要有清晰的价值观、方法论的支撑。在价值观方面，有人文主义等整体性理念可供选择，也有新闻专业主义等专业性理念可供坚持。在方法论方面，需要有恰当的研究方法进行支撑，无论是定量还是定性的方法都需要依据研究对象而为，不能为了方法而方法，不能方法先行。没有见识和观点的定量研究不可取，需要数据而没有数据的自说自话也不可取。

在此基础上，研究选题、叙述层次、容易出现的问题、论文评价的尺度等四个方面，是我们在传媒学术论文的写作中经常要面对且一定要解决的关键问题。

一、关于研究选题

什么样的选题才是最适合传媒学术论文的选题？好的选题应该是“三题合一”，即时代话题、现实问题、学术命题的有机结合。

首先要抓住“时代话题”。传媒本身无疑有强烈的时代气质，是我们把握时代脉搏、探知时代气息的重要途径，传媒学术论文也不能完全脱离这种“时代感”。一个时代有一个时代的核心话题。如果说在20世纪90年代中期，新闻改革、新闻专业主义以及舆论监督是那个时代最有时代感的话题；那么随着时代的发展，如今，媒介产业化、媒介伦理和媒介公共服务则是这个年代更具时代感的话题。同时，也有一些常态的选题，无论在哪个时代都是受到关注的。能否把握时代话题，是对研究者敏锐度的重要测试，传媒研究者要对不同时代的话题有清醒把握。

其次要抓住“现实问题”。文章研究的内容是不是从现实出发，是不是具有问题意识，在所有现实问题中是不是抓住了最重要和最迫切的问题，这是传媒学术论文选题的关键。例如，在改革开放之初，就农民工问题而言，其现实问题更多地体现为生存问题；而如今，随着农民工社会地位和各方面权益受到更多关注，我们已经开始将农民工的媒介接触与媒介素养问题，视为一种迫切而紧要的现实问题。再如，就对中国新闻从业者的研究而言，在过去，新闻从业者的地位很高，研究的现实问题的落脚点更多体现为新闻从业者所发挥的权力，所扮演的“仲裁者”角色；而如今，新闻从业者从“白领”逐渐走向“蓝领”，研究的现实问题已经从他们所发挥的权力问题，转向新闻从业者生存保障本身的问题。

最后还要抓住“学术命题”。所谓学术命题，是指在学术发展中沿着一定学术轨道延伸出的命题，并常常体现了学术的前沿性、独特性和深刻性。就前沿性而言，传统媒体与新媒体融合的研究就是前沿问题，值得持续地探讨；同时，我们也发现，当前一般性的前沿研究较多，实质性的前沿研究（如对传媒内容的跨屏研究）较少，这就需要我们在学术上既要鞭策自己站在“前沿的前沿”，也要在前沿研究中力求有所洞见。就独特性而言，我们应该鼓励学术上对独特性命题的探寻。例如我们对常规地域和常规传媒领域的研究较多，而对于比如西藏、新疆这些特殊地域，对于宗教传媒这些特殊传媒领域的关注较少，而这些都是值得注意和研究的。就深刻性而言，我们的研究不能贪多求大，更不能囫囵吞枣，对于同样的命题，要不断激励自己提出有警醒意义的思想和观点，不能流于平面化研究。

一篇文章能切中时代话题、现实问题、学术命题三点中的一点，就已经不错，不过，优秀的传媒学术论文应该是三者的结合，比如像“媒介融合时代传统媒体从业者的生存与发展研究”可能就是一个“三题合一”的选题。

二、关于叙述层次

我们在阅读传媒学术论文时，常看到一些有观点无逻辑、有素材无观点、有想法缺思路的文章，而这一切都源自思维清晰度和表达层次感的缺失。在笔者看来，好的学术论文，包括传媒学术论文，不管从哪里入手，怎么展开论述，以下三个叙述层次都是必要的，即“为什么”、“是什么”和“怎么样”。

所谓“为什么”，就是要把研究背景和问题本身分析清楚；所谓“是什么”，就是要把研究对象和概念本身界定清楚；所谓“怎么样”，就是要把呈现与解决问题的方式方法、策略手段等叙述清楚。好的传媒学术论文，在“为什么”的揭示上是到位的、深入的，在“是什么”的解释上是准确的、清晰的，在“怎么样”的提供上是有针对性的、有效的。

以“传媒内容的低俗化”问题为例，我们从写作思路来讲，首先要提出“是什么”，即低俗化的内涵、外延，以及各种低俗化的现象、危害，这些都需要清晰明确地在“是什么”层面上做精准描述。同时，在这个基础上，我们还要对低俗化问题出现的原因进行深挖，在“为什么”的层面上进行探究，例如对过度追求媒介产业化，媒体的经济效益和社会效益存在内在矛盾，以及行政、法律监管不够严格等因素进行分析。而最后在“怎么样”的层面上，需要思考如何从政策、法律、社会舆论监督、媒介自身伦理自律等各个层面，进行监控和约束，就低俗化问题提出有针对性的对策。

“为什么”、“是什么”、“怎么样”三个叙述层次对应着提出问题、分析问题、解决问题这三个维度。如果传媒学术文章中，问题的提出不够清晰，概念的阐释不够到位，解决问题的思路又缺乏有效性，那么这样的文章自然浅薄，层次不高。

三、关于容易出现的问题

传媒学术文章最容易出现的问题，笔者概括为三大类型：“炒冷饭”、“掉书袋”、“赶时髦”。

所谓“炒冷饭”，是指所写的文章话题陈旧、老生常谈、太过常识性。比如现在如果我们还简单将新闻 5W 问题拿来反复分析或者套用这个理论说事，显然是一种“炒冷饭”的做法。虽然研究领域是没有禁区的，但在研究过程中如果研究者没有新的见解、创见，只是简单重复已被反复讨论的问题，局限在老话题、老领域、老方法、老材料、老观点上，很难说这个研究者触及了学术的核心。

所谓“掉书袋”，是指所写的文章通篇都是引用，简单摘引、堆砌各家的观点与说法，或者简单去证明前人学者说的哪个观点是正确的，唯独缺乏研究者自己的角度和自己的创见。这种研究只相当于研究生开题与中期考核的工作，一篇优秀的传媒学术论文不能只单纯做梳理工作，没有观点的提炼；即便是在梳理中也应该提供见解和创新。“理论、模式和方法是我们研究问题的工具，写文章不是向读者普及专业知识，更不能在文章中罗列堆砌知识和理论，而是要我们运用某些理论、模式、方法来分析和解决相关问题。”①

所谓“赶时髦”，是指写文章的时候，喜欢使用一些当前政治、社会、学术话语中新的时尚词汇和概念，更喜欢对这些新名词、新概念进行简单拼接与包装。在对这些新名词、新概念一知半解甚至完全不理解的状态下，就“大胆”使用、“大胆”发言，却鲜有真知灼见。

对经典的敬畏，对文献的敬畏，对新名词、新概念的敬畏，是研究者应有的研究态度。但是，将应有的敬畏变成“炒冷饭”、“掉书袋”、“赶时髦”，这便成了我们需要警惕的传媒学术文章的多发问题。

四、关于论文评价的尺度

对于传媒学术论文的评价尺度，可以在“现实的”、“历史的”、“理论的”、“实践的”四个维度的交叉中进行判断。

“现实的”和“历史的”维度互为一对相融合的评价尺度。“现实的”维度是指，文章依托现实、立足现实、回应现实的真问题，而不是从现成概念出发或者从方法出发。例如国际传播西强我弱，中国国际传播能力亟待提升，中国传媒软实力亟待增强等，都是重大的现实问题。当然，同样的问题，不只是需要现实层面的回应和叙述。如果说“现实的”维度更多强调问题意识，那么“历史的”维度则更加强调对问题的纵深解读。历史与现实往往是惊人的相似，可为现实所借鉴。只有在历史长河中观察，文章观点的定位才会更为准确，“现实的”和“历史的”这两大维度不可割裂。例如媒介的事业产业、社会文化、公共服务相平衡的问题，不仅是现实问题，也是历史问题，只有放到历史中考察同类现实问题的历史沿革，对现实的问题与对策的见解才会更加深入。

“理论的”和“实践的”维度互为一对相融合的评价尺度。在“理论的”评价尺度中，我们特别需要注意文章是否提出了新的理论观点、开创了新的理论领域、运用了新的研究方法、发现了新的研究材料。当然，这些新观点、新理论、新领域、新方法、新材料是在深刻把握已有观点、理论、领域、方法、材料的基础之上获得的。在注重“理论的”思考和创新的同时，一些文章也需要注意观照“实践的”维度，特别是要看文章在有用性和有效

① 靖鸣：《新闻与传播学专业论文写作 ABC》，《新闻与写作》2013 年第 3 期，第 69~72 页。

性的层面上回应传媒实践的水平，要看这些文章是不是为正在运行的传媒实践提供了具有借鉴意义的参考。如果说在“理论的”维度我们鼓励对“新”的探索，那么在“实践的”维度我们鼓励对“迫”的探索，鼓励文章提供传媒实践所迫切需要的理念、思路和方法。

“文章千古事，得失寸心知。”本文列举了传媒学术文章写作时需要注意的一些问题及所应具有的品质，在本文最后，笔者还要提醒：传媒学术文章终究还是“文章”，是文章就必须要有感而发，表达切身的、深刻的、受到冲击的感受，一定要经过自身心灵的浸润。在感受、感觉、感触之上，实现传媒学术文章的理论意义，实现其对传媒实践的分析和引领，实现传媒研究者的独立观察与思考。

（原载于《新闻记者》2014年第9期，略有修改）

问题的“中国”与中国的“问题”[①]
——对中国大陆传播研究“本土化”讨论的思考

黄　旦
（复旦大学信息与传播研究中心研究员，复旦大学新闻学院教授，博士生导师）

据说，马其顿的亚历山大大帝于公元前327年武力入侵印度，还怀揣“精神文明”建设之意愿，指望借此能使亚洲和欧洲在文化上“联姻”（克拉克，2011）。20世纪初，中国的梁启超也满怀促使泰西文明和中华文明杂交婚配之雄心：“吾欲我同胞张灯置酒，迓轮俟门，三揖三让，以行亲迎之大典，彼西方美人，必能为我家育宁馨儿以亢我宗也。”（梁启超，1989）只是，不同文化和文明间的“联姻”，“强按牛头”自不必言，哪怕是“自由恋爱”，也是看着容易做起来难，至于能否育出“宁馨儿”，则更另当别论矣。

如若不信，让我们把目光转到中国大陆传播学的这段“跨国婚姻”上来。

作为西来之学，传播学大致是在1982年被中国大陆学者迎进门的。谈不上什么“三揖三让”的“亲迎之大典”，总的基调是先“恋爱”后“结婚”，即经过了一个“系统了解、分析研究、批判吸收”的“恋爱期”，然后再进入“自主创造”，进而培育出“宁馨儿”[②]。“过门”大约十年后，具体点，就是在20世纪90年代的中期，就如何对待这场“亲事”起了风波，意见不多，观点泾渭：有人觉得时机已成熟，可以结束“谈情说爱”，进

---

① 在参加会议选读这篇论文后的第二年，即2011年，见到葛兆光教授的《宅兹中国》，其引言的标题是：“‘中国’作为问题与作为问题的‘中国’”，与我的题目类似。特此说明，以免掠美之嫌。当然，葛教授意在梳理和分析近些年关于中国论述的现象及其问题来源，与我的主旨大不一样。

②所谓“系统了解、分析研究、批判吸收、自主创造”是在第一次全国传播学学术座谈会上提出来的，后成为中国传播学学科建设的指导思想，称为“十六字方针”，在各种不同场合被提起和运用，有学者（王怡红，2008）甚至把它提升到“中国传播学研究本土范式”的层面来进行讨论。

入“生儿育女”——本土化阶段：“传播学研究在经过必要的引进介绍以后，不能只依赖于西方人总结出的原理和方法。中国传播学者要作出自己的特殊贡献，就必须研究中国的传播实践。”（孙旭培，1997）也有人认为操之过急，尚需有更多的了解（王怡红，1995）。于是又有了新的回应，提议兵分两路，各取所需：“一部分人可以继续从事翻译、评介西方传播学，或按照其基本思路和方法研究下去，另一部分人可以从事‘本土化’研究。”（孙旭培，1997）这不啻是说，想“恋爱”的继续“恋爱”，喜欢“生育”的也悉听其便。更有走极端者，干脆否认有“婚配”乃至“本土化”的可能，本来就是“一方水土养一方人”，非我族类，无论如何乔装打扮，终归也是“金发碧眼的西方女子穿一袭旗袍”，使人有“不伦不类”之感（李彬，1995）。

这些观点后来被认为是传播学“本土化”的争论，其来龙去脉在王怡红、胡翼青（2010）主编的《中国传播学30年》里已有细致陈述，无须再赘述。坦白说，称其为“争论”，多少有些美誉，实际是有争无论，谈不上什么深入交锋，大多是非黑即白非白即黑式的你来我往，持续时间也不长，就一般观感，论题本身压根就没有展开。耐人寻思的是，中国大陆传播学的研究者们，对之大多冷眼以待，紧锁口舌。“辕门外三声炮响如雷震”，引起的不是连环轰动，不过三两个炮坑刺刺啦啦冒出星点烟火，四周一片死寂，好似无人区。在我看来，不作声，不等于没有发生过，不等于当时涉及的这些论题不重要，更不等于这些问题已经解决。恰恰相反，观察一下这些年的研究，包括新近的一些讨论中国传播学研究的文章，可以发现几乎都还是在这几个炮坑之内。由此看来，这种沉默比之争论本身更值得重视和警惕，因为沉默里所透出的不是了然，而是不以为然和不知何为然混杂而成的茫然。下面，我就围绕这个个案，针对其所涉及的问题谈三点：第一，本土化的前提是什么？第二，何为本土？第三，本土化要达到什么目的？最后，就未来研究提一点粗浅建议，以供诸位同好批评指正。为方便起见，与之相关的其他讨论传播学本土化之文章，我会在下面的阐释中有选择地予以回应，恕不事先摆开架势做一罗列综述。

一、“中国”就是问题：本土化路径

仍然以中西“婚姻”做比，颇有意味的是，中国传播学“本土化”的作伐者是美国人，亦即大名鼎鼎的威尔伯·施拉姆。

1977年，施拉姆访问香港中文大学，提出要发掘中国文化中的传播学遗产。后一年，在其弟子余也鲁的努力下，在香港和台湾两地分别举办了为期一周的“中国文化与传统中传的理论与实际的探索”的研讨会，并找出了“12个探索的入口”（余也鲁，1994），中国传播学的“本土化”就此启动[①]。1993年5月，厦门大学召开“中国传统文化中传的探索”座谈会，其讨论内容大致就是围绕这“12个入口”而展开[②]。同样是在这次会议上，决定要编写出版《中国古代传播概论》（后来正式出版时，定名为《华夏传播论》）和一套《中国历史上传播理论与实践资料选辑》。

毋庸置疑，这一提议和讨论意义重大，谁都无法否认，正是由于这样的倡导，中国文化和传播进入了大家的视野，并且获得了具体成果，很是不易，功不可没。台湾陈世敏先生（1994）当年有言，“姑且不论学术有无中国化的可能，也不论‘具有中国特色’与‘中国化’的距离有多大”，类似“传播研究中国化的问题得到青睐，实在不是一件简单的事”，这话很是中肯。然而话还得说回来，无论是施拉姆还是参与其事的一些学者，对于为什么必须要“本土化”，就目前材料看，事先并无太多讨论和辨析。众所周知，社会科学本土化的提出，起因在于后起的民族国家对欧美发达国家，特别是美国的社会科学理论主宰本地经验解释的不满和反思，本质是解释主体和解释权，也就是如何挣脱“后殖民”的压制，获得本地经验研究的自主。“本土”与“非本土”，是“醉翁之意不在酒”，其背后蕴含着身份和认同，价值与权力，毫无疑问，也包含知识论的问题，否则这种划分没有意义。依此脉络，无论是出于理论还是经验，“本土化”与其说是一个研究对象或者地域的问题，不如说是一种研究方式和立场，它牵涉到问题的设置和来源，理论的运用，价值的判断，研究的立场，以及对知识及其生产的理解。

在大陆传播学“本土化”起步时，看不到关于此种前提的自觉反思，甚至连其基本背景也少见提起。现在看来，当时参与讨论的那些学者抱着的似乎是一种十分素朴的念头：传播学不能只是西方的，中国应该有自己的传播学。“学者们在各自研究实践中体会到，传播学研究在经过必要的引进介绍以后，不能只依赖于西方人总结出来的原理和方法。中国学者要作出自己的特殊贡献，就必须研究中国的传播实践”，于是就有了“传播学研究本土化”的提法（孙旭培，1997）。如果这一描述符合当时的基本

---

① 当然，这不是说有了这样的提倡才有了中国传播学的本土化研究，其实已经有个别学者进行着自己的探索并且出版了很好的著作，比如吴予敏教授的《无形的网络》。

② 余也鲁在会议总结中就说道：“除了‘传与创新’、‘环境’两个入口外，其他十个入口，都有甚具水平的论文和探讨。”

状况，那么“本土化”显然来自于这样的冲动——中国学者必须研究中国传播实践，方能作出自己的特殊贡献。

虽然“特殊贡献”和研究什么——是不是中国传播实践——并无关联[①]，但这种本无逻辑关系的逻辑化连接，恰表明传播学的“本土化”是因“中国”——这一与“非中国”相对的地域空间（当然隐含着国别）——而起。

当“本土化”中的研究立场、解释权、知识的理解等都被驱除出去时，余下的就只是其字面意义：本土研究或研究本土。具体说，在经过必要的引进介绍，对其实是美国人发明创造的“传播学”有了“系统了解”之后，要在中国的“土地”上操作实验，构建起中国的“传播学”。余也鲁（1994）对此解释得再清楚不过了。他说，西方是在近半个世纪前，也就是应第一次世界大战宣传的需要，加上无线电广播引发社会动荡，才有一些社会科学家着手搜集资料，进行研究，逐渐建立起“传播学”。显而易见，这指的正是美国大众传播学发轫的历史背景。只是余也鲁没有进一步说明这样一种背景烙在美国大众传播学科上的特殊印记，反而把学科和人类的传播行为混为一谈，并以此为线，直接表述美国传播学对于研究“传”的行为的普遍适用性：“一个社会在它发展的过程中，为了解除危机，为了寻求政治或经济上新秩序的建立或新领域的开拓，为了更有效地提高人口的素质，常会把‘传’的本领和积累的‘传’的经验，扩大和加强，集中起来运用。”“这些已记录在我们历史中的大量集中使用‘传’的经验，是今天研究传学的宝贵财产。”在这样提纲挈领的概括之后，余也鲁为中国的“本土化”画出了“路线图”：依照美国的模式，从信息传递的过程——后来被詹姆斯·凯瑞（2005）所命名的“控制”模式入手：“研究人类储存与传输信息的能力、过程和变化；研究人类传输信息的系统化，这些系统的建立、扩展及和其他社会系统的交互影响”，“换句话说，从历史和传统中，我们可以探索人的传通的过程与作用，也可以探索传通结构与制度”（余也鲁，1994）。依此即可明白，他所谓在中国，“许多传播形式或观念早已存在于实际生活、习惯与行为中，它们在那里，历史悠久，世代相传，是指导我们传的活动的原则，要下功夫去找寻、整理、组织，才能形成有系统的理论。应用这些理论又可以产生新的理论”（余也鲁，1983），究竟何所指了。中国大陆的传播学者们正是因了这样的指点，大有醐梦初醒之感，摩拳擦掌跃跃欲试地走上“本土化”之路。

---

① 比如，最近因《旧制度与大革命》一书在中国突然大红的法国学者托克维尔，最早却是因研究美国的民主而闻名于世。那么，华人学者研究他国传播实践为何就不能作出自己的特殊贡献呢？

“本土”与“非本土”，假如就是指地域及其所承载的文化，不过是一个事实而不是理论，更不是问题，无法构成学术研究的前提。可是上面的这一切明明白白告诉我们，大陆的传播学“本土化”，恰恰是把中国与非中国、本土与非本土，当成了研究的依据和问题的起点：因为我们是中国不是西方，所以就要“本土化”；因为我们是中国，不能完全依赖西方的传播学原理，所以必须以中国为对象，作出自己的“特殊贡献”。在这种叶落归根式的自然法则推导下，“本土化”就不是因西方，不是因为美国的传播理论不能解释中国的传播“问题”而引起，而是“中国”的存在需要“本土化”。“本土化”就这样与“中国”重叠，变成了一个地理和“文化”的知识性事实。“本土化”原有的特殊语境被淡化乃至消解，一切都是自然而然的，唯一需要做的不过是转下眼珠，由外而内，“中国的源远流长的历史，不曾中断过的华夏文明，会为传播学研究提供取之不竭的资料”。借助于“通过大量挖掘中国文化（包括传统文化和现代文化）中关于传播方面的财富，促进传播学的发展”，最终就可以“创造出集东西方文化精华之大成的传播学”（孙旭培，1997）。后来大陆的传播学“本土化”基本就是循此而行，无论是《华夏传播论》、《从零开始》还是厦门大学主编的“华夏研究丛书”，都是把所谓中国文化中的“传”作为各自的选题。其手法大致是“述而不作”，通过诸如对“文字”、“手段”、“体制”、“行为”等的描述，展现本土“传”的现象。

由于地域本身构不成“本土化”之前提，“本土化”倡导者自豪不已的“取之不竭的资料”，按照历史学家布罗代尔的说法，不过是灰尘而已（“事件如尘土”，Events are dust）。因为什么可以成为“资料”，它们中什么重要或不重要，不是先天自明。即便我们记录的时候有所侧重，也不能说明任何问题，更不表明有价值。文献资料以及事件本身不构成历史，中国历史无论如何源远流长，也不可能自动排着队跑到研究者面前，任由传播研究者“取之不竭”，必须经过判定和衡量。“只有对于那些集中思考过或将集中思考它们的人来说，它们才是或将是历史。”（克罗齐，2002）因此，余英时先生（2009）断言：“真正的史学，必须是以人生为中心的，里面跳动着现实的生命。”这些，本来也是常识。因而在“挖掘”之前，以下的这些问题是不能不问的：什么是“挖掘”？“挖掘”什么？为何要“挖掘”？如何“挖掘”？为何这样的“挖掘”就代表着中国文化的“传”？“传”是如何被认定的？挖掘并描述此类“传”的现象有何意义？为何按此而行就能“创造出集东西方文化精华之大成的传播学”？当编写《华夏传播论》和《从零开始》这样的“本土化”著作时，提供门径的这“12 个入口”也不得不明确：它们究竟从何而来？谁定的标准？为何是这样的标准？可惜直到如今，还没有看到任何这方面的说明，如果不是我孤陋寡闻的话。

既然“本土化”就是一个自然事实，沿着这种“自然法则”向前跨进一步，演化为如下表达，也就不是太令人意外的了：“中国化或中国特色的传播学，研究的对象就是中国人。中国人的性格与思维方式，文字与传受行为不同于外国人；中国的尊‘长’贵‘和’、崇‘礼’尚‘忍’等传播观念也是本土性的，中国传播学者的世界观、宗教信仰、文化积淀、社会背景等均是‘中国化’的。因此，中国的传播学研究根本无法阻止‘中国化’的全面渗透和强行框定，否则，那只能是对西方传播学的‘照抄照搬’。”（邵培仁，1999）要么支持中国化，否则就是照抄照搬，学术问题变成了类似政治与文化身份的鉴别和站队，不容骑墙（其实，既然“根本无法阻止”，也就谈不上有什么“照抄照搬”）。此种罔顾“本土化”的基本内涵，兴之所至的情绪之言，其内在逻辑与提倡“本土化”的整个理路相通：因为是中国所以要本土化，与因为是中国人所以是“中国化”之间，并无什么太大的距离。这种自觉或不自觉的文化/生物决定论，既有鼓动性又具隐蔽性，若不警惕，推到极端便是种族主义，是“龙生龙，凤生凤”的另一变种，而且其最终结果必然会导致相对主义[①]，恰走向“集东西方文化精华之大成的传播学”——中国传播学者寄予“本土化”的良好而宏伟的目标（是否合适或者现实暂且不论）之反面。

王怡红（2008）后来曾针对我国传播学“本土化”说过这样几句话：“对于传播学本土化究竟是怎样一个问题，我们在什么样情境中提出‘本土化’等问题，我们仍处于混沌之中，而且‘本土化’并没有被我们足够地问题化。我们只是知道‘本土化’是我国传播学主流研究的一种选择，但并不清楚‘本土化’这个概念真正引发的问题可能是什么。”这话说得很是中肯。既然这一切都处于混沌，无论是出于势所必然还是无可奈何，把中国“本土”的自然存在作为“本土化”的入口，恐怕也在所难免。只是，由此所产生的问题还不仅仅是前面所论述到的那些，它还面临另一个质疑：本土在哪里？

---

① 因为是中国所以要“本土化”的思维逻辑，也可以用中国人熟悉的另一个日常用语来表达：一方水土养一方人。李彬教授（1995）批评“本土化”的依据即来自于此。如果从元地理学角度来看，这属于“环境决定论”一脉，即“不同人类群体间的社会和文化差异可以最终归因于他们处于各自不同的自然环境”。不过据地理学者之见，“环境决定论”是变相的微妙的且大多数人无力辨识的“种族主义”变体，因此也更为危险。

二、何处是“本土”：虚空的“本土化”

本土存在吗？这是搬用华勒斯坦的提问方式。华勒斯坦（2001）曾以“印度存在吗”这样的问题，说明目前国际社会公认的印度，不过是现代世界体系的产物，并且正是现代印度的确立，才使得前现代印度得以定位，有了自己的历史。从这个意义上说，前现代印度的历史，乃为现代印度的创造物。遥远过去所发生的总是与新近不远的变动相联系，是现在决定历史而不是反之[①]。东 / 西方的概念也是如此。在 1935 年或 1925 年，几乎没有什么人会意识到所谓的东 / 西方，若是再早一点，在 1915 年前，这两个概念更是毫无意义。现在人们熟知的东 / 西方概念是 1945 年之后出现的，是和现代世界历史特殊的周期捆绑在一起的，是在一个特定时空人为所建构的（社会科学的“本土化”恰于 20 世纪 50 年代出现绝非偶然）。作为社会科学家的华勒斯坦的观点在地理学那儿可以找到依据。“从整个地球的角度看，所有东西的划分显然具有随意性。对于一个旋转的球体，只有确定了公认的参照点后，东和西才具有指向性，才可以用于将整个地球表面划分为不同的区域。”由于参照系的不同，东和西的分割“随着历史的发展曾先后出现了三个不同的版本，并且目前都在继续被人们使用”（马丁 · W. 刘易士、卡伦 · E. 魏根，2011）。无独有偶，“中国观”本身也不是古已有之，“也是在近代化过程中形成的，它特别与中国这个辽阔的国度在近代世界中的‘边缘化’密切相关。……研究者总以‘中国与世界’这个两分的框架来确定国家的方位，让‘世界’处于‘中国’之外，或者反之，让‘中国’外在于‘世界’”（王铭铭，2005）。依此可明白，东方和西方，本土和非本土，本就不是“阴阳割昏晓”般浑然天成，而是一个历史的概念。既然如此，当我们开始传播学的“本土化”研究，在举起“铁锹”准备“挖掘”之前，还是要先揉一下眼睛仔细辨认。

传播学“本土化”中的“本土”看似毋庸置疑，即指中国，“本土化”就是“中国化”，并因此时常与“中国文化”互换。可是这个似乎天经地义的“本土”——中国，既非固定不变亦非不证自明。有学者早已指出，“中国的版图疆域、人口构成，在历史上也是不断地变动着。今天看来属于中

---

① 现代意义上的历史编纂，是与民族—国家意识同步的，因此历史写作总是“将民族—国家自然化为包容过去经验的载体或者外壳的主要手段”。（参见杜赞奇：《为什么历史是反理论的》，载黄宗智主编：《中国研究的范式问题讨论》，北京：社会科学文献出版社 2003 年版，第 9~10 页。）

国的，在历史上某个时期，可能无法算在中国的范围内；在今天不属于中国的地方、居民，在历史上某个时期，可能名正言顺地在中国疆界之内"（丁伟志、陈崧，1995）。据王尔敏（2003）所考，在秦汉统一前所留存的古籍中，关于"中国"的称谓含有五义：京师、国境之内、诸夏领域、中等之国和中央之国。用得最多的是"诸夏"，即指黄河及淮河之大部分，像秦、楚、吴、越均不在中国领域之内①。迄今为止，关于如何理解"历史上的中国"，仍然是众声喧哗、莫衷一是，具代表性的观点就有四种②。若换个视角，辅之以当今流行的不同的研究视角，比如"区域研究"、"亚洲研究"、"后现代史学"等，关于"中国"的判定和表述，还远不是这四种所能涵盖的（葛兆光，2011）。

然而，在中国传播学者们的脑子里，根本就没有打算做这样的辨析。相反，他们把"中国"作为理所当然的依据，中国或者中国文化相当于不言自明的、静卧不动等待勘探开发的"自然物"。就其修辞策略言之，大体秉持两点：第一，以时间（历史）来确证空间（中国文明或传统）存在。"在中国文明史中，有大量先人总结的传播观点和原理，有不计其数的传播事件和现象。这些丰富的宝藏在召唤着我们去发掘。"（孙旭培，1997）不仅如此，还人为地用古与今、传统和现代这些时间概念，切割出不同的条块："中国化的传播学研究，基本上以古为主、以今为辅，致力于中国文化中传播理念与传播智慧的展现和弘扬；中国特色的传播学研究，基本上是以今为主、以古为辅，着力于中国当代传播活动中现象的分析和问题的解决。"（邵培仁，1999）有人甚至提出弃用"本土化"，而代之以华夏传播研究，因为前者更多是着眼于空间地域的划分，可以把古代和现代的传播活动都包容进去。而"华夏"二字就很清楚，就是只针对中国传统社会中的传播活动和传播观念进行发掘、整理、研究和扬弃（黄星民，2002）。

众所周知，而今"中国"这一称谓约定俗成的意义，是晚清与外界交往碰撞之中，开始体认。近代中国人对之批判与诠释，也全然是反映近代中国人之想法和看法，并不是以"中国"一词在古代形成的全部意义为基

---

① 新近报道，依山西陶寺遗址发掘所见，有学者认为距今约 4300 年至 3900 年的陶寺遗址群是帝尧都城所在，有可能是最早的"中国"，而不是以往认定的中原。载《光明日报》，2012 年 9 月 24 日，第 5 版。

② 分别是：a. 以今天的中国疆域来确定历史中国；b. 历代汉族所建之王朝；c. 历史上的中国就是当时统一的多民族政权，即由汉族或少数民族所建立的中央集权的封建国家；d. 是一个有内在联系的政治、经济、文化相结合的实体概念。（详参吕春盛：《关于大陆学界"历史上的中国"概念之讨论》，《台湾历史学会通讯》1990 年第 2 期。）

础（王尔敏，2003）。这在某种程度上，正好佐证了前述的华勒斯坦的观点，是现在决定历史而不是反之。显而易见，与近代中国人一样，在中国传播学的“本土化”进程中，传播学者们自然也没有去探究“本土”——中国的全部含义，当他们宣称“中国传播学者要作出自己的特殊贡献，就必须研究中国的传播实践”时，他们也是全然反映了现在中国人心目中的“中国”，也就是如今他们所处的中国，亦即处于现在方位的民族/政治国家意义上的中华人民共和国。这一观点在他们的“古与今”之对比切割中得以昭示。

民族国家层面的“中国”，是现代性的产物[①]，因而不与“中国文化”重叠，也不能随便对换。文化角度的“中国”或者“中国文化”，比之要远远复杂，并不是民族国家可以覆盖的。按照中国古代史人类学派的开山鼻祖李济先生的说法，中国人从哪里来与中国文化的开端是两个不可分割的问题。表面上看，这两个问题均以中国区域为界，但是通过材料追踪也许可以发现，这两个问题“并不能在这个区域限制以内解决”（李济，2005）。“中国文化若是作为一个文化圈，则在每一个时代，都可以超越政治或地缘定义的‘中国’。最堪注意的，则是中国文化于中古以来，俨然是东亚许多地区共同参与的一个文化体系。”（许倬云，2006）“中华古文明是这块亚洲大陆上各民族文化融合的结晶。”（丁伟志、陈崧，1995）有意思的是，明亡清兴后，日本甚至朝鲜均认为“中国”已经被“蛮夷化”，只有他们才代表“真正的中国文化”（葛兆光，2011）。借此，从现今的中国出发，“飞流直下三千尺”，来探求中国文化中的“传”，在一般常识上可以理解，在学术路径选择上就不免圆凿方枘，逐渐钻入死胡同。或许正是因为如此，就像中国是自古至今浑然不动一样，传播学“本土化”中所津津乐道的中国文化，同样始终是一个静态的被抽空了历史经验的概念性存在，在本质上被“假定为‘一贯如此’”（赵汀阳，2005）。用一个本质的“文化”来取代历史的文化，就成为传播学“本土化”中的第二个修辞策略。研究者们就站在这么一个貌似“世仇团体的最高共同祖先，通常都代表一个理想化的、超然的团结点”（麦克·赫兹飞，2010）上，耕作着所谓的

---

① 不过葛兆光先生对此有异议，认为这是以欧洲的民族国家历史来解释中国。他认为至少在宋代，中国作为一个民族国家就已经得到体认：“从历史看，具有边界即有着明确领土，具有他者即构成了国家关系的民族国家，在中国自宋代以后，由于逐渐强大的异族国家的挤压，已经渐渐形成……因此，中国民族国家的空间性和主体性，并不一定与西方所谓的‘近代性’有关。”（参葛兆光著：《宅兹中国》，中华书局 2011 年版，第 41~65 页。）

"本土化"。只要一提到中国文化，似乎就有一个必然的对应物在那儿，"许多传播形式或观念早已存在于实际生活、习惯与行为中，它们在那里，历史悠久，世代相传"，似乎所有人都明白说的是什么。

以文化为本位，以为有一个纯而又纯的中国文化，作为一种想象无妨，真正落到研究中，就变成异想天开。迄今为止，任何人想要给中国文化下一个可以概括其本质特征的定义，仍然还是一个难题。尽管从19世纪至今，在同欧洲文化的对比中努力描述和界定中国文化种种特性者不绝如缕，但恰如有学者所说的，这种定性式的做法，反让人有"似是而非"之感。比如，说中国文化重伦理、重人文、重和平、重义轻利等，难道欧洲文化就从来没有形成或者具备这样的一些特性？此外，一些被列举的中国文化的特性，就中国文化整体考察，"体现的只是中国文化的一个方面或一种特性，而事实上中国文化往往又同时存在着不同的乃至相反的另一个方面或另一种特性，举一掩一，恰恰抹杀了中国文化本质的复杂性"。比如所谓中国文化是"静的文化"，其实中国文化既有"主静"的传统，同时也有"主动"的传统。此种以中西对比来界定中国文化特性的判断，恰恰来源于其所指认并比较的对象，即常常是以现代化之后的欧洲文化特色为参照，来与中国古代，主要是清末民初的文化特色相比而作出的。设若比较的对象变动一下，变成印度文化或者伊斯兰文化，原先那些所谓的特性可能就难以成立。（丁伟志、陈崧，1995）此外，还需加上一点，这种现代化之后的欧洲文化与中国古代文化对比而得出的不同特点，不少来自欧美学者之手。他们的比较及其结果，"进口"之后又成为我们认识自己的镜子：或者予以证明，或者提出否认，或者给予修正。无论如何，这都是一种"飞去来器式"的研究，即把人家证明的"他者"，我们拿来作为自己的标准影像检验我们自己是谁。问题是，如果在欧美的东方研究中，除了萨义德所批判的殖民外，尚带有审视他们自己的动机，把东方这个"他者"，"用作自我批评和自我更新的中介"，"在一个层面上，它仅仅是一种手段，思想家可以通过它置身于欧洲之外，对欧洲加以审视"，借此"得以细察欧洲传统的臆想与偏见"（J.J. 克拉克，2011）的话，我们就仍然解决不了自己要解决的问题。

由于忽视了中国文化本来具有"复合性"和"历史性"之统一，是一个"处于无休止的变动发展中的多元的文化大系统"，传播学的"本土化"无法避免地导入了两个误区：把中国文化当成"内容单一、构成单一"的文化个体；把中国文化当成了"内容固定、性质不变"的一种文化既成事实。（丁伟志、陈崧，1995）中国的传播学就是立足于这样的"文化"与当今"中国"合二为一的"本土"上，进行自己的挖掘。由此看来，"挖掘"两字实在很形象，它准确地刻画出传播学"本土化"研究主体出场的基本姿态和工作场景，那就是低下头，扒拉“浮土”，托出“古迹”，好比足月的胎儿与母体“子宫”自然分离。恰如杜赞奇（2003）说的，这种主客体之间的分立，被当做客体的东西的同时也就作为主体构成了我们。其结果既不能解答历史，也无力回应现实，除了用几个空洞概念勾勒出的“孤立景观”——几个“特性”或“差异”而外，再无法提供更多的东西。本来厚实的存在论层面的“文化”，最终变成虚空的、与中国历史和现实毫无关联的指认性抽象符号。活生生的历史的中国也因了“文化”而被腰斩为“古与今”，成为一具“首尾分离”的“尸体”，“过去不是（现在也不是）一个思想和行动的主体”（萨义德，1999）。

“不应该把文化结构对应到特定的‘社会’，因为要想确定一个社会及其文化结构在何处结束，而下一个又在何处开始，几乎是不可能的。文化结构要对应的，应该是不同范围的社会实践所在的场域和地域，这些域界在时空中相互交缠、重叠和渗透。”（小威廉·H. 休厄尔，2012）因此，无论是历史还是现实，凡是指涉“本土”，就一定需要具体时空来界定。华勒斯坦（2001）说得好，关于时空不可能提供一本彩色的儿童类读物，却可以发现一张蜡笔画成的说明图。这是一条非常难走而且很不确定的道路，路的尽头是复杂而非简单。人类的“地理历史社会系统是复杂的，并且的确是宇宙中最为复杂的结构。如果我们打算以人性的方式去模仿、重构或建造它们，那么，我们必须以它们本身所具有的复杂去理解它们。作为第一步，我们必须了解我们是如何形成时空的范畴去读解现实，我们必须质问为何人之利益，我们必须为更合适的范畴而斗争”。因而，“我们必须拷问我们理解力的基础，亦即关于时空的确定性”。中国的传播学者难道不需要在动手发掘前，先做一个类似的拷问：我们是如何确定“时空”从而确定所谓的“本土”的？为什么一定是这样？

三、特殊与普遍：我的还是你的

中国大陆的传播学“本土化”意在“求异”，并认为这种“为异而异”，就是“自主创造”，可以为传播学作出“特殊的贡献”。可是“异”从何而来，则是无法避开的问题。所谓“越是民族的，越是世界的”，“越是能够发掘出富有民族特色的东西，也就越容易成为世界传播学者容易吸收的东西”（孙旭培，1997），也非不证自明。比如，何为民族，何为世界，何为特色，民族与世界是何种关系，为什么越是民族的就一定越是世界的，甚至民族的为何一定要成为世界的等，同样是需要追问的[①]。

笔者曾经在一篇文章里说过，余也鲁先生的《中国文化与传统中传的理论与实际的探索》一文，是探讨中国的传播学本土化非常重要的文本。这篇文章最初是1978年香港中文大学“中国文化与传统中传的理论与实际”研讨会上的发言，后易其稿成为施拉姆《传学概论》中译本的代序。在中国传播学“本土化”的历程中，余的发言和这个代序，得到了中国传播学者的高度认可和赞赏，并在不同场合被频频引用，成为传播本土化的主要依据和精神支持。[②]

从思路上看，“传”无处不在，是余也鲁先生推论的前提，中国文化中早就有“传”。这不过是一种常识，也没有什么错。关键是余先生的这种启发，来自于美国大众传播研究的启示。更关键的是，余先生以为，美国在这方面几十年的研究积累，足以成为中国学者的榜样，只要依着美国学者已经做的那样，自觉地切入中国文化中去，细心观察中国的“传”，那么，“传”的研究也就必然脱颖而出：“我们除了可以在中国的泥土上学习与复验这些理论外，以中国人的智慧，应该可以从中国的历史中找寻到许多传的理论和实际，用来充实、光大今天传学的领域。”（余也鲁，1983）一是“复验”，一是“找寻”，中国传播研究就是“验”与“被验”、“找”与“被找”的关系。

孙旭培先生（1997）曾坚定地表示：“我们永远不会去做这样的选择：要么搞出与西方完全不同的传播学，要么只在那里‘原原本本’地领会西方传播学。”这番话出于某种特定语境，有其所指，可也只表示了不是什么，仍然没有说清是什么，更无法从这样的表述中领会到他打算如何做到这一切。好在有余也鲁的指点在先，由此及彼，大概可以推想暗伏其中的基本“路径”，那就是用西方（主要是美国）的理论及其视野来研究中国文化中的“传”，亦即余也鲁式的“复验”。按孙先生的说法，就是“通过研究中国的传播历史和现状，为传播学的丰富和发展作出贡献，使传播学

---

① 刚读到赵启正（2012）的一番话，他从自己的体验出发，批评“越是民族的，越是世界的”说法，很有意思：“有一句话流传了很久，但不一定正确。‘越是民族的，越是世界的。’这怎么可能呢？这句话使我们懒惰，使我们以为不努力也自然会成为世界的。地方普通小曲，首先是地方的，可能越是民族的，但中国都没走全，怎就会是世界的呢？有的地方剧团到了北京，谁去看？观众多是老乡。你再演几场，没人看了。在中国都不行，怎么‘越是民族的，越是世界的’？这非常荒谬。”

② 1993年在厦门大学召开的“中国传统文化中传的探索”座谈会，以及《华夏传播论》的形成过程，都与余先生有密切关联。在不少谈论“本土化”的文章中，余也鲁这个代序及其观点，几乎都曾出现。

不至于只是‘西方的传播学’”。可是，拿着别人的“模型”，在中国土地上“丈量”，如此这般的“复验”抑或“修正”，却期待产生与西方不同的传播学，即使有可能也只是微乎其微。

当然，“复验”中肯定会发现不同，甚至可以找出一大把，只是这种不同是在与他者的比照中映射出来的，“主要根据对他者的印象而‘逻辑地’（其实就是按照思想的对比偏好）去推论出（其实是想象出）自己有什么样的相反特点”。西方/东方的概念，本就是这种“对比型推论”的典范（赵汀阳，2005）。用西方的理论和标准来说明“传播学不只是西方的”，尽管愿望是美好的，是要跳出他者的支配，潜在的心理则是向他者说明“我”与“你”的不同，非属同类。由此，不仅确证了西方是一个标准，而且借此我们也就能进入这个标准，还证明了他者的普遍意义，即是在被支配中来寻找“中国文化和传统中的传”。这种被人为强调的独特性，具有布迪厄指证的“病态”症状，是心甘情愿、满心欢喜走向“异化”：“我”（被支配者）与“他”（支配者）成为统一战线的“战友”，一起“合谋”，于是形成一种以他者为映照的表面的“对立”，由此，“被支配者总是为他们自身的被支配出了一份力”。即便“竭力声张那些使‘我’成为被支配者的特性本身，把它作为‘我’的特性加以强调”，这种“特性”或“差异”的“呈现”，也不含一丁点儿“抵抗”含义，充其量是把呈现“差异”误以为就是在“抵抗”（布迪厄、华康德，2004）。于是，有可能出现这样一种非常滑稽的局面，“在现代化语境中，东方文化的自我认同就变成了‘让自己也变成西方’，或者说‘让自己扮演他者’这样一种悖论性的自身认同”，它张扬自己，同时又以“否定自己为前提”（赵汀阳，2005）。本是为打破这样的普遍和特殊而起的“本土化”，结果却是掉头而行，用西方“化”了“本土”。

走笔至此，不能不提施拉姆的一段话，因为这段话被多处转引[①]并且让“本土化”学者们深受鼓舞：“我们在西方文化背景中学习科学研究方法与理论的人，看见中国长春的文化和她悠久的传的艺术传统，总免不了会肃然起敬。我们常想，中国人那种深邃的智慧与洞达，要是有一天能用来帮助西方人多了解自己的工艺智慧，加深我们在实验方面的体会，该是多么好的事。许多人已注意到现代中国人在传的学问上认识的深刻与精到，不但反映了悠长的历史传统，且常能推陈出新。”尚不清楚施拉姆关于中国的想象或者那些知识是从何而来，如果是来自于那些从17世纪且至今流行于欧洲的文学作品或旅行见闻，恰如克拉克所说的，不免就陷入了对

① 孙旭培先生称之为“西方传学大师对中国传统文化及其传播的高度评价”。

异国情调的浪漫式迷恋。“长春的文化”和“悠久的历史”，虽然使来自西方背景的人“肃然起敬”，“本土化”所本该存在的“解释”、“主体性”乃至于“权力”、“后殖民”等现实和理论问题，也就可能在这样的“肃然起敬”声中逐渐淡然，乃至消失，只沦为一个可供观赏的“场景”，越是民族的，越是世界的。

在这一角度看，对于“本土化”的质疑是十分有力的：西方理论自有其特殊语境，由西而中，“语境的转换已使真洋鬼子变为假洋鬼子，所欲本土化的东西似已来路不正”。因此，意欲“自食其力”，结果可能是为他人做嫁衣，学术的自觉有可能来自于学术盲从。由此进入了一个怪圈，本意是要走自己的路去追索真知实理，但却必得“遵循别人的章法，依据别人的理路，甚至采纳别人的行话”（李彬，1995）。遗憾的是，“本土化”的实践者们对这个切中要害的疑问，亦即“本土化如何是可能”的问题，始终作不出直接和正面的回应。更为遗憾的是，质疑者自己最终也困于这种“中西”二元之间左右为难：“当务之急是不是应先从正本清源入手，在本土化之前，先原原本本、扎扎实实地取回真经。或者，就本着实事求是的原则，直接从传统中引出符合自身文化品格、精神风貌的学术思想？”不是“西方的真经”，而是立足于“自身文化品格、精神风貌”的“学术思想”，困难在于“我”与“他”总是难舍难分，当关注“自身”时，哪怕是“述而不作”，都无法躲避“真经”的侵入，于是也就只能陷入“剪不断、理还乱”（李彬，1995）之叹。

争论双方对峙分明，反而凸显出他们内在的共同“趣味”。实际上他们分享并承认、遵守同一个不言自明的“规范认识信念”（黄宗智，1993）——中西二元对立。如一首歌所唱的：“哦，东方是东方，西方是西方，这一对永不相遇。直至天地并立，于上帝伟大的审判之位前。”于此，无论是可能或者不可能，赞成还是质疑，标准都只是一个：能否与西方兼容。这让人想到克拉克（2011）对东方主义话语所做的总结性评价：“在东方主义话语中存在着简单的两极：一种观点认为文化间的差异是如此之大，以至于文本、观念和价值都深深植入个体文化，试图跨越文化界限进行沟通将一无所获，在这种怀疑主义或相对主义的观点之下，东方主义仅仅作为一种自恋行为才是可能的。……另一种完全相反的极端则是那些把哲学问题放在一边、热心地想要收获对话果实的人们，还有那些没有看见西方试图从东方文化中吸收思想时产生的特殊问题的人。”在这些人看来，“理解东方的文本和哲学是很简单的事情，只要有开放的心灵和美好愿望足矣，东方主义和理解自己文化观念所面临的问题一样，既不多也不少”。这番话说得极为恰当，好像就是为中国传播学“本土化”对立双方所量身定做的。

为了化解中西对立的焦虑和不知所措，“本土化”找到了一剂良药——

“普遍”与“特殊”：一方面对西方理论（普遍）要实行拿来主义；另一方面，要用中国经验（特殊）来加以验证或者修订，从而丰富原有理论，甚至在这基础上还可以建立起新的理论（陈韬文，2002；刘海龙，2011）。我并不认为这是一种全新的想法，因为它本来就是中国“本土化”的基本理论，比如余也鲁的“复验”和“充实”、“光大”，孙旭培的“通过研究中国的传播历史和现状，为传播学的丰富和发展作出贡献”之类，就是明证。“普遍”和“特殊”不过使之变得明确和清晰，甚而具有了理论范式的意义。且不见，拿现成理论来检验中国现实，加入一些新的变量，对原有理论修修补补，已是很多人所醉心的研究方式，也是他们通往那些所谓SSCI杂志的门径，转而又可以宣称我们的研究是如何和世界接轨并与国际对话。

诚然，传播学来自于国外，而且社会科学本就是西方——欧洲所创造的（华勒斯坦等，1997），我们可以了解和运用，但不加辨析直接导入普遍与特殊，言外之意是西方理论放之四海而皆准，其结果不免又是“以西化中”。说来有趣，“普遍”和“特殊”作为一种类型分析，最初正是与中国有关。韦伯在其名著《儒教与道教》中，把儒家作为清教的对立面，把清教的“理性化”与儒家的“不理性化”作比，说明前者是“普遍主义”，后者是“特殊性”。韦伯的这种类型构想，后来经过帕森斯之手，被进一步提炼为“普遍主义”与“特殊主义”，从而就成为社会学分析中不可缺少的一对类型范畴。恰如有学者所指出的，韦伯的这种对比是为回答为什么只有西方才有理性化发展的问题，是把中国当成西方研究的一部分，以中国的特殊反证西方的普世，是“项庄舞剑，意在沛公”，而不是为了理解中国而研究中国[①]（翟学伟，2011；林端，2002）。虽然不能说“普遍”与“特殊”因此就有“原罪”，但也不能将之内在逻辑一笔勾销。

传播学“本土化”中的“普遍”与“特殊”，是否也持这种“一元化”的视角？需要先自问一声：谁的普遍？谁的特殊？是何种语境何种层面上的普遍与特殊？为什么一定是如此这般的“普遍”与“特殊”？无论何时，只要我们未能对“那些深深嵌入我们对世界的思考的事实中的预设”进行系统的批判，我们就有可能错误地瓦解了实践逻辑，使之消解于理论逻辑之中（布迪厄、华康德，2011）。所以，吉尔兹（2000）以为，就社会科

---

① 在所谓的“本土化”研究中，不少正是拿着这种被西方指认的特殊来验证“本土”的是或不是，也就是我所称的“飞去来器式”的研究。当然，我的本意不是说凡是用了西方理论，就无法揭示甚至就是歪曲中国经验，而是想说，因为西方的理论及其研究有其特定的问题和价值取向，不能不由分说就作为“普遍”来用，更不宜在这样的基础上叠床架屋建构所谓理论。

学而言，任何试图以什么“本质”或“偶然”或所谓“自然”的方式给其下定义，并将学术的范围界定于一些特定的经度和纬度之内，并以之去为其具体个案定位者，都是注定要失败的，只消把眼光从标签转到事实上，就很容易看到这一点。以“议程设置”为例。“议程设置”在美国成为问题并引起研究者重视有其根由。作为其代议制民主的一个构成部分，无论是理念还是实践，美国报刊一直自以为只要免除政治和资本权力的干扰，就能够为公众提供客观、公正、充分的信息。可是，“议程设置”研究在经验层面证明了媒介在提供信息的同时，客观上又限制了公众的思考范围，成了公众全面认识外界现实的一个障碍，这不仅为李普曼式的“舆论”虚幻性提供了新的佐证，也为重新认识美国媒介的社会效果，理解美国媒介之于代议制民主的意义提供了新的思考和认识。但是，“议程设置”在中国压根就不是一个问题，至少不是一个迫切和重要的问题。没有人不知道，中国报刊作为党和政府的喉舌，贯彻、宣传党和政府的政策纲领本就是其题中之意。引导舆论，与党中央保持思想和行动的一致，“心往一处想，劲往一处使”，造就良好的舆论环境，是其传统也是现实目标。

陈韬文教授（2002）把对“本土化”的理解划分为三个层面：简单移植、修订理论和原创理论。他认为第一个层面价值不大，最后一个层面很难，唯独第二个层面比较现实：“修订式或是补充式的理论本土化其实很重要，因为它带有创新的意义，同时发生的可能性也比较大。”这话说得很实在，大概类似于托马斯·库恩（2003）所谓的“扫尾”式“常规科学”工作，能够做到也是不容易，大多数科学家为此终其一生。不过，恰如库恩指出的，这样的“扫尾”是以认同、跟从原有“范式”为前提，研究者好比拿到了一个“已经制成且相当坚实的盒子”，然后把经验性材料装进这个盒子。“常规科学的目的既不是去发现新类型的现象，事实上，对那些没有被装进盒子里的现象，常常是视而不见的；也不是发明新理论，而且往往难以容忍别人发明新理论。”[①]这就不能不让我们警惕此种修补类的“本土化”。既成理论是一个窗口也是一个框架，它决定提问的预设方式，又框定思考的方向，还规定了研究路径和技术线路。社会事实本就与人的意向和预设有关，并不是迪尔凯姆式的客观实在。太多人总是看到理论的普遍性，不了解理论背后的“地方经验”，总是充满用中国个案去验证理论的兴趣和冲动，而且把这当成研究的不二法门。然而，达到接轨的坦途和

① 安东尼·吉登斯对库恩的“范式”一说多有批评，认为完全把“范式”作为一个封闭的体系，夸大了内在的统一性。他本人以为，“作为一个出发点，所有的范式都被其他范式所中介”。

检验是否接轨的标准，恰恰忽视了这么一种“由外而内”的理论运用和检验，已经隐含了“用西方的方法来切割、看待、处理中国的问题了”，也很可能因此“把中国社会中的许多关键问题切割掉了”（翟学伟，2005）。“替换了概念就在很大程度上等于替换了事实。因此，在表面上似乎理论融贯的论述，很可能是以牺牲了事实为代价的。”（赵汀阳，2005）这提醒我们使用理论要格外慎重，即使是抱着准备修订或者补充的良好愿望，也不能不对其前因后果（比如：理论从何而来？针对什么问题？其预设是什么？修补因何而起？为什么值得修补？通过修补最终打算获得什么等）加以澄清，否则就会误以为所有现象都是一样，所有的研究都是走同一座桥，别人的问题理所当然也就是我们的问题，于是总是在一个既定圆圈里围绕着是 / 不是，有 / 没有，一样 / 不一样，多少程度上的不一样 / 一样，为何一样 / 不一样等打滚。不仅如此，要是眼里只有这一个“盒子”，那些装不进“盒子”里的东西自然被丢弃。这种理论化的追求难免陷入一个“解释上的圈套：即无论处于边陲地带的学者如何努力建构自己的概念和理论，他要么在说特殊情况下的现象，而不能对其公认的理论构成挑战，要么在证明公认理论的解释限度，供其修订完善。总之，他怎么做都无关紧要”，孙悟空永远别想跳出如来佛的掌心（翟学伟，2011）。所谓的“公共领域”、“新闻专业主义”，现在看来，恐怕都不无此类问题。如果不走出这样的“迷魂阵”，无论是修订还是补充，“概念”似乎是创新了，实际状况及其问题却模糊了。

我总以为，陈韬文教授划分“本土化”的三个层面，是对目前海内外华人学者研究状况的一种概括描述，而不是为“本土化”开出的指向性路径。因而，把这解读为“本土化”由低而高的三步走（胡翼青，2011），是一种严重的误读乃至误导。这是三个完全不同的目标和境界，而且从“修订”式的“本土化”是否可能进入“原创”来看，我是充满疑虑的，就像模仿秀再有创意，也不可能创造出真正的艺术，不过只是进一步确立了被模仿者的地位和影响而已。不仅如此，修补的思维一旦形成定势，研究者自身势必只能跟在别人后面亦步亦趋，不仅有意无意会把本是完整的事实硬加切割，而且完全丧失想象力和发现力，甚至不由自主地挥舞着这个“盒子”，以“规范”和“认祖归宗”的名义，容不得自己也不能容忍他人“多说一句话，多走一步路”。用吉尔兹（2000）引述的维特根斯坦的话来说，人们或许看到一条大道就在眼前，“但是……你却不能使用它，因为它已经被永远地关闭了”。翟学伟教授（2011）所提出的质疑，虽然是针对社会学研究，对于我们也不乏启示意义：

首先，社会学及其范式是否都走一条路？如果是，那么公认理论则表明自己仿佛走到了这条路的终点，而发展理论还走在半道上，一路上发生的情况随着终点的临近都会消失；如果不是，这就有了其他的可能。其次，社会学研究是为了证明一个公认理论的正确和效度，还是在为自身的社会寻求福祉？最后，公认理论是一种假设还是历史使然？是假设就未必成立，是历史使然则只能说明西方社会科学在其发展史上暂时处于优势，我们不过是把优势当成了公认理论。

四、地方性知识：研究中国的传播“问题”

简而言之，传播学本土化，说白了就是研究并呈现本土关于传播的“知识”及其“成长”，并由此归纳其理论特征。因此，传播学本土化研究应该遵循福柯（1993）的呼吁，深入“知识的历史中”。然而，任何知识都是“历史地成长起来的，它是无数人类个体的各种文化活动的凝结物”（弗洛里安·兹纳涅茨基，2012），其发生和繁衍，脱离不了特定时空的文化和社会实践，都是“地方性知识”（吉尔兹，2000）。这可以为中国传播学的本土化路径提供指引。

从“地方性知识”进入，最明显的效用即可以化解一直让我们困扰不堪、难以摆脱的“中—西”（普遍—特殊）二元对立之心结。它意味着每一个地方都构成一个整体，在研究视野里可以作为一个独立单位。中西之间存在的差异，不过是不同地方之间难以规避的各自的特殊性：社会的、政治的和文化的。从现代性而言，不同地方有着不同的发展，经济上有发达和不发达之别，但不能因此直接推导出在文化和知识上谁是普遍和特殊。既然知识是与各自深厚的文化土壤有关，就不能以先定的或者某一方的价值来判断，更不能天然地把某个地方作为参照标准而进行“复验”。

“地方性知识”的意义，当然不特指任何特定的、具有地方特征的知识，或者传播学者们惯常认为的文化或经验特殊性。盛晓明（2000）指出，“地方性知识”更重要的是一种新型的知识观念，可以在知识论上为我们提供新的启示。在吉尔兹看来，知识在本质上不是一系列既成的、被证明为真的命题的集合，而是活动或实践过程的集合。活动不只是在思维中进行，更主要的是在语言交往、实验，乃至日常生活中进行着。由此，“地方性”不仅是在特定的地域意义上说的，它还涉及在知识的生成与辩护中所形成的特定的情境（context），包括由特定的历史条件所形成的文化与亚文化群体的价值观，由特定的利益关系所决定的立场和视域等。由于知识总是在特定的情境中生成并得到辩护的，因此我们对知识的考察与其关注普遍的准则，不如着眼于知识形成的具体的情境条件。这种把知识的生产与特定情境密切联系的思路，与知识社会学倒是互为呼应，舍勒（2012）就说过：

“西方的几乎所有形而上学，都是城市思维的产物。这一点可以说明下列事实，即西方的形而上学是建立在一种完全不同的自我意识，建立在一种完全不同的对人本身的解释之上的——也就是说，这种解释认为人是一种高于全部自然界，拥有最高统治权的存在。”需要注意的是，形而上学是如此，貌似中立客观的实证科学同样如此。尽管“在各种技术性目标的界限之内仍然保持普遍有效，但是，它的起源却恰恰只不过是一种欧洲人的产物而已，也就是说，它也不过是属于各个民族及其历史的一个个别的群体所得出的结论而已”。“如果人们无视这些立场，如果人们坚持认为实证科学是一种属于所有民族的‘发展的产物’，也就是说，坚持认为它是所有民族终究会达到的一个发展阶段，那么，即使是在欧洲的影响并不存在的情况下，这些人也是欧洲文化的袒护者。”这真是警醒之言！此外，在传播学本土化的讨论中，常有人把社会科学和科学做对比，以证明本土化的正当性或不正当性。在利奥塔（1996）看来，现代科学与正统的叙事学本就没有多大差别。“科学本身并非限于提供诸多实用法则去探求真理，它还必须在其策略竞赛中把自身所运用的规则合法化。因而，科学就针对自身的方位和状况，制造出一种合法化的说法。这种说法，我们通常称之为‘哲学’。”当方位和状况发生变异，所确立的合法化说法——“哲学”自然也就改变，出现新的关于“科学”的叙事，到了一定程度，就会发生库恩所谓的“范式革命”。从知识相对化角度看，科学和社会科学没有什么根本不同。“地方性知识”的重要启示正在于此。

知识的相对化，即意味着知识解释的效度和信度都有其界限，就是承认“文化解释系统或曰世界观，构成了社会群体的背景知识，并且确保其各种行为取向之间能有一种内在的联系”（哈贝马斯，2004），也就是承认知识总是与经验纠缠在一起。因此，传播本土化虽然是一个地域及其文化的概念，然而其内在指向，不是平白无故去描述这个地域或者文化的独有现象，也不是指认地方及其文化有何特征，而是要探究这样的地域以及文化特征，造就了什么样的传播知识，构成了何种特殊的问题[①]。中国或者中国文化并不是研究前提，中国这样具体的文化脉络，构成了什么样的有关传播的知识，才是本土化研究的前提。因此，有几点是不能不注意的：第一，地方性知识难免要从地方文化入手，但不是为了文化的比较。地方性知识作为一种文化想象和意义建构，并不是一般意义上的异与同之探讨，“而是着重从发生学的渊源去追溯其命名学甚至是思维上的歧异”（王海

---

① 黄宗智先生认为吉尔兹的“地方性知识”把事实和表达分开，并用表达取消了事实，有放弃经验证据，走向唯心主义化约论之嫌。我的理解与之有所不同。

龙，2004）。我特别在意“发生学”意义上对于其“命名”和“思维”歧异的追溯这样的说法，这既是一个认识论的问题——怎么看知识，也是一个方法论的问题——如何去探索不同知识，唯独不是一个研究或者比较对象的问题。换言之，我们探查的是在这样的文化情境中，形成了什么样的地方性传播知识，用雷蒙德·威廉斯（1997）的说法，即通过整个文化实践形成了什么样的文化观念。第二，本土化的首要任务，是要去发现、提炼、解释其特有的传播现象及其问题，因为解释系统不同，对传播的内在体验和理解不同，存在和面临的问题也是完全不同的。[①]由于任何传播知识及其理解都是镶嵌并作用于各自的社会和文化构造之中，我们必然要深入具体的时空，以动态的过程，多维的关系，细致辨析并建构和阐释问题背后的意义，改变刻舟求剑式的寻找、挖掘和归纳。通过“文化”的机理，去追查传播现象或者行为的来龙去脉，揭示地方特性及其想象对传播的作用和影响，比如它们是如何形成的，因何触发，人们是如何理解，如何命名，内含何种意义等，并在这样的基础上，谨慎采用或者构建可以解释的理论。若套用沟口雄三的表达，则是以文化为方法，以传播为目的；以文化为入径，以传播为出口的。若是抽空了这样的基础，所谓的“本土化”，就可能成为“语录”的排列，甚至把某些经典的文本直接等同于传播的日常实践和认知。第三，从地方性知识角度看，传播本土化研究在方法和范式上未必是机械的，非此即彼的。但是，本土化研究无论用什么方法，首先一定是与“理解”或者“诠释”相伴随，因为研究者必须牢牢把握本土文化情境和脉络。这种把握，不是指看到、听到了什么，而是怎么“理解”并且“理解”了什么。说到此，让我又一次想起帕克（1955）对知识的区分。他认为知识有日常感知的（acquainted with）知识和条理化了的专门的（knowledge about）知识两种，比如新闻报道就属于前者，历史学、政治学等则归于后者。在另一位学者奈杰尔·斯瑞夫特（2011）眼里，知识共有四类：无意识知识、实践知识、经验知识和“自然哲学”。实践知识颇类于帕克的感知，其特征是未阐明的，是连续且重复的行为流的构成部分，是特定地域的依赖于身体在场的互动，常常以有机类比或比喻为基础。经验知识（系统化、专业化以及常规科学）则可以被抽象化和距离化，具有客观化的特征。“自然哲学”则是关于一种知识整体的知识。于是，在深入知识从事本土化研

① 翟学伟曾指出，中国人的“关系”与西方的“社会资本”，各自存在着不同的问题，用后者来解释前者，几乎就是无的放矢。所以，不置于自身的文化情境，就很难提出自己的问题。依照普遍—特殊的理论化逻辑，有可能提出的问题不是已经泛化了就是偏离了特定的地方语境。

究之前，我们无法避免处理不同类型知识的难题。利奥塔（1996）很是尖锐地指出，知识不能简化为科学，更不能简化为学问，“学问是一套陈述排斥另一套陈述，学问定义并描写各种对象以此来判定真伪”。知识则是一种能力，这种能力可以认识事物，可以下结论判断，可以评价也可以转化，知识的形成与一系列“能力建立的标准法则”是相互呼应的，认为“知识”仅仅是指一套定义指称性的陈述，那就太偏狭了。于此而言，传播学本土化首先需要考虑的不是方法或路径，而是如何获取并理解那些“感知”或“实践”的知识。这还不仅在于，方法和路径的目的是为了获取和理解“知识”的有效性，是依据“知识”的不同而不同（文无定法？），更在于要防止以“学问”这样的一套特定陈述界定并剪裁“知识”甚至取代“知识”①。吉登斯（2003）强调“双重解释”，提出“对人类社会行为的研究要依赖于对共有知识的掌握”，其意正在于此。哈贝马斯（2004）说：“在精神科学和社会科学当中，理解的问题之所以具有重要意义，主要是科学家仅仅通过观察是无法进入由符号先行建构起来的现实的，他们在方法论上不能把意义理解与经验观察混为一谈。社会科学家进入生活世界的途径和外行没有什么本质的区别。他们自己必须在一定程度上属于他们试图描述其组成部分的生活世界。为了描述生活世界，他们必须理解生活世界，必须全身心地投入生活世界的创造过程当中；而全身心投入的前提是他们必须属于生活世界。”我们有必要记住这样的告诫：首先不是要验证理论观点是否正确，“理由很简单，以这种方式得出来的大多数结论是无法用事实验证的”。其次不是为了松散的类比，“所有的比较方法都必须遵循的一条最基本的规则，就是只有在可比较的事情之间才有可能进行有意义的比较”。最后，个别化和概念化必定是相辅相成、共同存在的。而这，“只有把那些在某个特定历史条件下有助于形成个别特征的全部因素都一一加以考虑之后，我们才有把握着手研究在其他明显类似的历史条件下的共同个性是什么”（巴勒克拉夫，1987）。

地方不可能没有边界，甚至地方就昭示着边界，但边界不是鸿沟，

---

① 最近看到华东师范大学研究明清江南市镇的王家范教授接受采访时说：“我这个出身于市镇的乡下人，对用西方‘城市化’理论硬套中国古代历史向有反感。那些故意拔高的说法，计算那时‘城市化’百分比有多高的数理统计，听来总觉得有几分滑稽。因为这明显脱离市镇生活的历史情景，更缺乏市镇生活的实际体验。我把这种高调讲给儿时一起嬉玩的伙伴听，他们还以为是城里人故意在笑话我们乡下人。”这种对地方性知识缺乏理解而用“学术”来剪裁编织故事的做法，传播学研究中不在少数。

不是“老死不相往来”。无论理解成我与你，还是我与他（马丁·布伯，2002），地方总是在相互联系格局中的“地方”，总是处于与其他地方的不断互动中，并在互动中不断改变。历史是如此，现实更是如此。没有关系，也就没有地方。休厄尔（2012）主张把结构看成是复数而且是一个复合体，这意味着不同地方有不同符号与文化逻辑运作的不同制度和实践，它们各自相对自主而不绝缘，地方必然是一个动态的关系场域。因此，强调地方，“既不可将他人远远推向相对的极端，亦不可将其拉近进而有如我们自身的摹本，而是要将我们自己置身于他人之间”（吉尔兹，2004）。“他人之间”，是一种关系，是一种互相生产的关系，而不是两个绝缘对立的端点，在这样的基础上，也就是“在中西方学术之间做本土的定位”，“不需要一只手拉住西方某一理论流派的方法，另一只手操弄本土的概念和变量，而是要回到中国社会现实去看、听、闻，去观察、发现、体会，然后去寻求用什么来表达它们是什么”。翟学伟（2005）强调“地方性知识”，就是注重地方经验和他人理论的对话。对话不是一种非此即彼的选择，不是经验对理论的验证，也不是理论对经验的解释，而是从经验出发，对采用某个理论的恰切性质问。在这个意义上，“地方性知识”研究中的理论，一定是“由内而外”，是“知识”决定“学问”的。根据黄宗智教授（2003）的研究体会，这样的对话既是经验层面的也是概念层面的。在经验层面，中国的经验常常悖于西方理论及其期望；在概念层面，中国经验有助于揭示原有理论隐含前提所存在的问题。借助这样的对话，才有可能在经验基础上提炼出自己的概念。由此，要把原有的以世界（西方/欧洲）作为标准，作为衡量中国的方法，逐渐转变为“以中国为方法，以世界为目的”，在“以中国为方法的世界”中，中国、欧洲，乃至其他地方都不过是构成世界的要素，世界是一个多元的世界，中国向“世界展现作为其中一部分的自己的世界就可以了”（沟口雄三，2011），无须刻意去追求“文化独特”或是“文化普同”（黄懿慧，2012）。吉尔兹（2000）说得好：“用别人的眼光看我们自己可启悟出许多瞠目的事实，承认他人也具有和我们一样的本性则是一种最起码的态度。但是，在别人的文化中间发现我们自己，作为一种人类生活方式地方化的地方性例子，作为众多个案中的一个个案，作为众多世界中的一个世界来看待，这将是一个十分难能可贵的成就。只有这样，宽阔的胸怀，不带自吹自擂的假冒宽容的那种客观化的胸襟才会出现。”

由此，把某一种地方知识强制推广为普遍知识，凌驾于其他地方之上的“本土化”不可取；退回地方闭关自守，如中国的“本土化”钻入由“四书五经”所堆砌而成的“孤岛”独来独往，同样不可取。传播“本土化”不是为孤芳自赏，而是一定向着所有方向敞开。这与其说是研究者应有的视野，毋宁说地方的传播实践本来就是如此，不能为了研究的便利而简化丰富性。“我们无疑必须求助于我们所继承的知识，但是在智慧的发展中，有一条伟大的原则经常被遗忘了。为了获得知识，我们首先必须使自己不受知识的束缚。我们必须有体系，但我们应当使我们的体系保持开放。换言之，我们对它们的局限性应当有所敏感。”（怀特海，2004）开放才会有对话，有对话才知道自己的局限，明白了局限才会有反思，有反思才会有改进和新的创造。当不同的地方性知识始终是处于这样的对话之中时，各自的意义和理解就能得到分享，于是就有趋向互相弥补修订并达成共同理解的可能。所谓的普遍，既是这样一个动态的对话过程，也必定是在这样的动态对话中存在。由此，传播学本土化一定是立足于中国的传播实践，依照其自身的逻辑来发现和解决问题。这样的问题是独特的，它来自于地方的特点和经验，但也有可能是普遍关注甚至是需要共同解决的，即它们始终撞击着人类心灵和精神。米尔斯（2001）早就指出，研究和论题提出的背后应该是这样的冲动：“探究个人在社会中，在他存在并具有自身特质的一定时代，他的社会与历史意义何在。”如果说传播可以有三个层面的含义：第一，功能层面上的信息传递过程；第二，关系层面上的意义理解和分享；第三，生存层面上的人类日常交往。那么，面对问题我们必须追问：这是什么问题，哪一个层面上的问题？它对于人类究竟意味着什么？只有如此，我们在研究中不仅可以真正体味到怀特海（2004）所谓的“重要性”，亦即“导致将个人感受公开表达出来的那种强烈的兴趣”，而且我们的研究也将具有对话的能力，并可能因此进入到世界的传播学舞台，为其丰富多彩贡献自己的力量，此正是“以中国为方法，以世界为目的”之真意。“中国的人文学术和社会科学之取得其自我主张的决定性标志是：能够真正深入到社会现实的实体性内容之中，能够真正揭示并切中当今中国的社会现实。”（吴晓明，2012）我们的“本土化”研究应该从提问开始，从中国现实的传播问题开始，从具有人类共通性的中国传播问题开始。

参考文献

［1］［英］安东尼·吉登斯著，田佑中、刘江涛译：《社会学方法的新规则——一种对解释社会学的建设性批判》，北京：社会科学文献出版社 2003 年版。

［2］［法］布迪厄、［美］华康德著，李猛、李康译：《实践与反思：反思社会学导引》，北京：中央编译出版社 2004 年版。

［3］陈世敏：《拦得溪声日夜喧——贺〈新闻与传播研究〉创刊》，

《新闻学研究》1994年第49期。

[4] 陈韬文：《理论化是华人社会传播研究的出路：全球化与本土化的张力处理》，载张国良、黄芝晓主编：《中国传播学：反思与前瞻》，上海：复旦大学出版社2002年版。

[5]［美］杜赞奇：《为什么历史是反理论的？》，载黄宗智主编：《中国研究的范式问题讨论》，北京：社会科学文献出版社2003年版。

[6] 丁伟志、陈崧著：《中体西用之间——晚清中西文化观述论》，北京：中国社会科学出版社1995年版。

[7]［法］米歇·傅柯著，王德威译：《知识的考掘》，台北：麦田出版社1993年版。

[8]［波］弗洛里安·兹纳涅茨基著，郏斌祥译：《知识人的社会角色》，南京：译林出版社2000年版。

[9] 葛兆光著：《宅兹中国》，北京：中华书局2011年版。

[10]［日］沟口雄三著，孙军悦译：《作为方法的中国》，北京：生活·读书·新知三联书店2011年版。

[11]［德］哈贝马斯著，曹卫东译：《交往行为理论》（第一卷），上海：上海人民出版社2004年版。

[12] 胡翼青：《传播研究本土化路径的迷失》，《现代传播》2011年第4期。

[13] 华勒斯坦等著，刘锋译：《开放社会科学》，北京：生活·读书·新知三联书店1997年版。

[14] 黄旦：《"传播"的想象：兼评中国内地传播学本土化之路径》，载冯应谦、黄懿慧编：《华人传播想象》，香港：香港中文大学、香港亚太研究所2012年版。

[15] 黄晓峰：《王家范谈明清江南的"市镇化"》，《东方早报》，2013年7月14日。

[16] 黄星民：《华夏传播研究刍议》，《新闻与传播研究》2002年第4期。

[17] 黄懿慧：《华人传播研究：研究取向、辩论与共识》，载冯应谦、黄懿慧编：《华人传播想象》，香港：香港中文大学、香港亚太研究所2012年版。

[18] 黄宗智：《中国经济史中的悖论现象与当前的规范认识危机》，《史学理论研究》1993年第1期。

[19] 黄宗智：《学术理论与中国近现代史研究——四个陷阱和一个问题》，载黄宗智主编：《中国研究的范式问题讨论》，北京：社会科学文献出版社2003年版。

［20］［美］怀特海著，刘放桐译：《思维方式》，北京：商务印书馆 2004 年版。

［21］［美］克拉克著，于闽梅、曾祥波译：《东方启蒙：东西方思想的遭遇》，上海：上海人民出版社 2011 年版。

［22］［美］克利福德·吉尔兹著，王海龙、张家瑄译：《地方性知识：阐释人类学论文集》，北京：中央编译出版社 2000 年版。

［23］［英］巴勒克拉夫著，杨豫译：《当代史学主要趋势》，北京：北京大学出版社 2006 年版。

［24］［意］克罗齐：《历史和编年史》，载［英］汤因比等著，张文杰编：《历史的话语：现代西方历史哲学译文集》，桂林：广西师范大学出版社 2002 年版。

［25］［英］多亚尔、［英］高夫著，汪淳波、张宝莹译：《人的需要理论》，北京：商务印书馆 2008 年版。

［26］［美］米尔斯著，陈强、张永强译：《社会学的想象力》，北京：生活·读书·新知三联书店 2001 年版。

［27］［英］雷蒙德·威廉斯著，吴松江、张文定译：《文化与社会》，北京：北京大学出版社 1991 年版。

［28］［法］利奥塔著，岛子译：《后现代状况：关于知识的报告》，长沙：湖南美术出版社 1996 年版。

［29］李彬：《反思：传播研究本土化的困惑》，《现代传播》1995 年第 6 期。

［30］李济著：《中国文明的开始》，南京：江苏教育出版社 2005 年版。

［31］梁启超著：《论中国学术思想变迁之大势》，《饮冰室合集》，北京：中华书局 1989 年版。

［32］林端著：《儒家伦理与法律文化——社会学观点的探索》，北京：中国政法大学出版社 2002 年版。

［33］刘海龙：《传播研究本土化的两个维度》，《现代传播》2011 年第 9 期。

［34］吕春盛：《关于大陆学界“历史上的中国”概念之讨论》，《台湾历史学会通讯》1990 年第 2 期。

［35］［德］马克思·舍勒著，艾彦译：《知识社会学问题》，南京：译林出版社 2012 年版。

［36］［美］刘易士、［美］魏根著，杨瑾等译：《大陆的神话：元地理学批判》，上海：上海人民出版社 2011 年版。

［37］［美］麦克·赫兹飞著：《了解政治事件的意义》，［丹］克斯汀·海斯翠普编，贾士蘅译：《他者的历史：社会人类学与历史制作》，

北京：中国人民大学出版社2010年版。

[38] [英]奈杰尔·斯瑞夫特著：《苍蝇和细菌：一种知识地理学》，载[英]德雷克·格利高里、[英]约翰·厄里编，谢礼圣、吕增奎等译：《社会关系与空间结构》，北京：北京师范大学出版社2011年版。

[39] Park. *Society*. New York: The Free Press，1955.

[40] 钱钟书著：《管锥编》，北京：中华书局1986年版。

[41] [美]萨义德著，王宇根译：《东方学》，北京：生活·读书·新知三联书店1999年版。

[42] 邵培仁：《传播学本土化研究的回顾与前瞻》，《杭州师范学院学报》1999年第4期。

[43] 盛晓明：《地方性知识的构造》，《哲学研究》2000年第12期。

[44] 孙旭培主编：《华夏传播论》，北京：人民出版社1997年版。

[45] [美]托马斯·库恩著，金吾伦、胡新和译：《科学革命的结构》，北京：北京大学出版社2003年版。

[46] Wallerstein，Immanuel Maurice. *Unthinking the Social Science*. Philadelphia：Temple University Press，2001.

[47] 王尔敏著：《中国近代思想史论》，北京：社会科学文献出版社2003年版。

[48] 王铭铭著：《西学"中国化"的历史困境》，桂林：广西师范大学出版社2005年版。

[49] 王怡红：《对话：走出传播研究本土化的空谷》，《现代传播》1995年第6期。

[50] 王怡红：《一个传播学本土研究规范的考量——以1982年提出的"16字方针"为例的探讨》，《中国传媒报告》2008年第1期。

[51] 王怡红、胡翼青主编：《中国传播学30年》，北京：中国大百科全书出版社2010年版。

[52] Williams，Raymond.Communications as cultural science. *Journal of Communication*，1974.

[53] 吴晓明:《论中国学术的自我主张》,《学术月刊》2012年第7期。

[54] [美]小威廉·H.休厄尔著，朱联璧、费滢译：《历史的逻辑：社会理论与社会转型》，上海：上海人民出版社2012年版。

[55] 许倬云著：《万古江河：中国历史文化的转折与开展》，上海：上海文艺出版社2006年版。

[56] 余也鲁、郑学濛主编：《从零开始》，厦门：厦门大学出版社1994年版。

[57] [美]W.宣伟伯著，余也鲁译：《传学概论》，香港：海天书

楼 1983 年版。

［58］ 余英时著：《史学、史家与时代》，桂林：广西师范大学出版社 2004 年版。

［59］ 翟学伟著：《人情、面子与权力的再生产》，北京：北京大学出版社 2005 年版。

［60］ 翟学伟著：《中国人的关系原理》，北京：北京大学出版社 2011 年版。

［61］［美］詹姆斯·凯瑞著，丁未译：《作为文化的传播》，北京：华夏出版社 2005 年版。

［62］ 赵启正：《你身边的故事就是中国故事》，《时事报告》2012 年第 11 期。

［63］ 赵汀阳著：《没有世界观的世界》，北京：中国人民大学出版社 2003 年版。

（原载于《理论与经验：中国传播研究的问题及路径》，复旦大学出版社 2013 年版，略有修改）

传播媒介的发展之道

李 幸
（华南理工大学新闻与传播学院教授，中国高校影视学会副会长）

一、传统媒体创造了什么

新媒体的世界很大，涉及人类生活的方方面面，可以说像大海一样浩瀚，像星空一样值得人类不断探究。然而，若从媒体应用的角度，循着传统媒体发展的思路去理解，新媒体其实也不难解读。

在传播路径方面，传统媒体一般是单向的、点对面的，新媒体似乎增加了双向和点对点的功能。但是如果把电话也作为一种媒体应用，新媒体在元思想上就没有增加什么了——电话曾经被连线为广播①。如果当时能在电话的基础上发展广播，就完全可以实现双向互动，当然还需要进一步完善技术。

在传播终端方面，传统媒体的纸质形式，不仅有书、报、刊的区分，还有各种开本与质地的不同，新媒体则以不同场合、不同条件下的不同尺寸的电子屏幕显示之。从纸到屏幕，像从竹简到纸一般，变化巨大。

今天我们特别强调新媒体的移动传播功能，但这也是在传统媒体既有的可以移动接收的基础上做起来的——便携式收音机、掌上电视以及小开本的书刊（如口袋书）。

纸媒的开本和翻页，用电子显示屏解决不是问题——大到台式电脑，小到手机，鼠标、按键乃至触屏翻页都很便捷。而传统媒体带给人们的那种享受感，如在沙发或床上看书看电视，新媒体用平板电脑以及手机也解决了。终端的设备不重要，电子触屏技术的发明才是关键。然而这一发明，

---

① 1893 年，匈牙利人西奥多·普斯卡在布达佩斯连接 700 多条电话线进行了新闻传播，并称之为“电话报纸”。参见《美国广播电视简史》，北京广播学院新闻系内部发行，王银桩、赵淑萍编译自［美］埃里克·巴尔诺《美国广播史》和《美国电视发展史》，纽约：牛津大学出版社 1966、1968、1970、1975 年版。

不过是模拟手指翻页，尽管很精妙，但与此前发明的电视遥控器“拉长人的手臂”相比，只是各有千秋罢了。

总要说一点新媒体的贡献——把过去的单向传播进化为可交互传播。然而，其所实现的，不过是“交流”这个动物界与生俱来的东西。区别只在于，现在人类的交流可以在不同的时空里实现了，而地球上其他动物还需在实在的时空中交流。

二、印刷是一种元思想

目前，传统媒体危机已出现，特别是纸媒。

纸媒只是印刷的一种产物，印刷是纸媒的主要技术，但作为一种思想，印刷还产出了许多其他的东西。

印刷首先解决了把文字、图形记录在纸上以及大规模生产的问题（毕升实现记录，古登堡实现规模产出），声音和活动图像的储存当为进一步的任务——留声机是一种把声音“印刷”在某种“纸”上的发明[①]，摄影和电影也是把动作“印刷”在各种材料上的思路。当然，电影比印刷多了一点儿科学利用——人的视觉滞留这一生理现象。然而这一点，相信在电影发明之前，快速连续地翻动书页所产生的“动画”效果，应能带来启示吧。

录音蜡盘和照相银版是纸上印刷思路的延续——既然能把静态的文字和图形在纸上留住，也就有可能把动态的声音甚至动作记录下来。文字相当程度上是为保存语言而产生的，这一点在拼音文字里不言而喻（象形文字里的形声字也占大部分），留声机从这个意义上说与文字同路。原始人类在岩洞里刻画的连续图形，则孕育着电影电视的诞生，尽管时至几千年后。

电影是一百年前的新媒体。安德烈·巴赞认为，电影的制作者“都是

---

① 麦克卢汉指出：“爱迪生在摆弄打着莫尔斯电码的点线符号的电报纸带时，注意到一种现象：电报纸带快速传递时，产生了一种类似‘听不清楚的说话声’，他突然产生了一个想法：刻有印痕的线带可以用来记录电话。”这个发现使爱迪生“最初把唱机当成是‘电话的重复器’，即电话资料的仓库；这一仓库使电话能‘提供非常珍贵的记录，而不是让电话只作为瞬间完成、稍纵即逝的交流的接受器而已’”。引自［加］马歇尔·麦克卢汉著，何道宽译：《理解媒介——论人的延伸》，北京：商务印书馆 2000 年版，第 340 页。

些热衷钻牛角尖、易于心血来潮、喜欢修修弄弄的人，最多不过是富于创造才能的企业家”[①]。如此而言，其与互联网应用的开发者们倒是有很多相同之处。

印刷这条路很长，传媒应用方面前有雕版、铅排，后有铜锌版、激光照排，而在制造其他物品方面，则有电路板印制、3D打印以及新近出现的印刷电子产品等。印刷作为一种元思想，不仅实现了大规模文字传播，还影响着声音与影像记录工具的发明，并在千年后复燃其铅与火的制造本质。

作为印刷思想的直接受益者，纸媒应该能够像电影以及录音录像产品那样，在新的媒介环境里找到自己的出路——电影成为殿堂里的视听盛宴，录音录像则转移到随身接收终端上。这一点正如莱文森所言，“媒介的进化和有机体的进化一样，如果一种媒介符合前技术传播的某一方面或某个模式，那么这种媒介就一定会存活下来，无论接踵而至的媒介是什么”[②]。

三、电报电话另辟蹊径

电报和电话是有别于印刷以及留声机、摄影、电影的另一条传播思路。

电报其实也是从传播文字讯息开始的。1844年莫尔斯电码传递的第一条讯息是“上帝创造了什么”。尽管莫尔斯在构想电报时邂逅了发明摄影术的达盖尔，但看来两条路径难以融合——从通过编码解码传播文字讯息到后来传播声音讯息，应该是受到了在文字讯息传播时出现的电脉冲的启发。贝尔的电话实验走了一条捷径——同早期电报一样是利用导线，但尝试直接传输人声，终于在1876年成功演示。1895年前后马可尼和其他一些发明家在无线传播讯息方面继续努力，终于在1906年，费森登实现了不用导线就能够远距离传送人声和音乐。1920年正式出现广播电台，开始该技术的传媒应用。

既然声音能够被直接传播，那么图像包括动态影像的直接传播就是指日可待的事了。1923年，传真机利用无线电传送了一张静止图像。1930年，有声有像的电视广播实验成功。此后，计算机和互联网以数字技术取代了模拟技术并设计出分布式网络，很了不起，但也只是在前人已经奠定的基

① [法]安德烈·巴赞著，崔君衍译：《电影是什么？》，北京：中国电影出版社1987年版，第12页。

② [美]保罗·莱文森著，何道宽译：《莱文森精粹》，北京：中国人民大学出版社2007年版，第35页。

础上进一步优化传播效果而已。

电报和电话的伟大体现在：人类花了几千年，直到20世纪才解决了声音和图像的远距离直接传送问题。此前，以言语保存诉求，以文字保存言语，以印刷复制文字，以各种材料记录声音，以摄影和胶片捕捉动作，人们探索不止，直到穷尽了此路，然后从电报和电话方面另辟蹊径，才有了后来的广播电视。并且，电报和电话从一开始就同时具备点对面和点对点的传播功能，既可单向传输又可双向互动，是完全意义上的传播。所以，可以说，广播电视只是其传媒运用的第一步，计算机和互联网则是其进一步的运用。

四、媒介融合还是跨媒体

近年来，“媒介融合”的声音愈叫愈响亮。西方提出这个思想，中国学习借鉴之。一段时间里，优秀的纸质媒体都在努力实践，试图打造“全媒体”、“媒体集群”；广播电视则说归说，做归做，似乎还是专注于自制节目，至多在语言以及传播方面利用一下各类新媒体。

历史上，传统媒体有过多次与“新媒体”的较量。广播是报纸之后的新媒体，当年广播曾让报纸紧张，于是报纸联合起来不准广播读报纸新闻。电视是电影之后的新媒体，电视也曾让电影着急，于是好莱坞联合起来不给电视台供片。但这些都没挡住新媒体的发展。结果是鱼有鱼路，虾有虾路，各有各的活路。

“媒介融合”有问题，而“跨媒体”倒是传统媒体可以想着做的事儿。跨媒体早有先例：20世纪60年代，由美国《时代周刊》出资的摄影组，拍出了很棒的纪录电影《初选》。这是结合纸媒深刻性与影像生动性的思路。

集团化也是一种跨媒体。中国有几个城市传媒集团，把报刊、广播电视以及互联网站结合，如牡丹江、红河、成都、佛山。虽不见太大成效，但道路正确。而因体制障碍，地域则难跨越，即便如南方报业传媒集团，也把《新京报》给办丢了。但这不是问题，互联网不受地域限制，且是大家都可以涉足的。

有实力的媒体当趁有实力的时候跨媒体。通讯社跨了报纸再跨互联网和电视新闻，广播电台尝试看得见的广播，电视台去跨视听新媒体，都不算太难。报纸怎么办？跨通讯社，成为互联网媒体的信息提供者，完全没问题。跨广播电视不现实，但是跨视听新媒体可以一步到位。会不会做视听，则另说。

传统媒体跨新媒体，难在传播方式与内容、精神都不同。借用互联网的说法，是 Web 1.0 与 Web 2.0 的不同：单向与互动、传者主导与用户自制、封闭与开放、主流与民间、导向与自由、层级与平等……总之，虽不隔行却也如隔山。

出路何在？一个办法是：自办不如合作，合作不如并购。当然，前提条件是：要趁着自己还有实力的时候，且要有懂新媒体特质的管理者。

（原载于《现代传播》2013 年第 9 期，略有修改）

网络传播的道德哲学审思

杨先顺
（暨南大学新闻与传播学院副院长，广告学系教授，博士生导师）

近年来，伴随着网络媒体的兴起与发展，学者们对网络道德（伦理）的探讨愈来愈多。笔者利用学术期刊网搜索，截至2006年5月，已公开发表的有关网络道德（伦理）的论文共计456篇。另外，有关网络道德（伦理）的专著也有四五本。学者们对网络道德的特性、形态，目前我国网络道德存在的问题，建构网络道德的重要性和紧迫性，以及网络道德的基本原则与具体要求，进行了广泛而深入的讨论，但是对于虚拟实在中应奉行的伦理世界观、网络传播的伦理冲突及其协调等基本问题，尚缺乏高屋建瓴的哲学反思。本文试图在前人研究成果的基础上，从道德哲学的层面，对网络伦理的基本问题进行宏观的、整体的探讨。

一、虚拟实在的本体论地位与伦理世界观

虚拟实在（Virtual Reality），又称虚拟现实，是指由电脑网络所形成的一个独特的、有别于现实世界的数字世界。虚拟实在的出现对传统的哲学和伦理学提出了新的挑战，哲学家们必须反思虚拟实在的本质是什么，是物质还是意识，即虚拟实在的本体论问题。而伦理学家必须澄清虚拟实在中的道德何以可能，善何以必要，同时还要探寻虚拟实在中的伦理世界观。

关于虚拟实在的本体论问题，目前学术界尚有争议，归纳起来有如下四种观点。一是物质归属说，以为虚拟实在是客观实在（物质）的一部分。如蔡曙山先生曾指出："Virtual Reality无论从辞源意义上说，还是从实际意义上说，都是一种实实在在的现实……"①二是意识归属说，即认为虚拟实在的本质是意识。如任红杰先生就明确指出："虚拟现实是意识的延伸，

① 蔡曙山：《论数字化》，《中国社会科学》2001年第4期，第39页。

是以数字化方式构成的新型意识现象。"[①]三是世界 3 归属说，即认为虚拟实在属于证伪主义科学哲学家波普尔所提出的世界 3，即客观知识世界。[②]此外还有世界 4 归属说，即认为虚拟实在既不属于物质，也不属于意识，又不属于世界 3。[③]

我们认为第三种看法更贴近"虚拟实在"的本质，因为"虚拟实在"有两个重要的特性：一是主体性，如果没有人的主体的介入和创造，虚拟实在是不可能产生的；二是客体性，即虚拟实在一旦形成，就成为一种独立于我们意识之外并为我们的意识所反映的外在实体。

可见，虚拟实在是客观实在与意识高度融合的一种新的实在。过去人们在探讨哲学基本问题时，过于强调物质和意识的分隔与对立，而忽视了物质和意识的融合与互动，因而对物质和意识水乳交融的状态颇感棘手。其实，哲学上的物质（客观实在）可以分为两种状态：一是未经主体意识所作用的纯客观实在，即自然实在；二是受主体意识所作用的社会实在（如社会关系等）。而虚拟实在恰恰类似于第二种状态，但又具有更强烈的主体创造性。所以既不好归入客观实在，又不好归入主观意识，因而归入世界 3 较为贴切。

接下来的问题便是在这种特殊而又新奇的虚拟实在中，道德何以可能？善何以必要？对此，我们从两方面来论证：

第一，从虚拟实在与人的关系来看，虚拟实在已具备道德建构的先决条件。杨国荣先生曾指出："作为人存在的方式及生活实践过程中的本体论规定，道德同时也为存在所以可能及回归具体、真实的存在提供了担保，正是在这里，道德获得了自身存在的根据。"[④]可见，道德与人的存在及实践活动密不可分，毋宁说后者是前者的基本条件。道德是用非强制手段来协调人与人、人与社会以及人与自然之间的和谐关系。在虚拟实在中，人们通过信息的传播，通过彼此的交往而形成一个虚拟的社区，这种虚拟社区类似于人类社会。社区成员与社区成员、社区成员与社区以及社区与社区的关系，需要一套无形的游戏规则，否则虚拟社区就会因为混乱和无序而毁灭。所以在虚拟现实中不但需要强制性的法律法规，而且需要非强制性的道德伦理，做到"他律"和"自律"的有机结合。

---

① 任红杰：《关于虚拟现实的认识误区》，《自然辩证法研究》2005 年第 5 期，第 61 页。

② 彭列汉：《虚拟现实：认识的第三种形式》，《学术论坛》2003 年第 2 期。

③ 张之沧：《从世界 1 到世界 4》，《自然辩证法研究》2001 年第 12 期，第 66~70 页。

④ 杨国荣著：《伦理与存在——道德哲学研究》，上海：上海人民出版社 2002 年版，第 33 页。

第二，从虚拟实在的物质载体——电脑与网络来看，虚拟实在是客观实在借助人的主体介入在电脑与网络中的映射和延伸。所以，一方面作为主体介入的人必然会依据（或暂时依据）自身的标准和伦理来参与虚拟实在的建构；另一方面，虚拟实在作为对客观实在的映射和延伸，就不能隔断与现实社会中业已形成的道德观念和伦理秩序的联系。

那么，在虚拟实在中我们应奉行什么样的伦理世界观呢？现实社会中的伦理世界观能否直接移植到网络社会中呢？樊浩先生认为，伦理世界观涉及三个方面的关系："一是伦理与自然之间的关系，核心是伦理实体与作为实体的自然本性的经济冲动之间的关系，这是伦理世界的基本关系；二是作为价值结构的义与利、理与欲（个体的以及作为个体共同形式的实体的）之间的关系；三是伦理实体内部的人与人之间的关系。"①这三个方面，就是伦理世界观的存在论层面、价值论层面和人伦关系层面。而如何协调这三个方面的关系，便出现了传统的本体伦理世界观和现代的生态伦理世界观的分野。本体伦理世界观发轫于哲学上的本体思维，它意在追寻伦理现象的本源，而生态伦理世界观则主动放弃这种以一驭万的努力，"强调各种伦理要素和文明要素，包括人与自然、人与人、人与自身不可分离的内在关联和生命有机性"②。可见，生态伦理世界观与唯物辩证法所强调的发展的联系的世界观以及真理的绝对性和相对性辩证统一的真理观是相吻合的。

在笔者看来，在价值多元、权威弱化、系统联系增强的虚拟实在中更要倡导生态伦理世界观，当然，在虚拟实在中这种世界观又深深地打上了网络的烙印，具有鲜明的网络特色。

首先，就存在论层面而言，网络伦理与伦理实体自然本性（特别是经济活动）的关系应达到"生态和谐"和"生态同一"的境界。在现实世界中，由于受经济利益的驱使，人们常常对大自然进行破坏性的甚至毁灭性的开发，从而造成严重的环境污染和破坏。同样，在网络世界中，也存在为了经济利益（或其他利益）对网络进行破坏性使用，从而造成网络生态危机的情况。李伦先生将网络生态危机的表现归纳为网络信息污染、网络安全危机、网络私人空间危机、信息膨胀与信息资源短缺以及文化多样化危机

①樊浩：《从本体伦理世界观到生态伦理世界观》，《哲学动态》2005 年第 5 期，第 21、24、25 页。

②樊浩：《从本体伦理世界观到生态伦理世界观》，《哲学动态》2005 年第 5 期，第 21、24、25 页。

等方面。[①]网络生态危机是"经济决定伦理"的观念在虚拟实在中的克隆与流行，这种观念认为"经济一旦成为共体的自然冲动，就天生是'伦理的'"[②]。因而那些网络广告客户们在经济利益驱使下到处散发产品信息（甚至垃圾邮件），或者利用特殊软件搜索网民的个人资料、侵害网民的隐私权，被自视为合乎市场道德的行为；而发达国家利用自身的技术优势向发展中国家输出本国的文化形态、价值观念和生活方式，进而实施文化殖民，也被自认为是合理的信息传播行为。然而，这些行为都严重危害了网络生态的和谐与统一。

其次，在价值论层面，在网络世界中，"义与利"、"理与欲"的传统价值观念受到挑战。本来在传统伦理中"义"和"利"的关系已经被明确定位，即重"义"轻"利"，甚至舍"利"求"义"。但是随着后工业社会的到来，网络传播中出现诸多后现代主义的特征，如去中心、反权威、消解主流意识形态、意义削平、主体零散化等，这些均对传统伦理中"义"和"利"的关系定位提出了新的挑战。

国内有学者认为，虚拟实在和真实实在的差异会造成道德评价上的双重标准问题。[③]总体看来网络伦理在某些方面较之社会伦理更为宽容，我们认为"双重标准"是我们必须面对的一个现实，它的出现意味着本体伦理世界观的式微，我们不能简单地将"义"与"利"、"理"与"欲"的任何一方推向绝对价值的宝座，不能以"伦理决定经济"来反对"经济决定伦理"，而应当注重双方的和谐和共融，寻求网络伦理的整体合理性，并在动态联系中发现网络生态的平衡点。

最后，人伦关系层面，网络世界要关注个体与个体之间的"合理生态"，建构平等互惠、协调融洽的网络人际关系伦理。

如前所述，虚拟实在是一种不同于现实实在的全新实在，这使得虚拟实在中人与人之间的关系伦理面临新的困境与抉择，是将现实实在中人与人之间的关系伦理直接移植到虚拟实在中，还是另起炉灶，构造出适合虚拟实在特点的新的伦理体系呢？我们认为，这两者之间其实还有第三条路可走，即移植和创建有机结合。

为论证这一观点，我们先要对网络世界（虚拟实在）中的人际关系进

①李伦著：《鼠标下的德性》，南昌：江西人民出版社2002年版，第298~299页。

②樊浩：《从本体伦理世界观到生态伦理世界观》，《哲学动态》2005年第5期，第21、24、25页。

③详见徐迎晓：《网络伦理与社会伦理之双重标准》，新浪博客，http://blog.sina.com.cn/s/blog_625d15480100m5sh.html。

行分类：一是现实延伸型，即现实中的人际关系直接转移到网络上去，关系人之间能够明确自己和对方的真实身份，如亲朋好友、上司同事之间互发电子邮件；二是网络新建型，即撇开现实中的人际关系而在网络上重新确立人际关系，彼此之间之所以产生联系完全是由于网络的存在，彼此之间不知道对方的真实身份，其社会角色也被伪装起来，如素昧平生的网民在 BBS 上就共同关心的话题发表言论；三是角色转化型，这一类型又包括两小类，其一是现实世界的熟人转化为网络世界的陌生人，即在网下他们是相互认识的熟人（如亲属朋友、同学、同事等），但在网上由于网络的匿名性，他们在不知情的情况下彼此重新交际，建立了新的网际关系；其二是由网络世界的陌生人（网民）转变成网上熟人（网友）再转变成现实世界中的熟人（朋友或恋人）。对于现实延伸型的人际关系，需将现实世界的关系伦理移植到网络中，让关系人遵循现实世界的关系伦理；对于网络新建型的人际关系，则要考虑创建全新的网络伦理，以规范他们之间的道德行为；对于角色转化型的人际关系，关系人既要遵循现实世界的关系伦理，又要遵循新创建的网络世界的关系伦理。

二、网络传播的伦理冲突及其协调方法

虚拟实在的出现为伦理学带来了一系列新的课题，其中网络传播的伦理冲突已成为困扰学界的难点问题。对此，我们要从道德哲学的层面，寻找解决问题的伦理学方法。网络传播的伦理冲突表现在如下几个方面：

1. 自由与责任

网络的开放性、匿名性、广泛性，使得网络相对于传统媒体而言，有着更大的自由度，网民无须经过编辑的严格审查便可以轻易在网络上发表言论。这就很容易让人产生错觉，以为在网上可以为所欲为，在现实世界中不敢说的话可以在网上说。这是网上自由的第一种表现，即言论自由。第二种表现就是信息选择的自由，网上的信息可谓千姿百态、五花八门，网民只要轻点鼠标便可以在信息的海洋里徜徉，享受网上冲浪的快意。网络传播的自由受到一些网络空间权利维护者的推崇，如美国“电子边疆基金会”的创办者巴娄就信奉“网络上所有的东西都应当是自由的”①。显然，网络世界中的自由与传统伦理的责任形成了矛盾与冲突。

---

①胡泳、范海燕著：《网络为王》，海口：海南出版社 1997 年版，第 355 页。

康德认为："责任的普遍命令，也可以说成这样：你行动，应该把行为准则通过你的意志变为普遍的自然规律。"[①]康德的意思是，如果你的行动准则不能成为一条普遍适用的自然规律，那么就是缺乏责任的。例如，自杀就是不负责任的行为，因为其行为准则是：在生命的延续给我带来更多痛苦的时候，我就要结束它。显然，这不是一条普遍适用的自然规律，因而自杀是不负责的行为。由此看来，在网络中没有绝对的言论自由和信息选择自由。因为绝对言论自由的行为准则是：人们在网上可以任意发布信息（包括虚假的），可以随意攻击他人。但这条准则是缺乏普遍性的（因为我们很容易将它归谬），所以绝对的言论自由是不负责任的。而绝对的信息选择自由的行为准则是：人们在网上可以随意地获得任何想要的信息。显然，这条准则也难以成为普遍适用的自然规律，例如，国家机密信息是不能随意获取的。所以绝对的信息选择自由也是不负责任的。

那么，从方法论上看，自由和责任在虚拟世界中如何来协调呢？我们认为可以采用"原初状态推导法"和"话语共识协商法"相结合的伦理方法论。"原初状态推导法"借鉴了美国伦理学家罗尔斯提出的"反思平衡"方法，其思路是"由描述原初状态的条件引出正义原则，然后把这些原则同人们对正义的审慎判断相比较"[②]，并经过对双方的反复修正，最终达到和谐一致。罗尔斯的意图是由原初状态的假设，构想推导出道德原则，再将它与人们以直觉得到的审慎判断相对照，取长补短，不断修正。我们认为，罗尔斯的"反思平衡"方法的前半部分，即由原初状态推导出道德原则，是富有创造性和实效性的，而后半部分——通过与直觉上的审慎判断相比照而平衡双方，则缺乏可操作性。因为每个人由于知识背景和文化语境的差异所作出的直觉判断即使是非常审慎的，也是不尽相同的，甚至是大相径庭的，如此一来，将由原初状态推导的道德原则与各种不相同的直觉上的审慎判断相对照便难以操作。"话语共识协商法"借鉴了德国社会哲学家哈贝马斯的话语伦理学理论。话语伦理学是建立在哈贝马斯的交往行为理论的基础上的，他认为："如果人与人之间的语言交往要顺利达成，就必须满足若干有效性要求（Valid Claim）。话语伦理学的核心思想就是：有效的道德规范是所有一切参与者通过遵守这些有效性要求进行反复讨论而共同赞成的规范，其目的是就所提出的规范的有效性要求达成理性的共

---

①［德］康德著，苗力田译：《道德形而上学原理》，上海：上海人民出版社2005年版，第40页。

②朱士群、万军：《社会契约的重建——试论罗尔斯伦理学的反思平衡方法》，《学术界》1997年第3期，第19页。

识。”[①] “话语共识协商法” 就是要充分调动社会公众的积极性，对道德规范展开讨论乃至于辩论，从而达成最大范围的共识。显然，“原初状态推导法”和“话语共识协商法”是两种不同的伦理建构方法，前者侧重于理想状态的思考与推定，后者侧重于现实状态下不同力量、不同观点的博弈。最后的结果两者可能不一致，两者内部可能既包含合理性，又包含荒谬性，这就需要罗尔斯的“反思平衡”方法来修正、完善。下面我们运用上述方法来论证自由和责任这一冲突该如何协调。

首先，我们构造针对网络世界的原初状态，“以作为人们从事最初道德选择的理想环境”[②]。网络道德“原初状态”具有如下几个特征：①网民们（或准网民们）处于“无知之幕”中。他们不知道自己的身份地位及所代表的利益集团，不知道自己的价值观念、文化背景，这样才能“使大家处于零信息的完全平等状态，才能保证每个人都拥有一个‘共同的视点’”[③]。②网民们（或准网民们）是理性的，他们有能力作出理性的决定。③网民与网民是“互不偏涉”的，他们既不想无谓利人，也不想有意害人。④原初状态为网民所“共知”。可见，原初状态不等于现实的状态，而是一种具有理想色彩的思想实验。

其次，在上述假定的基础上导出网络传播自由与责任的道义原则：第一，每个合法公民都有权享受网民所共享的广泛的网络自由（自由原则）；第二，每个合法公民理应确保在网上的自由行为对国家集体或其他个人是无害的（责任原则）。自由原则体现了自由和平等的精神，即不应对任何合法公民的网络行为抱有偏见和歧视；责任原则体现了无害的精神，显然，要求任何网络行为都必须有利于他者是不现实的，但起码应是无害的（例如，在网上传播电脑病毒就违反了责任原则）。

最后，再将这两条道义原则与网民就此问题争论后达成的共识进行比较，以不断修正、完善。在运用“话语共识协商法”时必须注重对话的平等性，即网民之间不受年龄、身份、地位和行政职务的限制，就网络伦理进行充分的交流、对话，这种平等性也更加符合网络世界自由、宽容的精神。此外，还要注意规范的普遍性，即让绝大多数网民感觉到：这一伦

---

①郑富兴：《话语伦理学与学校道德教育》，《比较教育研究》2002 年第 12 期，第 13 页。

②王秀华、程瑞山：《“原初状态”与“反思平衡”：罗尔斯道德哲学方法论》，《内蒙古社会科学》（汉文版）2004 年第 6 期，第 52 页。

③王秀华、程瑞山：《“原初状态”与“反思平衡”：罗尔斯道德哲学方法论》，《内蒙古社会科学》（汉文版）2004 年第 6 期，第 52 页。

理规范带来的长远好处远远大于没有该伦理规范所获得的小恩小惠，同时这一伦理规范带来的不便远远小于没有这一伦理规范所带来的危害，并使认同这一伦理规范的网民自愿接受相应的结果（不论有利因素还是不利因素）。

2. 游戏心态与社会公信

一直以来，网络传播的互动性被誉为网络媒体的独特优势，但互动性的消极因素被忽略了。其实，在特定话语环境中互动性会促使游戏心态的萌生，从而消解传统大众媒体所具有的庄重性和权威性。许多网民希望网络媒体能成为他们逃离现实、宣泄个人情绪、尽情撒野的游乐场。

游戏心态在网络中的突出表现有：沉湎于网络游戏中，让虚拟的争斗（或竞赛）吞噬自己宝贵的时间；不负责任地随意散发小道消息，甚至有意制造谣言，扰乱社会秩序；调侃严肃的政治、经济乃至于文化主题；对持不同见解的网民冷嘲热讽，甚至进行人身攻击。游戏心态的蔓延会导致网络公信力的下降，“假作真时真亦假”，即使是真实的信息，网民们对此也会将信将疑。有调查显示：“受访者对四种媒介的可信度评价，均值由高到低依次为电视、报纸、广播和网络，分别为3.64，3.57，3.37，3.26。”[①]可见人们对网络媒体缺乏足够的信任。

那么这两者之间如何协调呢？我们仍然可以采用上文所述的“原初状态推导法”和“话语共识协商法”相结合的方法，限于篇幅不再赘述。但总体看来，应该是：游戏行为与心态不应对媒体的公信力产生消极影响，同时社会公信力的树立不应以取消网络的互动性和游戏性为代价。

3. 技术理性与人文精神

19世纪和20世纪的科技发展为人类带来了巨大的物质财富，并推动了人类文明的进程，于是人们奉科学为圭臬，对技术顶礼膜拜，由此“技术理性”被推向令人仰慕的神圣宝座。何谓“技术理性”？“技术理性”又称“工具理性”，有学者认为：“技术理性就是指在工业文明社会（或技术社会）中，以科学技术为核心的一种占统治地位的思维方式或影响人类未来发展的决定性力量，可以称之为一种完全的理性主义。”[②]由于计算机、网络的诞生和发展与日新月异的科学技术密不可分，因此，技术理性的观念在网络传播中倍受推崇、影响深远，一些计算机和网络工作者以

---

①张明新：《网络信息的可信度研究：网民的视角》，《新闻与传播研究》2005年第2期，第21~22页。

②赵建军：《技术理性：反思与批判的意蕴》，《宁夏大学学报》（人文社科版）2002年第1期，第5~6页。

及网民把技术推向至高无上的地位，甚至心甘情愿地接受技术的控制。我们认为，在网络传播中技术理性已不仅仅是一种非常普遍的价值观，而且也是左右人们道德选择的伦理观。

笔者曾在《技术异化中的人性残缺——对当前网络广告的追问与反思》一文中批评网络广告中存在的注重技术而淡漠人性的现象[①]。其实毫不夸张地说，这种现象存在于整个网络传播领域，最典型的例子就是黑客现象的盛行。黑客们把技术视为自己的生命，他们热衷于进入别人的系统，自由驰骋、为所欲为，向别人炫耀自己的技术和才能，有时也扮演一下打抱不平、为民请愿的角色。在黑客看来，技术是第一位的，他们奉行“应该以作为黑客的高超技术水平来评判黑客，而不是用什么正式组织的或者它们的不恰当的标准来判断”[②]。为了展示自己的技术天赋，他们会肆意攻击重要的网站，甚至政府部门和企业的内部系统。而一些网民却视黑客为英雄，认为黑客行为大胆，有活力，有创造性，敢于挑战权威和传统。这种技术理性的伦理观念显然与现代社会大力倡导的人文精神相矛盾。

人文精神是相对于科学精神而言的，科学精神强调的是探索真理的客观的、理性的态度，而人文精神则强调对人的尊严、人的价值的推崇和确认，强调对人类自身命运的终极关怀。有学者认为，人文精神具有三个特点：①求善，求美；②超越性；③以人为本。[③]

爱因斯坦早就认识到科学自身的局限性，他指出：“科学是一种强有力的工具。怎样去使用它，是给人类带来幸福还是带来灾难，完全取决于人们自己，而不取决于工具本身。”[④]可见，科学技术仅仅是工具，而人才是最终的目的。法兰克福学派更是对技术理性进行了尖锐的、系统的批判，如法兰克福学派的代表人物马尔库塞曾批评：“技术的逻各斯已经成为技术奴役的逻各斯。技术的解放力量——物的工具化——变成自由的枷锁：人的工具化。”[⑤]我们认为，网络中的技术崇拜会导致网络伦理秩序的紊乱和人在网络世界中的异化。异化是指人所创造的工具反过来控制着人、奴

---

①杨先顺：《技术异化中的人性残缺——对当前网络广告的追问与反思》，《现代传播》2005 年第 2 期，第 44~46 页。

②李伦著：《鼠标下的德性》，南昌：江西人民出版社 2002 年版，第 298~299 页。

③赵成：《人文精神的内涵研究及其意义》，《学术论坛》2005 年第 5 期，第 148 页。

④［美］爱因斯坦著，蔡怀新等译：《爱因斯坦论著选编》，上海：上海人民出版社 1973 年版，第 321 页。

⑤［美］马尔库塞著，刘继译：《单向度的人》，上海：上海译文出版社 2008 年版，第 135 页。

役着人，网络中人的异化主要表现在：在海量的信息面前束手无策；在网络游戏中，表面上是人在操控游戏，但实际上是被游戏所操控，从而丧失了自主性；过分地依赖技术，一旦技术出现问题，便几乎丧失了生存的基石；被虚拟化、单一化，丧失了现实世界中真切的交往，丧失了现实世界的多样性和丰富性。从道德哲学来看，人的异化实质上是对人类整体的最大的不道德。所以，在网络传播中，我们必须摒弃技术崇拜的观念，确定人的主体性地位，弘扬缺失已久的人文精神。

然而，技术理性对科学技术在社会发展过程中重要地位的推崇也有其合理性，科学技术的不适当应用或不合理运用的罪过不在于科技本身，而在于人类自己。法兰克福学派将科学技术在运用时所产生的负面影响归咎于科技本身是有失公允的、偏颇的。法兰克福学派的社会批判理论方法过于追求“片面的深刻”，“他们的理论都多少带有不合时宜的浪漫主义情调甚至乌托邦色彩”。[①]为此，我们提出应将法兰克福学派的社会批判方法改造成“社会辩证批判法”，即从事物之间的辩证关系和历史发展角度来进行社会批判。循此思路，我们认为，在网络传播中人文精神的迷失不能归咎于网络技术本身，在强调人文精神的同时，我们也不能忽视网络技术手段的创新与发展。

（原载于《现代传播》2006 年第 6 期，略有修改）

①吴文虎著：《传播学概论》，武汉：武汉大学出版社 2001 年版，第 326 页。

OTT TV：触及电视全产业链的挑战①

张国涛
（中国传媒大学副研究员，《现代传播》编辑部主任）

雷声大雨点小的互联网电视（OTT TV）在2013年终于有了可喜的新进展：乐视超级电视销售火爆。5月21日，200台乐视TV·超级电视X60工程纪念版开放支付购买后，仅56秒即宣告售罄。7月3日，10 000台乐视超级客厅电视X60（￥6 999 + 490）在49分钟内售罄，7月17日，10 000台乐视超级卧室电视S40（￥1 999 + 490）在82分钟内售罄。乐视超级电视为什么有那么大魅力呢？对于用户来讲，超级硬件配置、超高性价比、速度极快，甚至"这个星球上有史以来最强大的硬件怪兽"都是其中的理由。但是最为核心的"诱惑"缘于超级电视是互联网电视，也即所谓的OTT TV。

一、国内OTT TV发展概况

OTT是"Over the Top"的缩写，是通信行业非常流行的一个词，这个词来源于篮球等体育运动，是"过顶传球"之意，指的是球类运动员使球在他们头上来回传送而到达目的地的动作。在新媒体领域，OTT指互联网公司越过运营商，发展基于开放互联网的各种视频及数据服务业务。广义的互联网视频市场，包括以PC为终端的网络视频，以手机或平板电脑等无线设备为终端的移动视频，以及以一体机或者"机顶盒 + 电视机"为终端的互联网电视（OTT TV）。

OTT TV是指基于开放互联网的视频服务，终端可以是电视机、电脑、机顶盒、平板电脑、智能手机等。从消费者的角度出发，OTT TV就是互联网电视，苹果推出的Apple TV 、谷歌推出的Google TV都是基于此种模

①本文系中国传媒大学科研培育项目"新媒体环境下中国电视剧可持续发展及策略研究"（项目编号：CUC13D01）的研究成果。

式。在国际上，OTT TV指通过公共互联网面向电视传输的IP视频和与互联网应用融合的服务，其接收终端为互联网电视一体机或“机顶盒+电视机”。在我国，OTT TV是指通过公共互联网面向电视机传输的、由国有广播电视机构提供视频内容的可控可管服务，其接收终端一般为国产互联网电视一体机，如三星和LG推出的Smart TV、创维推出的健康云电视、乐视网推出的超级电视等。

在乐视推出超级电视之前，互联网电视领域更多采用的是“机顶盒+电视机”模式，如乐视推出盒子C1S、小米推出的小米盒子、清华同方的灵悦智能电视宝以及天敏科技的天敏电视精灵等。但是由于受到牌照授权限制以及广电网络数字化改造缓慢的影响，这项业务虽然有较大的推进，但是离预期的产业规模与盈利还比较遥远。再加上机顶盒市场竞争相对比较激烈，互联网电视一体机就成为下一个市场目标。乐视超级电视号称是全球第一家视频网站推出的自有品牌的互联网电视一体机。与传统的电视机相比，乐视超级电视拥有“平台+内容+终端+应用”的全产业链的优势。在购买乐视超级电视的同时还要支付490元的TV版服务费，受众可以观看乐视电影、电视剧、综合、体育、动漫、综艺和1080P七大频道，第二年起用户可自主选择是否续费，不付费用户依然可享有其他智能电视提供的所有功能和服务。

二、OTT TV对传统电视产业链的挑战

近年来，网络视频和移动视频发展迅速，在技术推动与资本驱动之下涌现了优酷、土豆、爱奇艺、乐视、搜狐视频等诸多视频网站，这些网站之间竞争异常激烈，但整体呈现壮大趋势。网络视频和移动视频虽然已经对传统电视的受众形成了很大的分流，但是这两者都没有进入传统电视的主要领地——电视荧屏（电视台），也没有危及电视机制造商和有线网络传输机构。但由于OTT TV先天的技术优势，再加上乐视开创性的营销模式，这种威胁已经不再仅限于分流电视受众的范围。随着乐视超级电视的热销，视频网站不再满足于做PC端和移动终端的内容提供商，也不再满足于为千家万户的电视机装上一个附属品（“盒子”），而是要通过超高性价比的“超级怪物”，将无所不包的海量正版资源、随时随地可以得到的人性化服务以及“自由”、“平等”、“免费”的互联网精神延伸到电视荧屏，这无疑是对电视台的巨大挑战。

在现实生活中，像超级电视一样的OTT TV一旦进入家庭，与原有的传统电视机的关系是一种纯粹的替代性关系，表面上是电视机总量的增长，

其实是“一增一减”的存量结构变化。互联网电视肯定会在某一天达到一定的数量，这样势必会影响到电视台节目的家庭到达率和观众对传统节目收看的积极性，传统电视机的开机率也会随之下降，广告商将注意力转向视频网站，广告投放也会发生重大改变。OTT TV 除了可以像电视台一样提供电视视频服务外，还可以实现在电视、电脑、手机等屏幕之间的自由切换。同时，用户还可以自主选择多元化、互动式、精准式的服务，这些服务给电视用户带来了前所未有的便利感，从而可能导致受众收视行为发生翻天覆地的变化。尤其是有线电视用户很可能逐步使用 OTT TV 去收看他们所喜欢看的电视内容，这样 OTT TV 会直接威胁到传统的付费电视。

互联网电视威胁的第二个对象是有线电视网络传输商。以往电视台的节目进入千家万户都必须依赖广电系统专有的有线传输网络，收取电视台的落地费和电视用户的网络维护费也就成为网络传输机构的主要盈利模式。而在互联网电视时代，视频网站的内容传输根本无须通过广电有线网络，而是完全通过互联网、移动互联网接入智能终端到达用户。用户因为不再收看有线电视而逐步放弃网络传输机构提供的服务，这样网络维护费的收入就会逐步萎缩。其实互联网电视在某种程度上也是目前推进“三网融合”的一个快速解决方案。近年来广电有线网络数字化进程缓慢（1.4亿的有线数字电视用户中双向互联网用户不超过 10%，宽带用户则更少，只有 3%），但更致命的是其网络割据、业务分散、整合遥遥无期，远远满足不了市场需求。而互联网电视恰好弥补了广电有线网络的这一短板，绕过广电有线网络直接满足了受众和市场的需求。

OTT TV 虽然自己不生产内容，甚至不提供传输网络，但其依靠智能化终端，提供丰富的信息内容服务，集成各种可借用、可购买、可整合的资源，形成自我价值，这就是平台的价值。未来 OTT TV 这种传播平台能否做得成功，还将依赖于对用户需求的大数据分析和预测。在大数据基础上，视频网站通过对用户需求的分析和预测，构建对内容、产品和广告营销的精准操控和利用。最近一年来，视频网站除了抢购海量、高清、正版的影视剧版权并拿到 OTT TV 上来播放之外，在大数据基础上开展的“自制内容”业务也风生水起，大有与电视台首轮上星剧一争天下的架势。众所周知，美国在线视频租赁公司 Netflix 在大数据指导下制作的《纸牌屋》，打败了一大批老牌广播电视、电影制片商的节目。而国内搜狐视频的网络自制剧《屌丝男士》第一季单集平均播放量已超千万，全六集点击累计破亿，其另一自制剧《我的极品是前任》也在网络视频市场上颇受好评。在资本的推动下，视频网站精准化的自制内容业务必将快速发展，原本属于传统内容制作机构（电视台）和内容提供机构（社会制作机构）的领地也将会被吞食，这样原本的“卖方市场”很可能转变为“买方市场”，定价的主动性将被视频网站牢牢把控。

不仅如此，在类似乐视的发展模式之下，“受伤”的还有传统电视机制造商和传统家电销售业。传统电视机厂商只能通过硬件销售盈利，而“超级电视”则拥有硬件收入、内容收入、应用分成、终端广告四重收入来源，为销售价格提供了高性价比的支撑。因此，这意味着互联网电视对于整个电视产业链条的各个利益主体——电视台、有线电视网络商、内容制作商、电视机制造商及电视机传统销售业务都会产生较大的冲击。长此以往，电视业广告市场势必遭到分流，电视的核心资源将遭到蚕食。

乐视网进军电视产业绝对是一种颠覆性的商业模式、盈利模式和营销模式，它是在用互联网模式重塑电视行业，所以这对于电视机制造商、销售商、电视台、有线电视网络和内容制作商来说，真的是一场触及灵魂的革命。

三、传统电视媒体的生存策略

未来，在新媒体技术的挑战下，在微信、微博、OTT TV 等新媒体形态的蚕食下，电视媒体从“强势媒体”的地位滑落乃大势所趋，但沦落为“弱势群体”的可能性又似乎不大，因为传统电视媒体至少在技术、政策、制作、渠道等方面还有较大的优势和发展空间。对此，笔者认为有三个生存策略可作参考。

第一个生存策略是技术升级。电视居于“强势媒体”地位近三十年，多半依靠先天的技术红利，如声画兼备、及时迅捷等。但在新媒体技术的映衬下，传统电视技术的先天缺陷暴露无遗，如无法储存、不能回放、难以互动、无法参与等。如今通过技术升级，再造电视技术高地是电视媒体必须突破的领域，而直播化、高清化、交互化是目前的主要发展方向，并推进现场直播技术进一步走向成熟，在重大事件、突发事件、大型赛事、财经资讯、赛季节目、大型活动、综艺晚会等节目领域实现常态化应用。再就是要加快传输网络高清双向数字化的升级改造，推进全国广电网络一体化的整合，增强电视前后台的参与交互性，提升受众收视的主动性和满意度，实现电视内容的可储存、可点播、可选择、可互动等。在节目制作上，以影视剧、真人秀、纪录片、动画片为载体，主打高清化、长视频战略，在差异化竞争中增强核心竞争力。

第二个生存策略是强化“内容为王”。“内容为王”、“形态是金”一直被奉为内容产业的根本法则。除了前文提到的节目制作在技术上要向“高清化”方向发展之外，电视内容制作更应主动向策划创新要生产力，充分展现电视传媒的强势内容，如时事新闻、民生新闻、影视剧、综艺娱乐；发挥电视传媒的节目形态优势，如真人秀、纪录片、体育赛事、动画片等。另外电视台要慎重选择与网络视频商的共享服务，优质内容尽量做到电视台拥有独家版权和唯一播出平台，强化电视媒体的“独家性”战略。

第三个生存策略是寻找政策保护。这也是传统电视媒体的“喉舌”定位所决定的。长期以来电视媒体肩负重大的宣传任务，有关管理部门绝对不应坐视电视衰落，更不能让电视“空心化”。目前，国家新闻出版广电总局已经颁发有限数量的互联网电视牌照，甚至有可能实现直播流量的总量控制等，这些在一定程度上会减轻互联网电视对传统电视媒体的冲击，但长期趋势难以得到根本性扭转。寻找政策保护只是权宜之计，找到传统电视媒体的市场化、产业化发展之路才是长久之计。

（原载于《传媒》2013 年第 9 期，略有修改）

清末报载小说叙事“新闻性”探究

纪德君
（广州大学新闻与传播学院院长，教授，博士生导师）

从媒介学的角度研究不同媒介制约下的小说叙事，以及伴随媒介变革而导致的小说叙事的演化，这对中国小说叙事学的研究来说，应不失为一条富有启发性的思路。早在1906年，便有人从媒介沿革角度，将中国小说的演进划分为“口耳小说”、“竹简小说”、“布帛小说”、“誊写小说”和“梨枣小说”五个时代[①]。清末民初，报刊兴起，“新闻报社方盛涨小说之潮流”[②]，“手报纸而读之，除芜杂猥屑之记事外，皆小说及游戏文也”[③]，于是中国小说又进入了“报刊小说”时代，小说叙事也随之发生了一系列的新变。下面，试对清末报载小说因受报刊这种新媒介的制约与影响而发生的新变略作阐析。

一、清末报载小说叙事的时效性与纪实性

报纸的主要使命是报道新闻，新闻是对新近发生的事实的叙述。报纸报道的新闻，往往是受众比较关心的时事要闻与社会问题等，它注重时事性、时效性与纪实性。小说与新闻不同，其叙事不受时空限制，可以谈古论今，也可以虚实兼行。但是，小说一旦与报纸结缘，以报纸为传播媒介，那么它就不能不受这一媒介的制约而有意无意地追求叙事的新闻效应。这种新闻效应，首先即表现在其叙事的新闻时效性与纪实性上。

---

① 陆绍明：《〈月月小说〉发刊词》，载陈平原、夏晓虹编：《二十世纪中国小说理论资料》（第一卷），北京：北京大学出版社1989年版，第177页。

② 老伯：《曲本小说与白话小说之宜于普通社会》，《中外小说林》1908年第2卷第10期。

③ 梁启超：《告小说家》，载梁启超著，吴松、卢云昆、王文光、段炳昌点校：《饮冰室文集点校》（第四集），昆明：云南教育出版社2001年版，第2568页。

彼时，从事报载小说创作的名家如李宝嘉、吴趼人、黄世仲等，他们本身即为报人。他们对新近发生的时事要闻、社会热点事件等比较敏感，因而能及时地从时事新闻或报纸中取材，通过艺术加工，写成小说。如梁启超即声称其《新中国未来记》"内中所言事实，乃合十数种之报、数种之书而熔铸之者"[①]。小说第四回写黄克强、李去病与"广裕盛"店主的一席谈话，其后有著者按语云："以上所记各近事，皆从日本各报纸中搜来，无一字杜撰。"[②]吴趼人创作的《二十年目睹之怪现状》，也主要取材于报纸、得之于新闻。包天笑曾说："我在月月小说社认识了吴沃尧，他写《二十年目睹之怪现状》，我曾请教过他。他给我看一本簿子，其中贴满了报纸上所载的新闻故事，也有笔录朋友所说的。他说这都是材料，把它贯串起来就成了。"[③]黄世仲所著《宦海潮》，写张任磐宦海浮沉，也以新闻事实为依据，如《凡例》所云："惟是书则无一事无来历，或得耳闻，或本目睹，或向者发现于新闻社会者。"[④]

至于清末报载小说素材的选取，则又多以是否有新闻价值为准绳。那么什么样的事实较有新闻价值，能引起受众关注呢？显然，与时局动荡、社会变革息息相关的时事要闻，最易动人观感。如 1911 年 4 月 27 日，广州爆发了黄花岗起义，引起了世人的广泛关注，但报纸对此事报道简略，具体过程语焉不详。黄世仲亲历此事，起义失败后，他便从 6 月 14 日起在《南越报》连载《五日风声》，详述起义经过，讴歌革命党人为推翻清政府不惜自我牺牲的斗争精神，因而这部小说有很强的新闻时效性与纪实性，以致有学者径称其为报告文学[⑤]。

而发生在政要、名人身上的事情，自然也容易引人关注。如康有为、梁启超是当时的政治明星，主张维新变法与君主立宪，在海内外影响广泛。于是反对者就先后炮制了《大马扁》、《康梁演义》、《上海之维新党》、《新党升官发财记》、《一字不识之新党》、《立宪镜》等小说，专门贬斥康梁及其改良立宪的政治主张。《时报》1905 年 12 月 19 日对新出的小说《上海之维新党》即这样"广而告之"："是书系汇集今年来上海各新党现形之事实，编成小说，描摹丑态，淋漓尽致……是则此书不但为嘲讽

---

① 梁启超：《〈新小说〉第三号之内容》，《新民丛报》，1903 年 2 月第 25 号。

② 梁启超：《新中国未来记》，载梁启超：《饮冰室文集点校》（第六集），昆明：云南教育出版社 2001 年版，第 3897 页。

③ 包天笑著：《钏影楼回忆录》，香港：大华出版社 1971 年版，第 358 页。

④ 黄世仲著：《宦海潮》，杭州：浙江古籍出版社 1995 年版，第 2 页。

⑤ 李育中：《五十二年前的一篇报告文学》，《南方日报》，1963 年 4 月 14 日。

新党之小说，直可谓改良社会之要书。”①

还有那些发生在受众身边的重要事实，写进小说自然也会产生新闻效应。如黄世仲所著《廿载繁华梦》主要写周庸祐（即广州富商周东生）被岑春煊查抄一事，这是当地的新闻热点事件，发生在乙巳年九月初七日（1905年10月5日）。当时，《时事画报》、《有所谓报》等连续报道了此事，引起了广泛关注，激起了当地读者了解此事内幕的强烈兴趣。于是，黄世仲立即着手收集有关周东生的素材，构思、创作《廿载繁华梦》，两个月后，便在1905年12月6日出版的《时事画报》乙巳年第八期发表了该小说。如此，新闻报道不仅为小说创作提供了素材，还佐证了小说叙事的纪实性，增强了小说的吸引力。

另外，当时那些“缘时势要求”，“以合时人嗜好”的官场批判小说或社会问题小说，如《官场现形记》、《二十年目睹之怪现状》、《最近社会龌龊史》、《最近官场秘密史》、《最近上海繁华梦》等，对受众也多少具有新闻价值。故而《新小说》创刊时发布的《本社征文启》即说：“描写现今社会情状，藉以警醒时流，矫正鄙俗，亦佳构也。”②《时报》于1905年9月19日登载的广告，也称此类小说“因其以新闻之体裁而瞻列近世之事实者也。欲知社会现状者，盍先睹为快欤”③。的确，此类小说多以揭批政治腐败、官场黑幕、社会问题等为旨趣，能满足受众了解社会现状的好奇心，抒发其对现实的强烈不满，表达其变革社会的渴望，因而颇为受众追捧，产生了引领时代潮流的社会功效。

二、清末报载小说叙事的政论化倾向

清末报载小说叙事多带有鲜明的政论化倾向。一方面，这显然与当时报纸格外重视新闻评论有关，如《新民丛报》、《大公报》、《中国日报》等皆设有“论说”栏目，评议时事要闻；《时报》除“论说”外，还另辟“时评”；《世界公益报》也设有“时论”、“杂评”；《广东日报》设有“言论界”；《有所谓报》设有“博议”、“短评”等。这些政论、杂评配合时事要闻，或宣扬维新改良，或暴露政治黑暗，或抨击保皇谬说，或主张民主革命等，都旨在为政治改良、社会变革等制造舆论。与之相应，连载小说在涉笔时事、

① 刘永文编：《晚清小说书目》，上海：上海古籍出版社2008年版，第410页。
② 刘永文编：《晚清小说书目》，上海：上海古籍出版社2008年版，第401页。
③ 刘永文编：《晚清小说书目》，上海：上海古籍出版社2008年版，第406页。

揭露社会问题时，也免不了要议论朝政，品评时事。否则，小说所写与时事政治有隔膜、与社会问题不太相干、与报纸所载的时事要闻和新闻评论等互不相涉，那么就势必不能与报纸新闻、政论相互配合，相得益彰了，从而也就难以引起那些有政治热情的受众的关注了。

另一方面，清末报载小说带有政论性，也与清末小说家喜欢以小说干预时政、发表政见有关。梁启超最初提倡小说界革命，就意在以小说为政治改良服务。他创作政治小说《新中国未来记》，也是为了“吐露其所怀抱之政治思想”①，因此在小说中他有意假借维新志士黄克强、李去病之口，围绕革命与改良展开辩论，几乎把小说写成了政论文。黄世仲则是资产阶级民主革命派的宣传家、报刊政论家，一生发表过大量政论文，他通常是先在报纸上发表政论时评等，随后便创作同题材的小说，与政论桴鼓相应，互为推广。黄世仲小说的政论性，主要表现在与政论相互配合，或将政论融入小说，借人物对话、议政来表现，或借书信、檄文、演讲等来展示政论。如《宦海升沉录》第十六回，作者为了阐明变法无效，宜行革命的道理，就有意炮制了一封留学生张绍曾写给袁世凯的书信，其中写道：

年来盈廷呓语，“立宪立宪”之名词，“变法变法”之声浪，遍唱于人间，然而改换面目，袭取皮毛，早为识者所哂。足下洞识外情，熟观大势，真耶伪耶，此足下所知也。十九世纪而降，专制政体，环球将无立足之地，……某等以为今日非改革无以救亡。方今种族昌明，民情可见矣，藉非国民主动，必不足以实行立宪；苟欲得将来之建设，舍现在之破坏，无他道焉。……忆昔法倡革命，实启民权；美苦烦苛，乃倡独立；造世英雄，华拏未远。……乃若以今较昔，烦苛逾于美国，专制甚于法人，炎汉声灵，淹然澌灭，如是久矣。……况复原鹿复危，城狐自舞，惨怀麦秀，将召瓜分，行使种族长沉，山河永碎，犹太往事，人所同悲。公亦人类，应有感情，念及前途，杞忧何极！不忖冒昧，聊布区区，足下图之。②

这岂不就是一篇议论风生、激情洋溢、说理透辟的政论吗？当然，小说是不宜频繁地发议论的，即便要说理，也需借书中人物之口才不至于突兀或刻意；但如过多地借书中人物之口来论析事理，也不免枯燥乏味，不

①梁启超：《中国唯一之文学报〈新小说〉》，载陈平原、夏晓虹编：《二十世纪中国小说理论资料》，北京：北京大学出版社 1989 年版，第 44 页。

②黄世仲著，张正吾校点：《宦海升沉录》，长沙：湖南文艺出版社 1988 年版，第 138~141 页。

合小说之体。对此，新小说家自有体认，如梁启超在《新中国未来记》的“绪言”中即说：“既欲发表政见，商榷国计，则其体自不能不与寻常说部稍殊。”那么，“殊”在什么地方呢？他明确指出，“编中往往多载法律、章程、演说、论文等，连篇累牍”，由于在小说中载入太多不合小说体例的东西了，结果搞得“似说部非说部，似稗史非稗史，似论著非论著，不知成何种文体”①。浴血生在《小说丛话》中也指出：“社会小说，愈含蓄愈有味。读《儒林外史》者，盖无不叹其用笔之妙，如神禹铸鼎，魑魅魍魉，莫遁其形。然而作者固未尝落一字褒贬也。今之社会小说伙矣，有同病焉，病在于尽。”②

不过，如果换一种视角来看，报载小说的政论化倾向，似也与读者的接受心理有关。一般受众希望接收的时事信息，多属于泾渭分明，可以简单作出价值评判的一类，并不喜欢接收使之费心劳神的复杂、含蓄的信息。如夏曾佑在《小说原理》中指出：“此辈文理不深，阅历甚浅，若观佳制，往往难喻，费心则厌，此读书之公例。”③更何况报载小说还有一个重要使命，就是要开启民智，提高其政治觉悟。因此，小说叙事伴以评论，使读者明辨是非，提高思想认识，这既便于政见的传播，又利于牖启受众，如此又何乐而不为呢？

三、清末报载小说叙事的新异趣尚

报纸报道新闻，一般要求其所载事实具有新鲜、变异、惊奇、意外等特点，这样才能构成吸引人的魅力。从事报业活动的记者，自然深谙此理，因此当他们拿起笔来，选取时事或社会问题来写小说时，也自然会在叙事的新奇、怪异上大做文章。

吴趼人创作《二十年目睹之怪现状》，即刻意追求所叙之事的怪异、新奇。其小说《楔子》即云：“里面所叙的事，千奇百怪，看得又惊又怕！”其所谓“千奇百怪”的事，就是指“社会种种怪状”。第十一回，“九死一生”还声称：“我只喜欢打听那古怪的事，闲事是不管的。”第六十回，

①梁启超：《新中国未来记》，载梁启超著，吴松、卢云昆、王文光、段炳昌点校：《饮冰室文集点校》（第六集），昆明：云南教育出版社2001年版，第3867页。

②陈平原、夏晓虹编：《二十世纪中国小说理论资料》（第一卷），北京：北京大学出版社1989年版，第84页。

③陈平原、夏晓虹编：《二十世纪中国小说理论资料》（第一卷），北京：北京大学出版社1989年版，第60页。

吴继之又说“九死一生”平时“备了一本日记，除记正事之外，把那所见所闻的，都记在上面，很有两件希奇古怪的事情”。小说结尾又再次点明：“又念我自从出门应世以来，一切奇奇怪怪的事，都写了笔记，这部笔记足足盘弄了二十年了。”可见，选取“奇奇怪怪”之事进行叙述，乃是该书叙事的主要旨趣。

那么什么样的事情才算是古怪的呢？从吴趼人所写来看，其所谓“古怪”之事，并非指超自然的、荒诞不经之事，而主要是指那些极其反常背俗乃至伤风败俗的言行。诸如知县做贼，臬台盗银，宦家子弟黎景翼为夺家产逼死胞弟又将弟媳卖入娼门，吏部主事符弥轩高谈性理之学却逼祖父讨饭甚至将其打死，候补道想巴结上司命妻子为制台“按摩”，苟观察为升官跪求寡媳做制台小老婆，以及五花八门的坑蒙拐骗偷，“一切希奇古怪、梦想不到的事”，实际上都是蔑伦悖理、逸出常轨之事。叙述这些新奇、反常之事，既可以令受众感到惊奇、震撼，又可以借此揭批种种社会痼疾，为作者提倡的道德改良张本。

至于不少小说涉笔的域外奇闻，因受众会少见多怪，无疑也有新闻效应。当时，不少小说家都主张探首域外，以小说引渡欧西文明之风，开启民智。如黄世仲所作《宦海潮》，写张任磐出使西方列国时，与美交涉“华工禁约”之事，顺带游览纽约博物馆，增加了博物见识，目睹了西方的开明政体与先进科技，慨叹中国之落后、保守，并由此悟到“这就是国势强弱的由来”。诸如此类的新见闻、新知识、新思考与新见解，既揭示了中国政治文化之积弊、科技之落后，又展现了一新受众耳目的新思想与新境界。

除了叙述新鲜、奇异之事外，新小说家也常借助叙事技巧，以营造一种新奇怪异、出人意料的接受效应。例如，《二十年目睹之怪现状》将怪现状皆纳入“我”之耳闻目睹，基本采用第一人称限制叙事，这样就更容易让读者感到惊奇逼真、如临其境。在叙事过程中，作者又有意以诡秘之笔叙怪异之事。如第四回写苟才礼贤下士，令“我”惊叹，不料吴继之却嘲笑“我”大惊小怪，使“我”好生纳闷。至此收尾，作者评点道：“阅者且休阅下回，试掩卷思之，毕竟是何缘故？任是百思，当亦不得其解，此现状之所以为怪也！”[①]翻阅第五回，欲探究竟，作者却又故意岔笔去写他事，还评点道：“上回礼贤下士一节，此回偏不便表明，令读者捉摸不定。”[②]而在写完骗子骗珠宝店后，作者又评道：“读者以为此一回文字，

① 吴趼人著，海风主编：《吴趼人全集》（第一卷），哈尔滨：北方文艺出版社1998年版，第40页。

② 吴趼人著，海风主编：《吴趼人全集》（第一卷），哈尔滨：北方文艺出版社1998年版，第47页。

已叙完矣，不料下文余波，写来更觉骇人耳目。现状怪，笔墨亦不得谓之非怪。”[①]又如《九命奇冤》，一开头就用倒叙之笔写强盗打劫，作者自言：“嗳！看官们，看我这没头没脑的忽然叙了这么一段强盗打劫的故事，那个主使的甚么凌大爷，又是家有铜山金穴的，志不在钱财，只想弄杀石室中人，这又是甚么缘故？想看官们看了，必定纳闷……”[②]

显然，正是为了迎合报刊受众按期阅读小说之需，小说家才在叙事的新异性上下功夫，力求事奇文亦奇，以引逗受众读罢此期，复念下期。如吴趼人在《二十年目睹之怪现状》的自评中就多次点明此意，诸如：“令人急欲追求，却又霎时勒住，诡秘如是，不怕阅者纳闷耶？”（第十一回评）“此书迂回曲折，不肯骤以真相示人，读者其宁心以俟之。”（第十六回评）“笙歌竞奏之时，忽然杂以叫骂之声，正不知为着何事，令人急欲看下文。”（第四十三回评）而如此一来，小说叙事艺术也便多有开拓与创新，举凡小说叙事尝试采用限制视角、倒叙手法，叙事结构采用集锦式、珠花式等，都或多或少与报刊及其受众对小说叙事的影响有关。对此，时贤已多有论述，此处不再展开。

四、清末报载小说叙事的地域意识

报纸在报道新闻时，通常还会考虑“地域性”，凡是发生在受众身边的事实，比较重要的、异常的、罕见的，多在其报道之列。因为受众所处地域不同，其与所发生事实的心理距离是不同的。比如，受众生活在粤港，读报时当然会更关心该地域发生的事实。因此，粤港报纸都会专设本地新闻栏目，以迎合本地受众的阅读期待。如香港《中国日报》即设有“广东新闻”、“香港新闻”栏目，《中国旬报》还设有“鼓吹录”，专登粤讴、南音、曲文、院本、班本等本地文艺作品；《世界公益报》设有“粤闻”、“港闻”；《广东日报》也有“两粤要事”、“地方新闻”，其文艺副刊《无所谓》则主要登载广东白话论说、班本、龙舟说唱、南音、粤讴等；《香港少年报》也有“粤人声”、“港志”；至于《中外小说林》，还刊登了大量的粤方言通俗文学作品，如白话、木鱼、龙舟歌、南音、粤讴、谈风、

①吴趼人著，海风主编：《吴趼人全集》（第一卷），哈尔滨：北方文艺出版社1998年版，第47页。

②吴趼人著，海风主编：《吴趼人全集》（第九卷），哈尔滨：北方文艺出版社1998年版，第413页。

班本、谐文等，主编者对岭南地区民间传统文学形式进行吸纳改造，赋予其新的时代内涵，以满足粤港地区受众的需求。可见这些报刊都偏重于反映本地的时事政治、风俗民情等。

据此而论，一部小说如果连载于粤港的报刊上，以粤港地区的读者为主要受众，那么它要引起受众的关注，就势必要考虑其所叙之事的地域性。以黄世仲的小说为例，作者本系粤人，又为粤港多家报纸的主办者或参编者，自然更了解本地受众的阅读期待。加上他本人又很熟悉本地生活，是粤港地区著名的政治活动家与宣传家，其小说又都连载于粤港的报刊上，因而其小说创作便有意取材于本地的要事、新闻，主要叙写本地人、本地事和本地的风俗民情，从而使其小说带有鲜明的地域文化色彩。其主要表现为：写粤籍名人故事，如《大马扁》讥斥广东南海人康有为行为无赖，借改良立宪招摇撞骗；《宦海潮》写清末外交官南海人张荫桓的宦海浮沉，隐寓国势盛衰之感；《廿载繁华梦》写广州富商周东生，廿载繁华，恍若一梦等。写本地大事要闻，如《洪秀全演义》写广东花县人洪秀全领导的太平天国运动；《陈开演义》写佛山人陈开领导的天地会起义；《五日风声》写广州黄花岗起义等。这些小说都是为了有意配合粤港地区兴起的资产阶级民主革命，为之鸣锣开道。至于这些小说对粤港地区风俗民情（诸如经商风气、节庆娱乐、婚丧嫁娶、饮食起居等）的描写，则展现了一幅幅用文字描绘的市井风俗画，自然会令粤港受众读来倍感亲切。

当然，某个小说家叙事的地域意识明显，也与他是本地人有关。如梁启超在《新中国未来记》的“绪言”中所说：“此编于广东特详者，非有所私于广东也。……顾尔尔者，吾本粤人，知粤事较悉，言其条理，可以讹谬较少，故凡语及地方自治等事，悉偏趋此点。因此之故，故书中人物，亦不免多派以粤籍，相因之势使然也。”①不过，报刊所载对地域性受众的重视，无疑也是影响小说叙事地域性的重要因素。例如，吴趼人虽然是广东佛山人，但由于其报业活动与小说创作主要立足于上海，其小说又多连载于上海本地的《新小说》（1902 年创刊于日本横滨，翌年迁至上海）、《月月小说》、《世界繁华报》、《中外日报》等报刊上，因而他的《二十年目睹之怪现状》、《上海游骖录》、《恨海》、《新石头记》、《海上名妓四大金刚奇书》、《胡宝玉》、《近十年之怪现状》等，也不能不接地气，以上海一带作为人物活动的场所、故事展开的背景，摹绘上海一带的社会众生相。

---

① 梁启超：《新中国未来记》，载梁启超著，吴松、卢云昆、王文光、段炳昌点校：《饮冰室文集点校》（第六集），昆明：云南教育出版社 2001 年版，第 3868 页。

五、清末报载小说与古代小说叙事的比较

清末报载小说叙事所体现的时效性与纪实性、政论色彩、新异趣尚、地域意识等，从不同的角度看，必然会有不同的看法。实际上，报载小说的这些叙事特点肯定是由多种文化因素相互作用才形成的，但报刊这种新媒介在其中所起的作用无论如何是举足轻重的。阿英在谈到清末报载小说叙事形式的变化时就说："还不能不把原因归到新闻事业上，那时固然还没有所谓适应于新闻纸连续发表的'新闻文学'，而事实却已经开始有了这种要求。为着适应于时间间断的报纸杂志读者，不得不采用或产生这一种形式，这是由于社会生活发展的必然。"①这里，不妨将报载小说与古代小说叙事略作比较，以揭示新媒介所起的作用。

在报刊兴起之前，作者花三年五载去写一部长篇小说，可谓司空见惯。如此写出的小说，自然不大可能及时、如实地反映读者眼前发生的事，而作者也无意追求叙事的时效性与纪实性，也不想或不敢直接介入时政、干预现实。当然，以往也有少数小说与时事、政务结合较紧，如明末清初时事小说《梼杌闲评》、《樵史演义》等，但毕竟是少数，即便是这些小说，其出版时间与所写之事的间隔也已有一两年，不可能如报载小说那样随时随地取材，并随写随刊，迅速及时地反映时政大事，直接干预现实政治。以往的世情小说如《金瓶梅》、《红楼梦》等，虽然面向现实，描写人情世态，但都是过来人写过往事，与清末那些叙写新近发生的种种怪现状的小说相比，其时效性与时代性也相差较远。

古代的小说重教化，在叙事的过程中，总喜欢发几句老生常谈的议论，以期劝善惩恶，但通常分量较小，很少有直接以议论时政为小说的。可在清末报载小说叙事中议论时政是常态，这不能不说是与当时报刊重视"论说"、"时评"、"杂评"以及报刊受众的阅读期待直接相关；当然，古代小说重教化的传统也产生了一定的影响。陈平原说："新小说的政论化倾向，总的来说成就不大，且有不少流弊；但仍有所开拓，起码不再以情节而是以议论为构思的中心，这对传统小说叙事结构是一个很大的冲击。"②

古代小说叙事也颇重传奇，从唐代传奇的"作意好奇"③，到宋元话

---

①阿英著：《晚清小说史》，北京：东方出版社1996年版，第6页。

②陈平原著：《二十世纪中国小说史》（第一卷），北京：北京大学出版社1989年版，第92页。

③（明）胡应麟著：《少室山房笔丛》卷三六《二酉缀遗中》，上海：上海书店出版社2001年版，第371页。

本的“博古明今历传奇”[①]，再到明清小说的“非奇不传”，形成了一个以“传奇”为趣尚的叙事传统。这对清末报载小说叙事的新异趣尚，无疑也是有影响的。但古代小说“多铺张仙佛鬼神之事”[②]，而清末报载小说则爱从新闻角度猎取发生在受众身边的新异之事，并“以新闻之体裁而瞻列近世之事实”[③]，故而“以视昔之详怪异者，则假神仙之幻说；证因果者，则引狐鬼之机缘，其足为人群智慧之阻力者，固不啻霄壤矣”[④]。

古代小说叙事的地域意识一般不强。宋元话本中虽也有部分小说是围绕东京、临安来设置故事时空，描写当地市井风俗的，但那是基于说书艺术的需要，说话人为了取悦当地听众，便不得不对其所讲故事作因地制宜的时空转换。一般的文人小说家，则很少考虑为某一特定地域的读者来写小说，自然也就无须刻意地展现人物、故事的地域文化色彩。因此，古代有自觉的地域文化意识，并刻意从本地现实生活中取材，并且叙写本地发生的真人真事与本地风俗民情的小说，殆不多见。而清末报载小说直接服务于报纸所在地的受众，为了贴近受众的文化心理，往往便有意地强化了小说叙事的地域性。

其他如小说的结构布局、叙事笔法等，报载小说与古代小说相比表现的某些新变，也与报刊这种新媒介的影响相关。对此，梁启超早有认识，他指出古代小说作者很注重小说整体结构布局，而报载小说“依报章体例”，随写随刊，缺乏整体性；古代小说“一部中最为精彩者，亦不过十数回，其余虽稍间以懈笔，读者亦无暇苛责”，而报载小说却要制造每一回的看点，否则“全书皆为减色”；古代小说“篇首数回，多用淡笔晦笔，为下文作势”，而报载小说若用此例，则必令读者兴味索然，“故不得不于发端处，刻意求工”。[⑤]

总而言之，清末由于报刊这种新媒介的出现，一批报人兼小说家为了适应报刊连载的需要，自觉地改变了古代小说的叙事方法，追求叙事的新闻效应，从而使报载小说叙事不同程度地带上了报刊的“新闻”特性，呈现了不同于古代小说的新风貌。

---

①（宋）罗烨著：《醉翁谈录》甲集卷一《舌耕叙引·小说开辟》，上海：古典文学出版社 1957 年版，第 5 页。

②黄世仲著：《宦海潮》，杭州：浙江古籍出版社 1995 年版，第 3 页。

③《枯树花·广告》，《时报》，1905 年 9 月 19 日。

④棠：《中国小说家向多托言鬼神最阻人群慧力之进步》，《中外小说林》1907 年第 9 期。

⑤梁启超：《〈新小说〉第一号》，《新民丛报》，1902 年 2 月第 1 号。

情绪记忆与娱乐本性对微博表达的影响

——一项关于微博评论的个案分析

王首程

（广州大学新闻与传播学院教授，硕士生导师，广东省电视艺术家协会副主席，联合国教科文组织网络通信委员会中国委员）

一、研究样本简介

2011年10月1日18:12，微博用户“@作业本”①在新浪微博手机版发出一条微博，全文内容如下：

今晚新闻联播内容猜测

1. 全国各族人民载歌载舞笑逐颜开喜迎国庆。
2. 全国人民收入创新高，物价稳中有降。
3. 全国各地保障房建设进一步扩大，房价调控得当。
4. 各地人民自发组织慰问人民解放军。
5. 菲律宾直升机坠毁致数人死亡。
6. 叙利亚爆发大规模游行。
7. 美国死于李斯特菌感染的人数升至15人。

微博发出后，立即引来网民围观。从18:12到19:00《新闻联播》开播前，短短48分钟内，已有1 568条评论，其中文字评论有1 384条，表情评论有184条。

当晚19:00，中央电视台《新闻联播》实际播出内容依次如下：

---

① 作业本，山东青岛网民。签名为“著名神经病”。2011年10月1日当天记录到其粉丝数是992 304，2011年12月16日13时记录到其粉丝数是1 394 393，关注数为746，累计发出微博3 482条。

1. 庆祝中华人民共和国成立62周年。
2. 新闻链接：人民英雄纪念碑。
3. 温家宝国庆节考察蔬菜直销市场。
4. 李长春观看国庆音乐会“祖国颂”。
5. 天安门：十万群众看升旗。
6. 同升一面旗，共祝祖国好。
7. 【文化新气象】文化管理员：乡村文化建设生力军。
8. 《五星红旗，我为你骄傲》今晚播出。
9. 国内联播快讯。
10. 我驻外使领馆举行国庆招待会。
11. 梅德韦杰夫阐述不参选原因。
12. 国际联播快讯。

19：00《新闻联播》开播后，网民继续围观“今晚新闻联播内容猜测”。10月1日19：00至次日0：30，即《新闻联播》开始播出之后的五个半小时时间内，网友陆续发出的评论达1 136条，占10月1日18：12至次日0：30评论总量的42%，其中文字评论1 025条，表情评论111条。为研究和表达的方便，本文将10月1日18：12到19：00之间上传的1 568条评论称作“样本1”，把10月1日19：00至次日0：30上传的1 136条评论称作“样本2”，而把“样本1”和“样本2”相加获得的2 704条评论称作“样本全”。

二、网民评论记录

在“样本全”中，文字评论共2 409条，表情共295条。本研究截取了这些评论的全部具体内容，以之作为详细研究的样本。限于本文篇幅，仅从“样本全”中选取18：12、19：00、19：31三个时间点的评论内容加以展示。

18：12，1分钟内，有6条评论，具体如下：

kiwi2012：被你猜对了。
佟学郭郭：准了。
方小辛改行：是，么。
文字域：额。

遥远的戈多：对。

山泉下的农夫：板凳。

在以上6条评论中，第一条“被你猜对了”、第二条“准了”、第五条“对”均为事实没有发生之前所作的判断；而“是，么”、“额”、“板凳”则表达了求证的期待。

当晚19：00《新闻联播》开始播出，最初的1分钟内，便新增了16条评论，具体内容如下：

我要吃老虎：思路真对路。

membogg ka：看直播。

金包银700803：十分准确！有才。

新新正云：我们一直是有套路的。

且看木棉花开：同意！建议头条改为国家领导人在人民英雄纪念碑庄严献花！

秦元豪 -Stanley: 命中率超过90%。

a司芳：坐等，看看预测是否精准……

褚周：开始了……

蓝色瀑布：这个屌，转发。

乖怪鱼罐头：歌自己的功，颂自己的德，然后好好揭别人的短儿，此乃垃圾是也。

萝卜头头：开心30分啊。

祝小小佳：开始了。

威威V2beta：《新闻联播》开始了……

辉ike：本本，CCTV不容易呀，人家肩负着光荣的使命。

Rhododendron杜娟：今晚第一次坐等看《新闻联播》。

奔腾充电站：这是国家机密，你敢提前公布？！小心被跨省（可能是被跨国）啊。

以上有4条在《新闻联播》刚开始就无保留地对预测是否准确投了赞成票，有5条表达了对《新闻联播》的成见、讽刺，7条表达的是“拭目以待”的求证态度。

19：30《新闻联播》结束后，网民围观热情依然不减。19：31后的1分钟时间内，有评论12条：

周树远微博：I have a dream that I live in *News Broadcast* forever !

小老鼠1984：貌似只对了一条。

Sophieff0415：失笑，我很久不看《新闻联播》！

志明BJ：全中。

Tunng：我有种在朝鲜的感觉。

水蕃女朱：估计今晚的《新闻联播》统计人员会发现今晚的收视率突然增长。

sctv3-唐露：虽然内容不一，但形式与此无异！最恶心的是报道美股单季最差！怎么不报道A股呢?

王雯雯916：第一条勉强正确。

李小绳：1、2中了，5改成洪水，7改成经济不景气。

江涛_安居客：祖国一片大好，外国水深火热。

毒嘴惊寂：我会相信你化作了山脉。

自由0海豚：多少年如一日。任凭风浪起。

上述12条评论中仅1条直接表态认为“全中”，2条给出了否定性评价（“貌似只对了一条”、“第一条勉强正确”），其余有的以“虽然内容不一”的语态加以辩解，有的以“我会相信你化作了山脉”转移了话题。

三、简要分析

从18：12至19：00，即该微博发出后48分钟内，网友评论累计为1 568条，占“样本全”的58%。其中文字评论1 384条，约占全部文字评论的57%；表情评论184条，约占全部表情评论的62%。其间，有66位“加V”用户发表了评论。从19：01到次日0：30，即《新闻联播》开始播出之后的五个半小时时间内，网友评论共1 136条，占“样本全”的42%。其中文字评论1 025条，约占全部文字评论的43%；表情评论111条，约占全部表情评论的38%，两项指标均不及前48分钟的比重。此间仍然有18位“加V”用户发表了评论。且在前后两段时间“加V”用户发表的评论中，高达六成的内容是对“猜测”表示赞成。“样本1”和“样本2”的评论数量统计如图1所示：

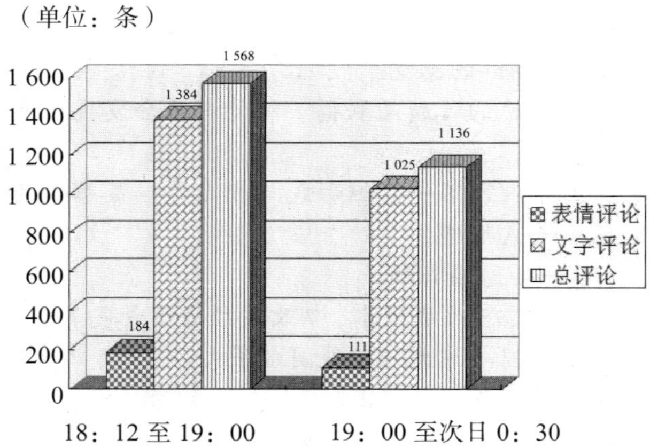

图 1　分时段分类评论统计柱状图

“样本 1”中的 1 384 条文字评论，其内容可分为以下四类：

（1）期待验证。此类评论有 290 条，占评论总数的 21%。例如，“今晚第一次坐等看《新闻联播》”（Rhododendron 杜娟）；“快 7 点了，求验证……”（某某李）；“七点钟，拭目以待”（Julian 朱立安）。

（2）积极支持附和。此类评论有 922 条，约占此间评论总数的 67%。其中的一些评论在积极支持“预测”的同时，还以调侃、嘲讽等方式，表达了自己的情绪。例如，“歌自己的功，颂自己的德，然后好好揭别人的短儿，此乃垃圾是也”（乖怪鱼罐头）；“中国人民生活幸福，欢度国庆；世界各国水深火热，民不聊生”（贺祖来）；“总而言之，国内形势一片大好，国外形势满目疮痍”（裴羽小札）；“标准的新闻联播体”（不逃不行）。

（3）明确表示反对。此类评论共计 13 条，约占 1%。例如，“作业本身上长了点毛就不要不知天高地厚了，玩笑过头就不好玩了”（企业家的故事）；“你无不无聊啊”（angie290）；“这么不喜欢中国还待在这里干什么样咋不移民去火星”（北欧地接 ICEY）。

（4）持中立立场。此类评论共计 159 条，约占 11%。其特点是无明显赞成或反对，或者发表的评论与“猜测”无关。例如，“把家里电视信号都取消了，已经几个月不看电视了。哈哈。在互联网上，我可以选择自己想看的新闻”（世界公民 F）；“送上国庆的问候”（演员由立平）。

四种类型分布情况如图 2 所示：

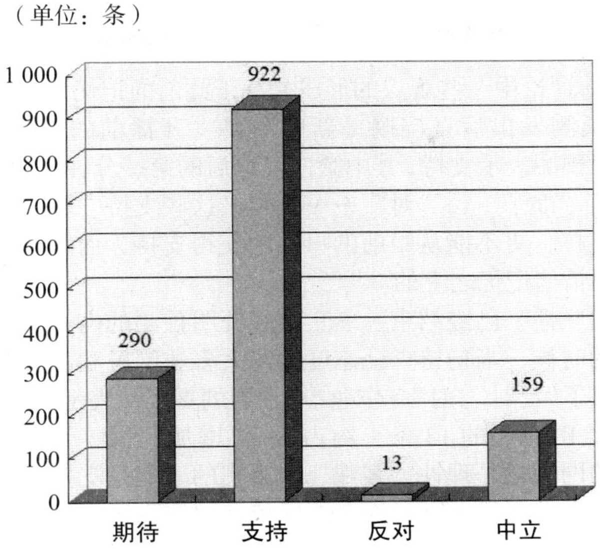

图 2 评论分类柱状图

“样本 2”的 1 025 条评论，分别对“@ 作业本”预测的真实性表示了支持、反对，或表达了中立的态度。其中表示支持的有 668 条，约占此间评论总量的 65%。其中一些评论带有情绪化描述甚至嘲讽的特征。对“@ 作业本”预测的真实性表示反对的有 327 条，约占 32%。持中立态度以及言不及义的评论共计 30 条，约占 3%。

三种情形数量分布如图 3 所示：

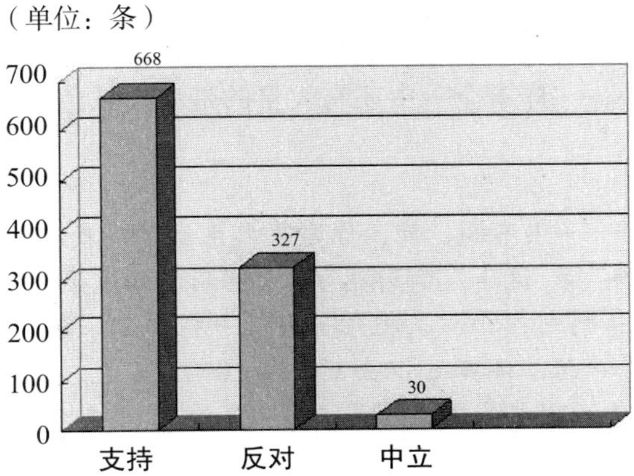

图 3 评论分类柱状图

四、几个简短的结论

（1）微博评论中一些观点的形成是基于此前的记忆而非当前的事实。

在上述预测发出后至当晚《新闻联播》开播前的48分钟内，高达67%的评论对预测表示支持，其中微博发出后的第一分钟内就有人断言“被你猜对了”、“准了”、“对”……显然，这些支持、肯定性评价并没有具体事实的支撑，更不能从眼前的事实中获得支持，而是建立在以以往的经验为基础的情绪记忆之上的。

在《新闻联播》已经结束、事实已经证明预测的内容和实际播出的内容相去甚远的时候，当初持求证态度的绝大多数网民和部分持中立态度的网民纷纷转向了“反对”。对“@作业本”预测的真实性表示反对的微博评论，其比重也因此由此前的13条（约占1%）增加到327条（约占32%），表明相当多的网民还是理性、客观、重事实的。但是支持“@作业本”预测的比重依然没有明显下降，许多网民依然不愿意正视具体的事实而坚持认为预测“全中”，依然感慨“I have a dream that I live in *News Broadcast* forever（我梦想能永远生活在《新闻联播》里）”，依然极力为预测的准确性进行辩解。事态不明朗时表示支持，事态已经很明朗，并且事实已经表明实际情形与“预测”相差较大时依然表示支持，这表明部分网民判断是非的标准已经脱离了当前事实的基础，进入了凭借已有的情感记忆而作情绪化表达的情境，至少表明此时的情绪化表达远大于理性、客观的认知与表达。

（2）微博中的言论具有娱乐化倾向。

微博中的言论并非完全是网民建立在科学认识基础上的理性表达，多数评论内容不仅有情绪化倾向，而且具有调侃、娱乐以及率性、随意的特征。即便是那些嘲讽性的尖刻表达，也带有一定的娱乐成分。除了本文已经列举的一些评论外，“样本全”中还有大量的带有娱乐色彩的评论。例如下面几条：

会飞的虫子——飞不高：靠，你写得太生动了，我建议中央台换主播。

soffee的微博：得，这下没新鲜感了，大结局都知道了，本本同学太坏了。

想想吧001：呵呵，小心，把你当章鱼一样抓起来圈养！

Zebra2010：牛叉！本本可以去CCTV坐台了！

焚书温酒：你可以去当副台长了，如果再加上“8.熊猫坏坏怀了双胞胎，工作人员表示要好好照顾准妈妈”，就可以是台长了。

bellini激光原子侠：本本，你发完这条微博，我对你的爱慕之心就又

多了一分~

王小彤：一会儿检查作业，看看对了几条哈，错一项加班一天，错七项整个假期报废。

上述用娱乐的话语形式表达严肃的社会性话题内容的现象，是折射了社会的开放和政治的开明，还是反映了对进一步开放、开明的期盼，需要另题专门研究。上述话语还应该和人的娱乐本性在微博空间得到了发掘和张扬有关，也应该和微博评论的即时性（发言者理性思考的时间不足）以及微博的文本特征（字数限制在 140 个字之内）有一定的联系。认识微博对人的娱乐本性的发掘意义，认识微博话语形式对思想表达的制约，对准确判断微博评论中的言论，尤其是一些“尖刻”言论的真实语义，具有重要的提示价值。

（3）微博中的立场表达与是否实名、是否“加 V”关联度较低。

在统计时间内，共计有 84 位“加 V”的实名认证用户发表过评论。这 84 位“加 V”用户中，除了某志愿者协会为官方微博外，其余均为个人用户，且以公司管理人员用户居多。“加 V”用户的意见表达相对比较温和，也比较谨慎。一些知名度较高的“加 V”用户则只转发而不评论，或者仅发表表情评论。例如，“加 V”的某导报记者在转发该微博后又删除了转发内容。这似可表明，实名、“加 V”对网民的理性表达有提醒作用。但是，在本项研究中，19：00 前有 66 位“加 V”用户发表了评论，19：00 至次日 0：30 时仍然有 18 位“加 V”用户发表了评论，且高达六成的“加 V”用户对“猜测”表示了赞赏，有 19 位“加 V”用户表达了中立态度，15 位“加 V”用户表示期待验证，没有人旗帜鲜明表示反对。综合上述数据，似可认为微博中的立场表达与博主是否实名“加 V”，关联度并不是很高。

（4）由支持和反对“猜测”的评论跟帖均是基于以往的经验和情绪记忆作出的选择这一事实，似可表明社会对中央电视台《新闻联播》革新具有强烈的期盼。尽管其中的一些经验与记忆和评论人自身的情感倾向以及认识世界的方式有关，但也不可否认其中的一些经验与记忆是中央电视台《新闻联播》的内容和播出方式留给他们的。这在一定程度上反映了呼吁中央电视台《新闻联播》革新的民意，这样的民意对中央电视台思考在融合媒体时代如何改进《新闻联播》的内容、形式和编排，不无积极的参考价值。

五、后续研究

（1）样本指标描述研究。由于截取了全样本，从而有条件以分钟为单位，对各类评论的变化趋势加以描述，并有条件对微博评论的峰值、衰减规律进行研究。本次记录的研究样本显示到次日0：30，该微博转发量高达6 791次，评论则有2 704条，有这些数据就有条件开展评论与转发之间的关系研究。

（2）“加V”用户的影响力研究。本次样本中的不少评论都是来自传统媒体人、名人、新闻人物的，但“草根博主”、“草根用户”与“加V”用户之间的话语分立现象依然明显。本项研究记录的全样本为进一步开展“草根”话语与“意见领袖”话语互动融合的方式、路径研究，进而探讨新闻人、意见领袖的微博影响力与其在现实生活中话语地位的关系研究，提供了可能。

（3）二次转发及其传播力研究，包括二次转发率及其微博梯次传播力研究。本案例中通过微博活跃名人的二次传播引起的热议比较少，凤凰卫视某位有6万粉丝的节目主持人转发了该微博，也仅引起9条二次转发和8条评论，此类样本具有深化研究的价值。

参考文献

［1］［美］曼纽尔·卡斯特著，夏铸九等译：《网络社会的崛起》，北京：社会科学文献出版社2001年版。

［2］［美］约书亚·梅罗维茨著，肖志军译：《消失的地域：电子媒介对社会行为的影响》，北京：清华大学出版社2002年版。

［3］喻国明、欧亚、张佰明等著：《微博：一种新传播形态的考察——影响力模型和社会性应用》，北京：人民日报出版社2011年版。

［4］王勃：《Web 3.0语境下微博评论传播效果探析》，《东南传播》2011年第11期，第37~40页。

（原载于《广州大学学报》2013年第10期，略有修改，研究生齐静等同学承担了本项研究部分数据的统计工作）

自认为的知晓程度：个人因素与议题认知之间的重要中介变量

——以 2008 年西藏议题认知为例[①]

徐晖明

（广州大学新闻与传播学院传播系副教授，博士生、硕士生导师）

一、背景：一个议题，两个事件

2008 年三四月间，中国发生的一些事情吸引了全世界的目光。

3 月 14 日，西藏拉萨发生了自 1989 年 3 月以来最严重的一次骚乱。当日，新华社发布题为“西藏自治区负责人就拉萨极少数人打、砸、抢、烧破坏活动答新华社记者问”的报道，并于 15 日在中央电视台的《新闻联播》播报，新闻全文如下：

西藏自治区负责人 14 号就拉萨极少数人打、砸、抢、烧破坏活动回答了新华社记者的提问。

西藏自治区负责人说，近日，拉萨极少数人进行打、砸、抢、烧破坏活动，

① 本文于 2009 年 10 月先后在“第二届中国青年传播学者研讨会”（复旦大学）和“2009 中国传播学论坛暨第三届全球传播论坛”（上海交通大学）发表，后又作了较大修改。修改稿与会议原稿用自抽样方法（bootstrapping）所计算出的中介效应在数值上有一定差异（但显著性检验结果相同），原因是：会议稿主要用 AMOS 7 软件进行数据处理，当一对 *X* 与 *Y* 之间同时存在多条中介效应链（即多重中介效应）时，该软件只能估计这对 *X* 与 *Y* 之间的总的中介效应，无法估计各特定路径的中介效应，故在涉及多重中介效应时，原稿采用了 A.F. Hayes 为 SPSS 编写的宏命令，但该宏命令一次只能估计一对 *X* 与 *Y* 之间的多重中介效应，对于多对 *X* 与 *Y* 之间的多重中介效应只能逐对分别估计。修改稿则改用 Mplus 5 软件，可在结构方程模型中同时估计所有特定路径的中介效应，因此本修改稿的中介效应估计值更为准确。

扰乱社会秩序，危害人民群众生命财产安全。有足够证据证明这是达赖集团有组织、有预谋、精心策划的，已引起西藏各族群众的强烈愤慨和严厉谴责。西藏有关部门正在依法采取有效措施予以妥善处置。我们完全有能力维护西藏社会稳定，维护西藏各族群众生命财产安全。极少数人破坏西藏安定和谐的图谋不得人心，是注定要失败的。

在中国的体制框架下，媒介机构接受党和政府的领导，重大事件的宣传报道方针由党政最高领导层决定，重大事件的信息发布权由少数几家级别最高的媒介机构所掌握（通常是由新华社发布权威的、显示官方立场的“通稿”），并以统一的“口径”，集中力量在一段时间内进行大规模密集宣传报道。

新华社的上述报道，即是借地方负责人的名义，在第一时间将事件“定性”（确定其性质）为“打、砸、抢、烧”破坏活动，并将其归责到“达赖集团”。这两点内容在后续的长时间宣传报道中不断重复、强化，成为整个事件报道的基调。

事件并没有很快结束。2008年4月初，奥运会火炬从北京出发开始在世界各地传递，但一路上遭遇了各种各样的干扰和阻挠，尤其是在4月6日至10日，火炬先后在英国、法国和美国境内传递，途中多次出现了火炬被抢、火炬被迫熄灭、临时变更传递路线等尴尬情况；之前的拉萨“3·14”事件报道尚未冷却，此时西藏话题再次成为热点。大陆媒介对火炬传递受阻事件的归责是“‘藏独’分裂势力的干扰破坏”，而“藏独”的总后台，众所周知，中国一直认定是“达赖集团”。因此，火炬传递受阻事件与拉萨“3·14”事件具有高度的关联，后者是前者主要的和直接的原因，甚至可以说，拉萨“3·14”事件才是一件独立的事件，而火炬传递受阻事件只是拉萨“3·14”事件的延伸。

E. F. Shaw区分了议题（issues）和事件（events）两个概念，将议题界定为在某个总概念（umbrella term）下对于一系列相关事情的报道，而事件则是个别的、限定的、有时空界限的事情①。在媒介报道中那些联系在一起、具有主题结构的多个事件，就成为议题。因此，“拉萨‘3·14’事件”和“火炬传递受阻事件”共同构成了“2008年西藏议题”，我们不

① Shaw, E. F.. The interpersonal agenda. In D. L. Shaw & M. E. McCombs (Eds.).*The Emergence of American Political Issues: The Agenda-setting Function of the Press.* St Paul: West Publishing Co.,1977.pp. 69–87. 转引自 Johnson-Cartee, K. S. . *News Narratives and News Framing: Constructing Political Reality.* Lanham, MD: Rowman and Littlefield Publishers, Inc., 2005. p.57.

妨称之为“一个议题，两个事件”。

本研究的目的，即是探讨在2008年西藏议题中，网络新闻信任、人际交流、政治兴趣等因素如何对公众的认知产生影响，以及在此过程中“自认为的知晓程度”所起的中介作用。

二、公众对于2008年西藏议题的认知

心理学上的“认知”概念，一般指个人处理信息、形成知识和评判的过程；在本研究中，“认知”指的是个人处理信息、形成知识和评判的结果，而非过程；或者说，是个人对于事物所形成的概括性印象和评判。

对于2008年西藏议题，公众的认知是如何的呢？由于该议题本身具有不同层面（如内部性质层面、外部特征层面、评价层面等），对其认知也具有不同层面。因此，抽象地谈论对于2008年西藏议题的认知，无法得到具有内在一致性的结论，需要进一步从该议题中提炼出更为具体的，同时又具有高度代表性的问题，以此来考察公众的议题认知情况。

考虑到本研究的目的，提炼出的问题还应具有这样两个特点：首先，公众对这个问题的认知应该是在较短时间内形成，而不是长期形成的、比较固定的深层认知；其次，公众对于这些问题的认知，应当是受媒介影响而形成的。

如何确定符合上述要求的问题？最可行的方法，是借助架构理论①，对媒介报道进行框架分析，找出媒介对于2008年西藏议题的主要报道框架，并评估其对于公众认知所产生的影响。

对于框架、架构、架构效应等的定义和研究有很多②，这里并不打算详细探讨。按照R. M. Entman的定义，架构效应指的是“选择所感知的现实的某些方面，使它们在传播语境中更加突出，以促成对特定问题的界定、因果阐释、道德评价或提示应对措施”③；而“人们对于公共议题的看法，

---

① frame一词可以是名词，指媒介建立框架的最终结果，也可以是动词，指建立框架的动态过程本身。本文参照潘忠党的说明（潘忠党：《架构分析：一个亟需理论澄清的领域》，《传播与社会学刊》2006年第1期，第44页），将名词意义的frame称为“框架”，动词意义的frame和framing称为“架构”，以示区别。

② 潘忠党：《架构分析：一个亟需理论澄清的领域》，《传播与社会学刊》2006年第1期，第17~46页。

③ Entman, R. M.. Framing: Toward clarification of a fractured paradigm. *Journal of Communication,* 1993(43): p.52.

依赖于这个议题如何被架构，这一点已经得到广泛认同”[①]。

架构效应可分为两个层面：媒介框架（media frame）和个人框架（individual frame）[②]。其中媒介框架关注的是媒介报道如何通过符号、卷标、惯用语、图像、刻板印象等的运用[③]，或者通过选择、强调、排除和详述等方式来呈现事件[④]。

对于西藏议题的媒介框架的分析结果表明，在2008年西藏议题中，“拉萨‘3·14’事件是打、砸、抢、烧事件”、“达赖集团是拉萨‘3·14’事件的幕后主使”确实是两个主要的报道框架。这两个框架开始于拉萨“3·14”事件后，时至2008年4月19日本调查实施之日，仍然在延续[⑤]。

公众对于这两个问题的认知，显然是较短时间内形成的，并且也是受到媒介报道的影响而形成的。理由是：①众所周知，涉及西藏的政治或社会话题在中国大陆极为敏感。一直以来，尤其是1989年3月西藏发生严重骚乱以来，中国大陆媒介的涉藏报道极少，限制极严，其他媒介如书籍、影视等也同样如此。本研究的受访者年龄都只有20岁左右，他们缺少在长期过程中对西藏问题形成较为固定的深层认知的机会。因此，可以合理地推测，他们对于西藏问题，尤其是对于拉萨“3·14”事件中具体问题的认知，是2008年3月事件发生以后，在短时间内受高强度的媒介传播环境影响所形成的。②关于“拉萨‘3·14’事件的性质”以及“拉萨‘3·14’事件的幕后主使”，是典型的“非强制性议题”，受访者几乎不可能通过亲身体验获得这些方面的认知，而只能是直接或间接通过媒介报道获得，也就是说，这是一个媒介报道影响个人的议题认知的过程。③这个媒介报道影响个人的议题认知的过程，也许是架构效应，但也可能混合了其他媒

---

① Sniderman, P. M.& Theriault, S. M.. The structure of political argument and the logic of issue framing. In W. E. Saris & P. M. Sniderman (Eds.), *Studies in Public Opinion*. Princeton, NJ: Princeton University Press, 2004. p.135.

② Scheufele, D. A.. Framing as a theory of media effects. *Journal of Communication*, 1999(49): p.106.

③ Fredin, E. S.. Frame breaking and creativity: a frame database for hypermedia news. In S. D. Reese, O. H. Gandy, Jr., & A. E. Grant (Eds.). *Framing Public Life: Perspectives on Media and Our Understanding of the Social World*. Mahwah, NJ: Lawrence Erlbaum Assoc., 2001. p.272.

④ Tankard, J., Jr., Hendrickson, L., Silberman, J., Bliss, K. & Ghanem, S.. *Media Frames: Approaches to Conceptualization and Measurement*. Paper presented at the annual meeting of AEJMC, Boston, MA, 1991.

⑤西藏议题的报道框架分析结果可来信向作者索取。

介报道效应（如宣传效应、说服效应、议程设置效应等），由于与本研究目的无关，这里不打算辨析这些效应。

因此，这两个报道框架所涉及的问题（即“拉萨‘3·14’事件的性质”、“拉萨‘3·14’事件的幕后主使”），可以作为本研究的具体问题，用以代表公众对于2008年西藏议题的认知情况。

三、“自认为的知晓程度”及相关研究概述

“自认为的知晓程度”（self-perceived knowledge）是从心理学领域的元认知（metacognition）、元记忆（metamemory）研究中延伸出来的一个概念，与其相对应的，是“实际的知晓程度”（actual knowledge）。“自认为的知晓程度”后来也常出现在医学、市场营销等应用研究领域，而在传播学领域研究这一概念，则是近二十年来的事。

B. A. Hollander指出，自认为的知晓程度类似于心理学中的概念“知道感”（feeling-of-knowing）[①]。C. Park认为，自认为的知晓程度可以界定为“人们自以为自己知道，其实与他们真正知道什么无关”（Self-perceived knowledge is defined as the knowledge which people believe they hold irrespective of what they actually know）[②]。在描述这一现象时，还有另外一些表达，如Park使用了“知的幻觉”（illusion of knowing）[③]，而M. B. Salwen与P. D. Driscoll则称之为（大众媒介的）“令人确信功能”（assurance function）[④]。

自认为的知晓程度通常并不能精确地代表实际的知晓程度，在现实中人们通常倾向于过于乐观地估计自己所知晓的知识[⑤]。比如，Hollander发现，当接触媒介的量增加时，受众对于媒介经常报道的事件会感到更为熟悉，但实际的知晓并未增加。这样，与接触媒介较少的受众相比，接触媒介较

① Hollander, B. A.. The new news and the 1992 presidential campaign: Perceived vs. actual political knowledge. *Journalism & Mass Communication Quarterly*, 1995(72): p.789.

② Park, C.. News media exposure and self-perceived knowledge: the illusion of knowing. *International Journal of Public Opinion Research*, 2001(13): p.421.

③ Park, C.. News media exposure and self-perceived knowledge: the illusion of knowing. *International Journal of Public Opinion Research*, 2001(13): p.420.

④ Salwen, M. B.& Driscoll, P. D.. Feeling informed? The assurance function of the mass media. *International Journal of Public Opinion Research*,1995(7): p.270.

⑤ Metcalfe, J.. Metamemory: Theory and data. In Tulving, E., Craik, F. I. M. (Eds.). *The Oxford Handbook of Memory*. New York: Oxford University Press, 2005. p.199.

多的受众更容易有这样一种幻觉，即他们很了解媒介所报道的事件。①Salwen与 Driscoll 也认为，随着媒介接触的增加，受众对于经常报道的事件会觉得更加熟悉，但并不一定真的知晓这些事件。因此，受众可能产生一种错觉，自以为知晓很多（feel informed），而实际上并非如此。②J. J. Mondak 也发现，接触地方性报纸并未增加人们对于本国或国际政治事务的知晓程度，但增加了人们自认为的对这方面知识的知晓程度。③Park 认为“知的幻觉”也是媒介效果的一个方面。④

影响自认为的知晓程度的因素有哪些呢？D. Gentner 与 A. Collins 发现，在某一领域真正知晓程度较高的人，通常也能更精确地评估其自认为的知晓程度⑤；Park 则发现，自认为的知晓程度与一个人在面对某议题时，是社会性涉入（social involvement）抑或个人性涉入（personal involvement）有关，如果是前者，则“知的幻觉”更有可能出现；在个人特性方面，“知的幻觉”与教育程度有显著相关，而与收入、性别、年龄则无关；在媒介种类方面，“知的幻觉”与电视接触有显著相关，而与报纸、广播接触则无关⑥。

总体来说，涉及自认为的知晓程度这一变量的传播学研究迄今为止仍非常有限，且主要集中在“第三者效果”领域。研究表明，自认为的知晓

① Hollander, B. A.. The new news and the 1992 presidential campaign: Perceived vs. actual political knowledge. *Journalism & Mass Communication Quarterly*, 1995(72): pp.790–794.

② Salwen, M. B.& Driscoll, P. D.. Feeling informed? The assurance function of the mass media. *International Journal of Public Opinion Research*,1995(7): pp.270–276.

③ Mondak, J. J.. Newspapers and political awareness. *American Journal of Political Science*, 1995(39): p.513.

④ Park， C. ， Gardner， M. P. & Thurkral， V. K.. Self-perceived knowledge: Some effects on information processing for a choice task. *American Journal of Psychology*, 1988(101).

⑤ Gentner, D.& Collins, A.. Studies of inference from lack of knowledge. *Memory & Cognition,* 1981(9): p.442.

⑥ Park, C.. News media exposure and self-perceived knowledge: the illusion of knowing. *International Journal of Public Opinion Research*, 2001(13): pp.422–423.

程度越高，第三者效果也越明显[①]；M. B. Salwen 与 M. Dupagne 发现“自认为的知晓程度甚至比社会与人口特征更有效地预测第三者效果”[②]；在同一篇研究中，他们还指出“对于电视暴力的自认为的知晓程度在社会—人口学变量与第三者效果之间更像是充当调节变量（moderator），而非中介变量（mediator）”[③]。

R. M. Perloff 在一篇关于第三者效果的文献综述中说，在第三者效果研究中，研究者有时会将自认为的知晓程度当作外部变量与第三者效果之间的中介过程因素列入考虑，并且，在诸多提出过的调节变量中，“只有（实际的和自认为的）知晓程度和卷入程度已经在足够多的研究中证明了值得继续探讨”[④]。

四、研究变量与研究假设

1. 因变量

本研究中的因变量，是公众对于“拉萨‘3・14’事件的性质”、“拉萨‘3・14’事件的幕后主使”这两个问题的认知，具体表现为对于如下两个陈述的认同程度：

（1）“拉萨‘3・14’事件是打、砸、抢、烧事件”（议题认知 A）；

（2）“达赖集团是拉萨‘3・14’事件的幕后主使”（议题认知 B）。

---

① Atwood, L. E.. Illusions of media power: The third-person effect. *Journalism Quarterly*, 1994(71): pp.269–281; Driscoll, P. D. & Salven, M. B.. Self-perceived knowledge of the O.J. Simpson Trial: Third-person perception and perceptions of guilt. *Journalism & Mass Communication Quarterly*, 1997(74): pp.541–556;Lasorsa, D. L.. Real and perceived effects of Amerika. *Journalism Quarterly*, 1989(66): pp.373–378; Mutz, D.. The influence of perceptions of media influence: Third-person effects and the public expression of opinions. *International Journal of Public Opinion Research*, 1989(1): pp.3–23; Salwen, M. B.& Dupagne, M.. Third-person perception of television violence: The role of self-perceived knowledge. *Media Psychology*, 2001(3): pp.211– 236.

② Salwen, M. B.& Dupagne, M.. Third-person perception of television violence: The role of self-perceived knowledge.*Media Psychology*, 2001(3): p.213.

③ Salwen, M. B.& Dupagne, M.. Third-person perception of television violence: The role of self-perceived knowledge. *Media Psychology*, 2001(3): p.228.

④ Perloff, R. M.. The third person effect: A critical review and synthesis. *Media Psychology*, 1999(1): p.366.

2. 自变量

本研究在确定自变量时，主要参考了条件因素（contingent conditions）对于架构效应、议程设置效应的影响的研究成果。

研究表明，大众媒介对于受众的认知过程会产生重要作用，这种作用可以体现为宣传效应、说服效应、架构效应、议程设置效应等（这里统称为"媒介效应"）。正如前文所述，公众对于2008年西藏议题的认知，也是受媒介报道影响所致，因此是其中一种或多种媒介效应的体现。但是，这些媒介效应的产生过程不是无条件的，而是受到条件因素的调节和干预。

研究者对于条件因素在媒介效应，尤其是在架构效应和议程设置效应中的作用已有较为充分的研究。S. Lecheler、C. de Vreese与R. Slothuus归纳了对于架构效应起调节作用的各种因素，包括个人层面因素如对某议题的知识、价值观，情境因素如信息来源的特性、人际交流、竞争性架构等，并研究了议题本身的重要性对于架构效应的影响①。R. Slothuus发现，个人因素如政治知晓程度与价值观不仅调节架构效应的强度，而且还对架构效应产生的实际过程产生影响②。G. Han则在实验中涉及了政治知识、政治倾向、新媒介接触行为、议题关切度等对架构效应的影响③。J.J.H.Zhu等将影响议程设置效果的条件因素概括为三个方面：受众特性，如政治党派、对大选的兴趣、媒介偏好、媒介依赖、政治兴趣、对议题的敏感性等；议题特性，如非强制性议题与强制性议题、具体议题与抽象议题等；媒介特性，如报纸与电视何者更具有议程设置效果④。W. Wanta则对政治兴趣、媒介接触、人际交流等因素对议程设置效果的影响作了细致研究⑤。

参考上述研究，本研究以对网络新闻的信任、人际交流、政治兴趣作

---

① Lecheler, S., de Vreese, C.& Slothuus, R.. Issue importance as a moderator of framing effects. *Communication Research*, 2009(36): pp.416–418.

② Slothuus, R.. More than weighting cognitive importance: A dual-process model of issue framing effects. *Political Psychology*, 2008(29): pp.16–20.

③ Han, G.. *Mainland China frames Taiwan: Online news, event perception and issue attitudes*. Unpublished dissertation, NY: Syracuse University, 2007. pp.60–82.

④ Zhu, J. J. H. & Blood, D.. Media agenda-setting theory: Review of a 25year research tradition. *Hongkong Journals Online*, 1996(8): pp.114–121. Retrieved from http://sunzi1.lib.hku.hk/hkjo/article.jsp?book=10&issue=100013.

⑤ Wanta, W.. Putting it all together: How the agenda-setting process works. in *The Public and the National Agenda: How People Learn about Important Issues*. Mahwah, NJ: Routledge, 1997. pp. 48–65.

为自变量，将它们称为“个人因素”[①]，并提出如下假设：

H1a：网络新闻信任对于议题认知 A 有直接正影响；

H1b：网络新闻信任对于议题认知 B 有直接正影响；

H2a：人际交流对于议题认知 A 有直接正影响；

H2b：人际交流对于议题认知 B 有直接正影响；

H3a：政治兴趣对于议题认知 A 有直接正影响；

H3b：政治兴趣对于议题认知 B 有直接正影响。

3. 中介变量

在正式调查前，于 2008 年 4 月 11 日在广州大学的学生中进行了非正式的小规模预调查，用路边拦截的方式，口头访问了近 20 位大学生，询问他们对现在正在发生的火炬传递受阻事件是否了解，并请他们列举一些重要的相关事实。结果发现，他们通常对于自己的知晓程度很乐观，但对于相关事实不能给出正确的描述。也就是说，他们自认为知晓议题或事件，但并不一定真正知晓议题或事件中的关键事实。

预调查所涉及的，正是本研究的两个核心变量：

（1）（对议题或事件的）实际的知晓程度；

（2）（对议题或事件的）自认为的知晓程度。

预调查显示，这两个变量之间存在明显的差异。结合已有的研究结果，本研究假设：

H4：实际的知晓程度对于自认为的知晓程度有正影响。

从逻辑顺序上看，这两个变量应该位于前面所述的因变量和自变量之间，也就是充当中介变量。[②]因此，本研究还将探讨如下两个问题：

RQ1：实际的知晓程度是否为网络新闻信任、人际交流、政治兴趣与议题认知 A、议题认知 B 之间的有效中介变量？如果是，其中介效应程度如何？

RQ2：自认为的知晓程度是否为网络新闻信任、人际交流、政治兴趣与议题认知 A、议题认知 B 之间的有效中介变量？如果是，其中介效应程度如何？

根据上文对于各变量以及它们之间关系的描述，本文总体的研究假设

---

①当这些因素的作用是调节其他变量间的关系（方向和强度）时，称为条件因素，实际上就是调节变量（moderator）；本研究中，这些因素对另外的变量，而非变量间关系产生影响，故不称为条件因素。

②原因变量（X）通过第三方变量而对结果变量（Y）产生间接影响的过程称为中介效应，这里的第三方变量即是中介变量（M）。

可以用图 1 来表示。

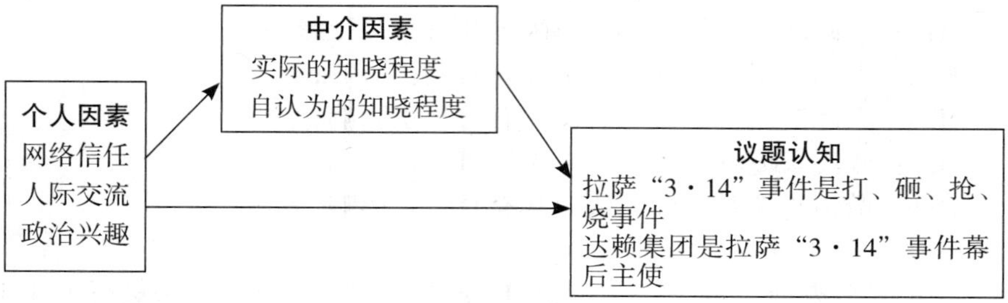

图 1 研究假设

五、研究方法

1. 抽样

抽样在广东省广州大学城进行。广州大学城位于广州市番禺区，首期工程建成于 2004 年，现共驻有 10 所高等学校，学生总人数约 11 万人，绝大部分是本科学生；在各高校中，广州大学和广东工业大学各有近 2 万学生，其他学校规模大体相当，在 1 万人左右（除广州大学外，其他 9 所高校都在大学城以外还有保留的老校区）。

抽样方法为二级抽样。第一级抽样，在 10 所高校中随机抽取了 5 所高校，分别是中山大学、广州大学、华南师范大学、华南理工大学、广东外语外贸大学。第二级抽样，在第一级抽样抽取的 5 所高校中，根据各校学生人数的大致比例，决定第二次抽样中 5 个高校的抽样名额分配：广州大学抽取 180 人，其他 4 个高校各抽取 100 人，计划共抽取 580 人。第二级抽样应用等距抽样方法。

2008 年 4 月 19 日，经过专门培训的 60 位广州大学新闻与传播学院本科生作为访问员，按上述方法上门访问，当场回收问卷，并对填写问卷的质量打分。最后共完成 561 份问卷。在检查得分偏低的问卷并将其剔除后，剩下有效问卷 549 份。

大学城里购买报纸较为不便，高校通常也不为大学生配置电视。在回答“你在校时获取新闻信息的主要渠道是什么”这个问题时，选择“网络”的占 87.9%，其余分别是：报纸 7.1%，同学朋友家人转述 3.8%，电视 0.6%，其他 0.6%。因此，大学生主要通过网络了解信息。根据这种情况，本研究的大众传播媒介只限于网络。为此，以问卷中的问题“过去一周里，你平均每天上网时间大约是多少”为条件进行筛选，选择“没有上过网”的从样本中去除。这样，共去除了 5 个个案，剩下有效问卷 544 份。

由于所有样本的受教育程度、年龄都大致相似，相当于控制了这 2 个变量。

2. 变量的测量

（1）议题认知 A 与议题认知 B：测量议题认知 A 的问题是："3 月 14 日西藏拉萨发生的是暴乱分子打、砸、抢、烧事件，你同意吗？"备选项共分五级，分别为"非常不同意"、"不太同意"、"一般"、"基本同意"、"完全同意"，分别记 1~5 分（$M=4.03$；$SD=0.971$）。测量议题认知 B 的问题是："达赖集团是西藏拉萨'3·14'事件的幕后主使，你同意吗？"记分方法同议题认知 A（$M=3.62$；$SD=1.008$）。

（2）网络新闻信任：问题为："总体而言，你是否相信网络上的新闻信息？"从"非常不相信"到"非常相信"共五级，分别记 1~5 分（$M=3.44$；$SD=0.604$）。

（3）人际交流：问题为"最近，你是否会和同学朋友家人谈论奥运火炬传递受阻事件？"从"从不"到"经常"共五级，分别记 1~5 分（$M=3.42$；$SD=1.050$）。

（4）政治兴趣：问题为："你认为自己对政治和社会事务的兴趣有多大？"从"完全没有兴趣"到"非常有兴趣"共五级，分别记 1~5 分（$M=3.51$；$SD=0.736$）。

（5）实际的知晓程度：列举事件发生期间的一些重要事情，以及对于理解事件有关键作用的背景性事实，分别赋予不同权重，受访者答对问题的得分相加得出总分（满分为 18.38 分；$M=8.01$；$SD=2.85$）。

（6）自认为的知晓程度：措词略有差异的同一问题分别放在问卷的前半部分和后半部分，分别是"你对奥运火炬传递受扰事件是否了解"和"你认为，自己对于奥运火炬传递受扰事件了解吗"，得分从 1 到 5 分别为："非常不了解"、"不太了解"、"一般"、"比较了解"、"非常了解"。

两个问题得分均值分别为 3.54 和 3.32，标准差分别为 0.737 和 0.766，p 相关系数为 0.699。

对于两个问题的得分取均值，即为自认为的知晓程度的得分（$M=3.43$；$SD=0.693$）。

3. 缺失值处理

对于本研究中所涉及的 8 个观测变量，样本中共有 14 份问卷包含 17 个缺失值，含缺失值的问卷占样本总容量（544 份）的 2.6%。考虑到含缺失值的问卷比例低，于是对于含缺失值的个案进行列删，列删后剩下的样本容量为 530，其中男生 259 人，女生 271 人；研究生 26 人，本科生 504 人。

4. 数据分析方法

本研究运用 Mplus 5 软件，以结构方程模型方法（SEM）检验研究假设。在计算中介效应时，采用 bootstrap 这一较为前沿的方法。

六、结果

1. 建立模型

按照前述研究假设，建立 SEM 初始模型 A（图 2）。

模型 A 中的单箭头表示因果关系，双箭头表示相关关系。在全部 7 个观测变量中，X_1 、X_2、X_3 是自变量，Y_1、Y_2 是因变量，M_1、M_2 是中介变量。另外的 e_1 、e_2、e_3、 e_4 表示未被解释的残差，残差间相互独立。①

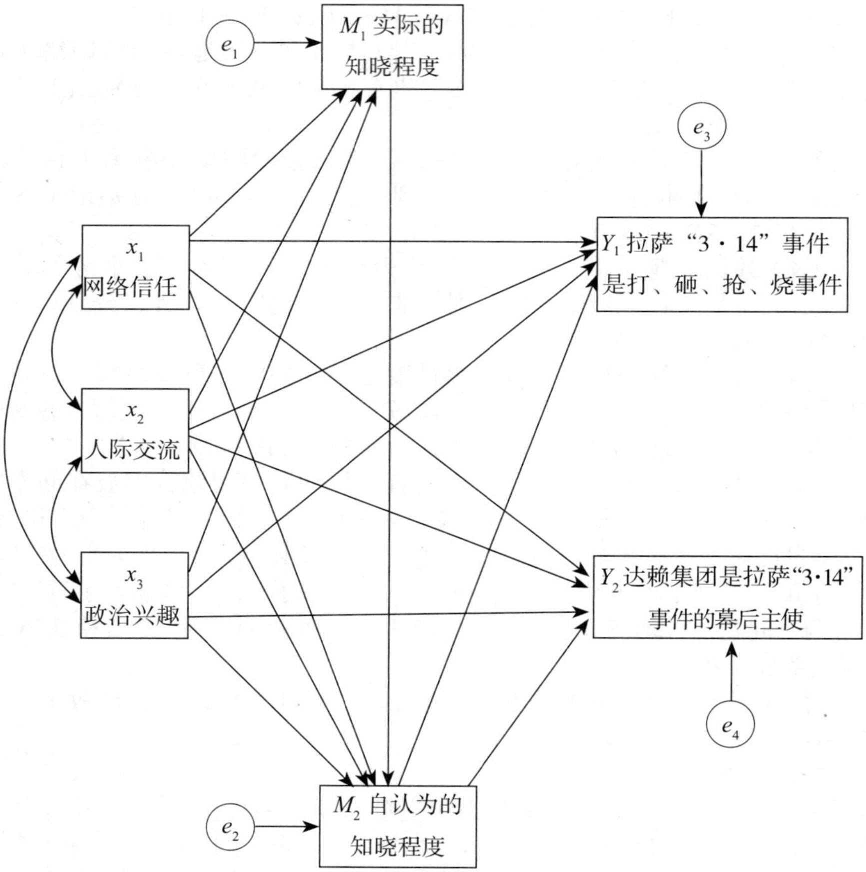

图 2　初始模型 A

2. 检验模型

模型的拟合优度评估采用了多项指针，可以接受的模型，除卡方检

① 本模型包含测量误差；模型中的 7 个观测变量，也可表示为 7 个单指标，且指标不含测量误差的潜变量。

验不显著（p >0.05）外，还需要满足如下标准：CFI 和 TLI 大于 0.95，RMSEA 小于 0.06，SRMR 小于 0.08。[①]

初始模型 A 拟合状况不佳(见表 1)。按照 Mplus 5 输出的修正指数(MI)提示，将 Y_1 的残差 e_3 和 Y_2 的残差 e_4 设为相关，得到初始模型 B（图 3）。将残差设为相关的理由和可能带来的影响将在下文论及。

表 1 模型拟合指数

模型	卡方值	DF	P	TLI	CFI	RMSEA	SRMR
初始模型 A	59.691	1	0.0000	−1.747	0.847	0.333	0.049
初始模型 B	0.000	0	0.0000	1.000	1.000	0.000	0.000
最终模型	7.328	7	0.3956	0.998	0.999	0.009	0.019

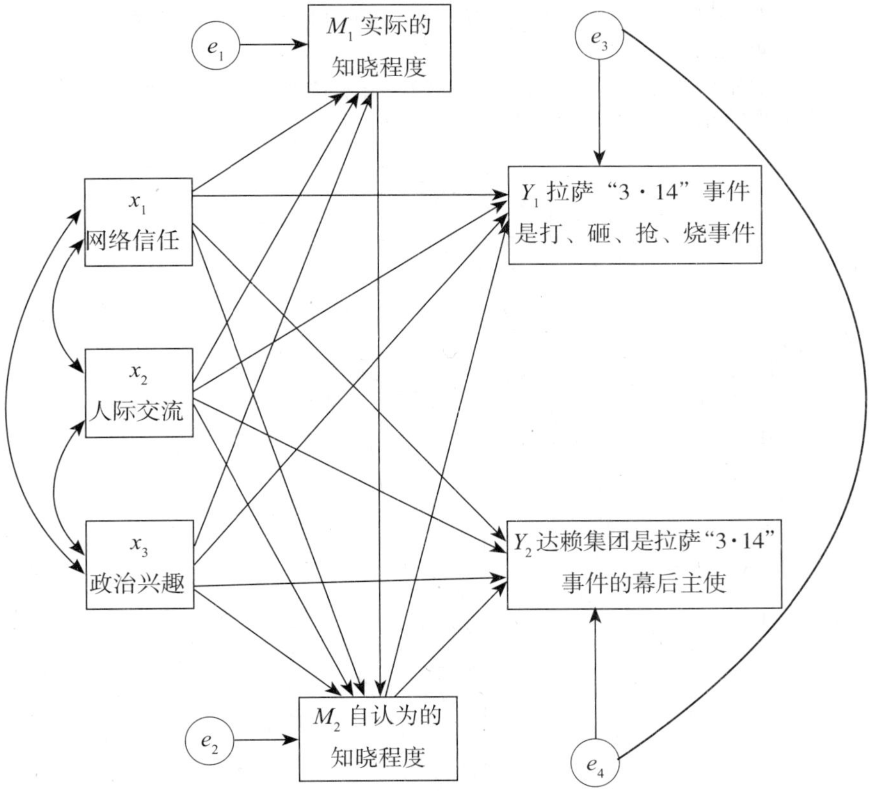

图 3 初始模型 B

① Hu, L. & Bentler, P. M.. Cutoff criteria for fit indexes in covariance structure analysis: Conventional criteria versus new alternatives. *Structural Equation Modeling*, 1999(6): p.1.

初始模型B包含了变量间所有可能的效应，显然是个自由度为0的饱和模型，模型与观测数据完全对应。但它提供了一个基础，可对其继续进行简约化处理（即增加自由度），看有无可能得到拟合良好的模型。

对模型进行简约化处理的步骤是：对于未达0.05显著水平的路径系数，按其p值由高到低依次删除（即将路径系数限定为0），每删除一条路径，则重新进行拟合计算。

每删除一条路径，就会增加一个自由度，但拟合优度也会有所降低。这种降低的幅度是否可以接受？为此需要对各个模型进行比较。在上述过程中，后续的每个模型都是由上一模型中的一个自由参数限定为固定参数而得到，因此后续每一个模型都嵌套于前一个模型。对于嵌套模型的比较，可以观察卡方值相对于自由度的变化情况作出判断。如果每增加一个自由度以后，卡方值的增加不大于3.84（α= 0.05时卡方分布的临界值），就认为该自由度的增加是值得的，也就是说可以接受拟合优度有所降低，但更为简约的模型。

对于初始模型B，在依次删除其中10条未达到0.05显著水平的路径后，得到了简约的最终模型（图4）。

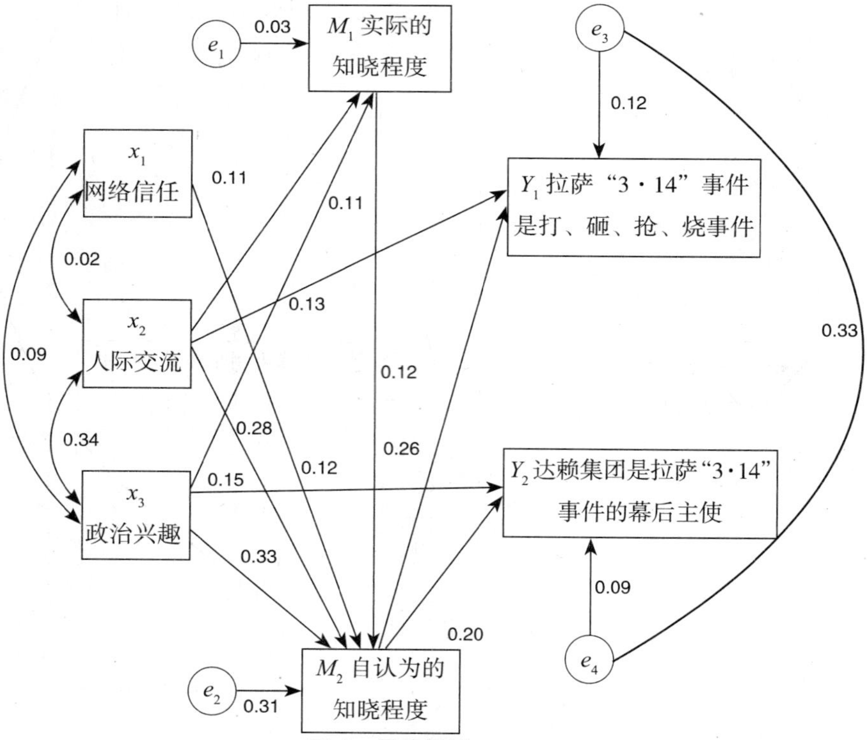

图4 最终模型

（说明：图中数值为路径系数和相关系数）

最终模型中卡方检验不显著（p =0.395 6），表明接受原假设，即模型与观测数据没有差异，其他各项拟合指数也很理想。因此，这个模型是可以接受的。考虑到各变量之间的逻辑关系并不复杂，且符合已有理论的解释，故没有尝试其他的等价模型。

在最终模型中，人际交流和政治兴趣之间的相关系数为 0.340（p < 0.001），即政治兴趣较高的受访者，人际交流也较为频繁；这两个变量之间存在一定共线性，但在可以容忍的限度内。其他自变量之间的相关系数都在 0.1 以下且不显著。

自变量中 X_2 对于 Y_1、X_3 对于 Y_2 的影响是显著的，另外，中介变量 M_1 对于中介变量 M_2 的正影响也是显著的（见表 2）。因此，有三个研究假设被接受，分别是：

H2a：人际交流对于议题认知 A 有直接正影响（回归系数为 0.124；p <0.01）。

H3b：政治兴趣对于议题认知 B 有直接正影响（回归系数为 0.203；p <0.001）。

H4：实际的知晓程度对于自认为的知晓程度有正影响（回归系数为 0.029；p<0.01）。这一结果印证了以往的研究结论，即实际的知晓程度与自认为的知晓程度之间存在中等程度（moderate）的关联。

网络新闻信任则对议题认知 A、议题认知 B 没有直接影响。

此外，模型显示，对于实际的知晓程度，人际交流与政治兴趣都是其有效预测变量，但网络新闻信任程度都不是有效预测变量。而对于自认为的知晓程度，则所有 3 个自变量都是有效预测变量，尤其是政治兴趣和人际交流，路径系数分别达到 0.334 和 0.277。可见，实际的知晓程度与自认为的知晓程度有着不同的影响因素。

与此同时，X_2 和 X_3 只能解释 M_1 变差的 3.4%（R^2 =0.034），说明还有影响 M_1 的重要变量未包括在模型中。而 X_1、X_2、X_3 加上 M_1 共能够解释 M_2 变差的 31.0%（R^2 =0.310），解释力较强。

表 2　最终模型回归结果

	M_1	M_2	Y_1	Y_2
X_1		0.134** (0.116)		
X_2	0.310* (0.114)	0.183*** (0.277)	0.124** (0.134)	

（续上表）

	M_1	M_2	Y_1	Y_2
X_3	0.430* (0.111)	0.314*** (0.334)		0.203*** (0.149)
M_1		0.029** (0.121)		
M_2			0.370*** (0.264)	0.287*** (0.198)
R_2	0.034	0.310	0.117	0.088

①括号外为回归系数，括号内为标准化回归系数（即路径系数）；

② * p <0.05; ** p <0.01; *** p <0.001。

3. 中介效应分析

中介效应研究在20世纪50年代以后逐步在行为科学领域得到推广运用。对于传播效果研究来说，中介效应研究不仅探讨效果是否存在，而且进一步探讨效果如何存在[①]。K. J. Preacher与A. F. Hayes[②]曾对5份主要传播学术刊物作过一个非正式的内容分析，发现近1/8的论文涉及对于中介效应的检验[③]；他们同时认为，尽管在社会、认知、行为领域中中介变量的作用显而易见非常重要，但仍远未得到足够重视。

在方法方面，自从R. M. Baron与D. A. Kenny提出检验中介效应的因果步骤法[④]后，研究者提出了许多新的、更为有效的中介效应检验方式，

---

① Preacher, K. J.& Hayes, A. F.. Contemporary approaches to assessing mediation in communication research. In Hayes, A. F., Slater,M. D. & Snyder,L. B. (Eds.). *The Sage Sourcebook of Advanced Data Analysis Methods for Communication Research*. Thousand Oaks, CA: Sage, 2007. pp.13–14.

② Preacher, K. J.& Hayes, A. F.. Contemporary approaches to assessing mediation in communication research. In Hayes,A. F., Slater,M. D. & Snyder,L. B. (Eds.). *The Sage Sourcebook of Advanced Data Analysis Methods for Communication Research*. Thousand Oaks, CA: Sage, 2007. p.15.

③内容分析的样本为2002年到2005年的五份学术刊物：*Communication Research*，*Human Communication Research*，*Journal of Communication*，*Journalism and Mass Communication Quarterly* 和 *Media Psychology*，统计全部含有中介效应检验内容的实证研究论文（研究论文的定义为报告了概念化方法、分析过程、研究结果的文章），以及其他报告了正式或非正式中介效应检验的文章。

④ Baron, R. M.& Kenny, D. A.. The moderator-mediator variable distinction in social psychological research: Conceptual, strategic, and statistical considerations. *Journal of Personality and Social Psychology*, 1986(51): pp.1176–1177.

并对其进行了较为全面的比较与评价[①]。近年来这方面的新进展，是将自抽样（bootstrapping）方法用于检验中介效应。

自抽样方法是在原始观测数据的基础上进行有放回的反复抽样，得到 n 个与原始样本同样大小的自抽样样本，然后以所有自抽样样本的估计值的分布来构造置信区间。以往的用以估计中介效应置信区间的方法都是参数检验，假设 $a \times b$（a 和 b 分别是中介变量对于自变量、因变量对于中介变量的回归系数）是正态分布，但研究发现 $a \times b$ 实际上是有偏度的，尤其是在样本数偏小的时候偏度较大。用自抽样方法检验中介效应是一种非参数检验，它不仅在理论上更完善，而且在第一类错误与第二类错误的控制上也优于其他方法[②]。P. E. Shrout 与 N. Bolger 描述了用自抽样方法检验中介效应的四个步骤[③]：

① 以含 n 个个案的原始观测数据作为抽样库，用有放回随机抽样方法创建一个新的包含 n 个个案的自抽样样本；

②计算这个自抽样样本的 $a \times b$ 的值（引注：a 和 b 分别是中介变量对于自变量、因变量对于中介变量的回归系数），并保存结果；

③ 重复步骤①、②共 J 次；

④考察这 J 个估计值的分布，如果 α =0.05，则确定第 2.5 个百分点至第 97.5 个百分点的 $a \times b$ 值。[④]

---

① MacKinnon, D. P., Lockwood, C. M., Hoffman, J. M., West, S. G. & Sheets, V.. A comparison of methods to test mediation and other intervening variable effects. *Psychological Methods*, 2002(7): pp.83–104. Retrieved from http://www.ncbi.nlm.nih.gov/pmc/articles/PMC2819363/.

② MacKinnon, D. P., Lockwood, C. M.& Williams, J.. Confidence limits for the indirect effect: Distribution of the product and resampling methods. *Multivariate Behavioral Research*, 2004(39): pp.99–128; Shrout, P. E.& Bolger, N.. Mediation in experimental and nonexperimental studies: New procedures and recommendations. *Psychological Methods*, 2002(7): pp.422–445.

③ Shrout, P. E.& Bolger, N.. Mediation in experimental and non-experimental studies: New procedures and recommendations. *Psychological Methods*, 2002(7): p.426.

④此为 bootstrap percentile 的置信度和置信区间。由于 $a \times b$ 的分布是有偏度的，因此 bootstrap percentile 产生的 $a \times b$ 置信区间并不是平衡地分布在均数两侧，对 bootstrap percentile 的估计值进行校正则为 Bias-corrected bootstrap 值，简称 bootstrap BC，其置信区间平衡分布在均数两侧。

本研究按照上述步骤，并根据 B. Mallinckrodt 、 W. T. Abraham 、 M. Wei 与 D. W. Russell 的建议①，将自抽样样本数设定为 10 000 个，Mplus 5 的运算结果如表 3 所示。

表 3　中介效应分析

	路径链	bootstrap BC，95% 置信度，非标准化值	
		下限	上限
单一中介效应[a]	$X_2 \to M_2 \to Y_1$	0.017	0.090
	$X_2 \to M_2 \to Y_2$	0.012	0.074
多重中介效应[b]	$X_3 \to M_2 \to Y_1$	0.040	0.101
	$X_3 \to M_1 \to M_2 \to Y_1$	0.000	0.008
	$X_3 \to M_2 \to Y_2$	0.026	0.083
	$X_3 \to M_1 \to M_2 \to Y_2$	0.000	0.006
	$X_4 \to M_2 \to Y_1$	0.071	0.165
	$X_4 \to M_1 \to M_2 \to Y_1$	0.000	0.012
	$X_4 \to M_2 \to Y_2$	0.047	0.140
	$X_4 \to M_1 \to M_2 \to Y_2$	0.000	0.009

a: 自变量与因变量之间只有一条包含中介变量的路径链；

b: 自变量与因变量之间有多条包含中介变量的路径链。

模型中共有 2 条单一中介效应路径链，以及 8 条多重中介效应路径链，从 bootstrap BC 结果看，其中 6 条只包含一个中介变量（M_2）的中介效应链，其中介效应值在 α =0.05 的显著水平上都区别于 0。

因此，自认为的知晓程度是网络新闻信任、人际交流、政治兴趣等条件因素与议题认知之间的有效中介变量。与此同时，M_1 则不是一个有效的中介变量。这也是对于本文研究问题 RQ1 和研究问题 RQ2 的答案。

① Mallinckrodt, B., Abraham, W. T., Wei, M.& Russell, D. W.. Advances in testing the statistical significance of mediation effects. *Journal of Counseling Psychology*, 2006(53): p.374.

但更进一步，除了统计上的显著性，还要关注实际上的显著性（practical significance）。评估某种效应的实际显著性的常用方法，则是考察其绝对数值的大小[①]。而对路径系数值大小的粗略评估，可通过与相关系数 r 的对比参照而得到[②]，比如，如果某个数值的 r 可视为较弱或中等强度的相关，那么同样数值的路径系数值大小也可视为较弱或中等强度的相关[③]。

在传播研究中，还没有形成较为公认的判断 r 的强度的标准。但从表 3 可以看到，有 4 条路径的路径系数值明显地高于其他路径，它们分别是 $X_2 \to M_2$、$X_3 \to M_2$、$M_2 \to Y_1$、$M_2 \to Y_2$，它们的值都接近或高于 0.200，甚至高达 0.334。根据传播学量化研究的经验，可以认为，这些路径不但具有统计上的显著性，而且具有实际上的显著性。

这 4 条路径构成了 4 条中介路径链，分别是 $X_3 \to M_2 \to Y_1$，$X_3 \to M_2 \to Y_2$、$X_2 \to M_2 \to Y_1$、$X_2 \to M_2 \to Y_2$。由于 Y_1 与 Y_2 都是体现议题认知的变量，因此，可以概括为如下表述：

自认为的知晓程度是政治兴趣、人际交流等条件因素与议题认知之间的有效中介变量，可以认为，其中介效应不但具有统计上的显著性，也具有实际上的显著性。

4. 残差相关分析

Y_1 的变差有 11.7%（R^2=0.117）被模型中的预测变量所解释，Y_2 的变差有 8.8%（R^2=0.088）被模型中的预测变量所解释。Y_1 未被解释的残差 e_3=0.883，Y_2 未被解释的残差 e_4=0.912，e_3 与 e_4 之间存在显著的相关（r=0.329，p<0.001）。

---

① Wilkinson, L.& the APA Task Force on Statistical Inference. Statistical methods in psychology journals: Guidelines and explanations. *American Psychologist*, 1999(54): p.599.

②由于 $r_{y_i}=\sum_k B_k r_{k_i}$，其中 r 是相关系数，B 是路径系数，i 是所要分析的自变量 x_i 的数目，k 是自变量的数目，故相关系数与路径系数值通常是很接近的。

③ Cohen 曾考察心理学研究中经常得出的相关系数，总结出判断效应大小的标准。他提出，中等效应为细心的观察者通过肉眼"可以观察到的效应"，弱效应为"显然较小但又非微不足道"，强效应为"强于中等效应的程度恰如弱效应小于中等效应的程度"，并提出它们对应的 r 值分别为 r=0.10、r=0.30、r=0.50 (Cohen, J.. A power primer. *Psychological Bulletin*, 1992(112): p.156.)；近年来，随着 meta-analysis 逐渐在传播研究领域得到重视，传播研究者也正在试图总结出判断传播研究中的 r 强度的标准 (Johnson, B. T., Scott-Sheldon, L. A. J., Snyder, L. B., Noar, S. M.& Huedo-Medina, T. B.. Contemporary approaches to meta-analysis in Communication Research. In Hayes, A. F., Slater, M.D.& Snyder, L. B. (Eds.). *The Sage Sourcebook of Advanced Data Analysis Methods for Communication Research*. Thousand Oaks, CA: Sage, 2007. pp.337–338.).

残差间相关有多种原因，比如，相同的测量工具，有关变量之间本身的内在关联，由同时影响它们，但未出现在模型中的"第三方"预测变量等。

在本研究中，这三种情况可能同时存在。首先，对于议题认知 A 和议题认知 B 的测量，本研究使用了相同的五级量表；其次，这两个陈述都来自"口径"高度一致的中国官方媒介机构的报道框架，其效应自然会有较高的内在关联，这可能是导致残差相关的最主要原因；最后，也不排除是由于模型中遗漏了议题认知 A 和议题认知 B 的共同预测变量所引起的。

如果是最后一种情况，当遗漏的预测变量与模型中已含的预测变量存在较高的相关，则参数的估计可能会产生偏差；反之，则不会对参数估计产生明显影响。

七、结论与讨论

1. 自认为的知晓程度是个人因素与议题认知之间的有效中介变量

本文研究了网络新闻信任、人际交流、政治兴趣等个人因素如何影响人们对于西藏议题的认知。更重要的是，研究了自认为的知晓程度这个变量在此过程中所起的中介作用。

研究发现，自认为的知晓程度是网络新闻信任、人际交流、政治兴趣等个人因素与议题认知之间的有效中介变量。尤其是在人际交流、政治兴趣与架构效应之间，中介效应体现得十分明显。有理由相信，这一中介效应不仅具有统计上的显著性，而且具有现实上的显著性。与此同时，实际的知晓程度却不是能够独立传递影响的有效中介变量。

总之，网络新闻信任、人际交流、政治兴趣等个人因素，并不或者并不限于直接影响议题认知，而是通过中介变量或部分通过中介变量影响议题认知，其中起最重要的中介作用的是自认为的知晓程度这一变量。

传播过程中的心理现象，一直是传播学者关注的焦点之一。本研究的结论，涉及传播过程中"自认为的知晓程度"这一尚未得到充分认识的心理现象。这种个人对于自己认知状况的主观判断，在传播过程中可能具有非常重要的意义，值得我们继续深入探讨。

2. 对于自认为的知晓程度的未来研究方向

在本研究中，自认为的知晓程度这一变量在传播过程中的作用非常显著，未来的研究至少可在如下一些方面展开：

（1）除了本研究所涉及的三项个人因素及 2008 年西藏议题认知外，还可以继续检验自认为的知晓程度在其他个人因素与其他的议题认知之间是否具有中介作用，以评估这一心理现象在传播过程中是否具有普遍性。

（2）在方法方面，为了更精确地了解自认为的知晓程度在传播过程中的作用，以及更好地检验因果关系，有必要借助实验或准实验的方法，对相关假设进行验证。

（3）在概念与理论方面，有必要在心理学和传播学双重学科背景下审视"自认为的知晓程度"这一概念，进一步廓清其内涵，梳理其理论根源。

"自认为的知晓程度"或可为传播学研究引入一个基于心理学的新视角。

［本文为"2009中国传播学论坛暨第三届全球传播论坛"（上海交通大学）会议论文，并获论坛"优秀论文奖"］

网络时代科技传播的碎片化策略

程道才
（广州大学新闻与传播学院教授）

一、我国的科技传播肩负的任务任重而道远

为了贯彻执行“科教兴国”战略，2006年2月，我国正式颁布实施《全民科学素质行动计划纲要》。该纲要采取分地区、分人群、分阶段、滚动式的工作模式，从科学概念及科学知识标准、科学世界观和方法标准、科学能力和科学技术能力标准三个方面，制定出由低到高、循序培养的全民科学素质标准。该纲要明确提出，通过全社会的努力，争取到2049年，即中华人民共和国成立100周年的时候，我国18岁以上公民的科学素质都达到这一标准的最高层次。《全民科学素质行动计划纲要》是根据新时期我国社会发展的需要和世界发展的总趋势提出的奋斗目标。全面实现纲要所提出的目标，无论是对于加速我国的现代化建设步伐，还是对于提高我国国民的综合素质，都具有十分重要的意义。

但是，从现实的情况看，目前我国国民的科学素质，仍处在比较低的水平，与发达国家存在较大的差距。据《北京晨报》2005年2月27日报道，在2月25日揭幕的“广州科普论坛”上，一份有关中国科普现状的调查资料显示：在中国，2人中有1人迷信求签；4人中有1人迷信星座；5人中有1人迷信周公解梦；50个人中只有1人具备基本的科学素养，比发达国家落后二三十年。报道说，这项由中科院等机构的权威专家完成的调研报告指出，2003年，中国公众的科学素养在个人素养中的比重仅占1.98%，尽管与20世纪90年代的0.3%相比，有了一定增长，但仍处于非常落后的阶段，2000年，美国公众的科学素养比重已达到了17%。[①] 上述令人揪心的事实，足以说明我国当前对大众进行科技知识普及教育的必要

---

①《调查显示：国人科学素养落后发达国家二三十年》，《北京晨报》，2005年2月27日。

性和重要性，足以说明我国的科技传播工作任重而道远。

要加速我国科技传播的发展步伐，早日实现科技普及，实行“碎片化”的传播策略十分必要。而网络时代的媒介生存环境和新闻传播日益“碎片化”的发展趋势，又为我们实施这一策略提供了现实性和可能性。

二、碎片化策略是发展与普及我国科技传播的必然选择

20世纪90年代以来，随着互联网的迅速发展与普及，人类社会正式进入网络时代。对于传播领域来说，与以前的时代相比，网络时代最明显的特征就是传播的碎片化。正如美国著名未来学家阿尔温·托夫勒在《第三次浪潮》一书中所指出的，这是一个碎片化的时代，具体体现为信息碎片化、受众碎片化、媒体碎片化。[①]

所谓碎片化，原意为完整的东西破成诸多碎块。对于网络时代的新闻传播来说，少数传统媒介一统天下的时代正式走向终结，代之而起的是多种媒介并存。“就传播的影响力而言，以往依靠某一个(类)媒介的强势覆盖而‘号令天下’的时代已经一去不复返了。一方面是传统媒介传播市场的份额在不断收缩，其话语权威和传播效能在不断降低；另一方面则是新兴媒介(如博客、BBS等)的勃兴与活跃、传播通路的激增、海量信息的堆积以及表达意见的莫衷一是，这便是现阶段传播力量构建所面对的社会语境。”[②]

新的传播环境必然对新闻媒介的传播内容、传播方式和传播策略带来影响。科技传播作为新闻传播的重要组成部分，必然会受到碎片化趋势的影响。在这种背景下，采取碎片化策略，是发展与普及科技传播的必然选择。

第一，这是传播媒介碎片化趋势的要求。众所周知，自20世纪90年代以来，在报纸、广播、电视、通讯社等原有新闻传播媒介的基础上，新兴的新闻传播媒介成批涌现，网络媒介、手机媒介、楼宇液晶屏媒介、户外LED媒介、公交媒介等，不一而足。这些新媒介虽然起步较晚，但发展极为迅速，影响力迅速扩大，大有与传统媒介平分天下之势。这种传播媒介碎片化的趋势，对传播受众的分割和对传播效果的影响，是显而易见的。随着新兴媒介的日益崛起，传统媒介一统天下、呼风唤雨的时代结束了。在这种媒介环境下，过去那种依靠某一家或几家媒体就能获得理想传播效

---

①[美]阿尔温·托夫勒著，黄明坚译:《第三次浪潮》，北京：中信出版社2006年版。

②喻国明：《碎片化时代新闻传播的DIY表达》，《新华文摘》2006年第22期。

果的情况也就不会再出现了。只有采取碎片化策略，充分发挥各种媒体的作用，才能形成强大的合力，达到理想的传播效果。对于担负着普及和提高全民科学素质的科技传播来说，采取这种策略更为必要。

第二，这是传播对象碎片化趋势的要求。网络时代是伴随着社会的飞速发展和急剧变化到来的。有研究表明，当一个社会的人均收入在 1 000~3 000 美元时，这个社会便处在由传统社会向现代社会转型的过渡期，而这个过渡期的一个基本特征就是社会的“碎片化”：传统的社会关系、市场结构及社会观念的整一性——从精神家园到信用体系，从话语方式到消费模式——瓦解了，代之以一个一个利益族群和“文化部落”的差异化诉求及社会成分的碎片化分割。由于不同社会群体、社会阶层人们的社会地位、经济收入、受教育水平不同，由于各个社会成员在人生观、价值观和世界观方面的差异，其在政治、经济、文化等方面必然会表现出不同的需求。这种“一个一个利益族群和‘文化部落’的差异化诉求及社会成分的碎片化分割”，将新闻媒体的受众群分解为许多不同的受众群，从而形成许多受传者群落的“碎片”。因此，在网络传播时代，新闻受众被“碎片化”了，各个不同的媒介、不同的栏目（节目），由于其传播内容、传播形式、传播风格的差异，都会满足不同的受众群的要求，都会有自己的受众群。在这种媒介环境下，科技传播只有采取碎片化策略，针对不同受众群的要求来经办栏目（节目），才能吸引更为广大的受众，取得理想的传播效果。

第三，这是传播内容和传播方式碎片化趋势的要求。众所周知，新闻传播产生效果的前提，就是重视每一细分的个性化族群的特征，以及每一位单一消费者的个性和心理需求，进行有针对性的传播。这就需要传播者改变过去那种千人一面的传播内容和传播方式，针对不同的受众群安排不同的传播内容，并采取这些人群喜闻乐见的传播方式与方法进行传播。近年来，随着我国经济的飞速发展和社会民主生活的日益进步，随着我国亿万人民群众物质和精神生活水平的不断提升，人们的兴趣和爱好日益多元，对各类信息的需求也日趋多样化。这种社会大众需求的“碎片化”趋势，又有效地加快了新闻传播媒介的“碎片化”趋势，促进了我国新闻传播事业的发展。近年来我国各地报纸、杂志的各种专版、专刊，电台、电视台的各类专业台、系列台，就是为了满足各种不同“分众”的爱好和需求而创办起来的。这些不同的“分众”传媒，无论是在传播内容上，还是在报道方式和播出方式上，都有着明显的差异，一改过去那种一张综合报纸什么内容都登、一家综合性电台（电视台）什么内容都播的“一锅煮”、“大一统”的局面。这种传播内容和传播方式的碎片化趋势，要求科技传播在传播内容和传播方式方面，相应地采取碎片化策略，根据不同地区、不同文化程度、不同职业、不同爱好和接受习惯的受众的要求进行传播。只有这样，才能取得良好的传播效果。

三、科技传播中碎片化策略的实施

新闻传播的碎片化趋势，给科技传播带来的既是机遇，又是挑战。在新的形势下，如何审时度势地采取有效策略，进一步发展和壮大科技传播事业、普及与加强科技传播工作，是科技传播工作者必须面对和解决的重要问题。

实施“碎片化”的传播策略，可从传播媒介碎片化、传播对象碎片化、传播内容碎片化、传播方法碎片化等方面同时入手，一并加以推行。

首先，实施传播媒介碎片化策略，运用与调动多种传播媒介来传播和普及科技知识。报纸、广播、电视、杂志、通讯社和互联网等大众传播媒介是传播新闻信息和科技知识的重要媒介，也是进行科技普及的重要传播手段，充分发挥它们在科技传播中的作用，本是题中应有之义。与此同时，我们还必须重视和发挥其他媒介的作用，它们是：①各种新型媒介，如手机媒介、楼宇液晶屏媒介、户外 LED 媒介、公交媒介等。这些新型媒介，虽然起步较晚，但发展与普及速度快，与受众接触时间长，其影响力和传播效果不容小觑。②展览馆、博物馆等实物媒介。这类媒介具有立体感强、形象生动的特点，能够让人身临其境，得到全方位的感受。其用途也多种多样：有的展出实物模型，给观众以科学启蒙与教育，如自然博物馆、工业博物馆、展览馆、海洋馆、水族馆等；有的则本身具有科学属性，能够承担一定的科学启蒙与教育功能，如植物园、动物园、天文台、天文馆、气象台等。③各类学校。学校是传播各类知识的场所，也是进行科学知识教育、促使科技传播大众化的重要阵地。学校通过开设各类科学知识课程，向学生系统地传授各种社会科学知识、自然科学知识和其他生活常识，帮助学生掌握多方面的科学知识。学校在进行科学知识教育方面，具有权威性和传播手段多样性等特点，因此具有比较好的传播效果。④社区群体传播。社区是人们生活的场所，居民彼此接触多，互相影响大。社区传播具有接近性强、针对性强、共同点多等特点，是进行科技传播与科学知识普及的重要途径。⑤组织传播。组织传播是通过某一级组织或机构所进行的较大规模的传播活动。组织传播属于人际传播的一种形式，但其传播效率和传播效果比个人与个人之间的人际传播要好，是进行科技传播的重要形式。例如，许多地方的农村专业技术协会积极对农民进行农业新技术培训工作，大大加快了农业新技术的推广与农产品市场的开发，有效地推动了农业技术革命。因此，充分发挥组织传播的威力，依靠各级政府机构、学术团体来进行科技传播，也是普及科技知识、提高国民科学素质的重要一环。

其次，实施传播对象碎片化策略，将传播对象进行细化，按照不同“分众”的不同层次和要求进行传播。科技信息的传播对象是有基本接受能力和理解能力的所有社会大众，既包括学龄前的儿童，也包括年老体衰的老人。在我国，这个数字超过十亿。为数众多的受众虽然都具有学习和掌握科技知识、科技信息的需求，但是，由于他们的受教育程度、职业、爱好、生活环境等因素的不同，其需求的具体内容存在着十分明显的差异。例如，城市知识分子关注的大都是环境治理、食品卫生安全、强身健体等方面的知识，乡村农民则主要关注科学种田、科学养殖、品种优化与改良等知识，家庭主妇的关注重点则是庭院卫生、科学烹饪、科学育儿等知识，不一而足。一句话，受众是分层次的，大众传播的“受众”是由若干个“分众群”组成的。在进行科技传播时，只有针对不同的“分众”进行不同内容的传播，才能取得实效。不区分具体传播对象，对传播内容进行“大一统”、“一锅煮”的做法，其传播效果往往不好。正如喻国明教授所指出的：“受众的分化形成了许许多多受传者群落的‘碎片’，传播致效的一个基本前提，就是必须开始特别重视每一细分的个性化族群的特征，以及每一位单一消费者的个性和心理需求。”①近年来，国内不少报纸、杂志、电台、电视台和网站，注意对受众进行细化，同时将传播内容进行细化，分解为若干个专版、专栏、栏目、节目，使每个专版、专栏、栏目、节目都对准某一个受众群，根据该受众群的需求和兴趣安排相应的播出内容，进行有针对性的传播。例如，中央电视台为了满足不同层次的电视观众的需要，在综合频道开办“科技博览”、“人与自然”、“探索发现”、“走进科学”等栏目，在经济频道开办“健康之路”、“快乐主妇”、“美食美客”、“交换空间”等栏目，在教育频道开办“科教苑”、“军事科技”、“农广天地”、“每日农经”、“致富经”、“生活567”、“天天饮食”等栏目，从多方面传播科技知识和科教信息，使科教传播的内容系统而全面，较好地满足了不同层次的电视观众的需要，受到广大观众的好评。

再次，实施传播内容碎片化策略，将科技知识和信息穿插在不同的版面（栏目）空间进行传播。科技知识、科技信息的内容是十分丰富的，既有高深的、理论性很强的科技知识，也有与人们日常生活休戚相关的、浅

① 喻国明：《碎片化时代新闻传播的DIY表达》，《新华文摘》2006年第22期。

层次的科学知识和科学道理。对于科技传播来说，后者所占的比重更大。如何将这些科学知识很好地传播出去呢？一个行之有效的方法是将它们分解成若干个方面，分别穿插在不同的版面（栏目）中，结合活生生的生活案例予以传播。例如，对于崇尚科学、反对迷信等知识，我们可以通过新闻性版面（栏目）介绍这方面的最新知识和进展，可以通过知识性版面（栏目）从理论上阐述这样做的必要性和切实可行的途径，可以通过生活性版面（栏目）以正面或反面的典型事例来形象生动地说明坚持这样做的好处以及不这样做的危害性。只有这样运用多种传播空间从多方面反复宣传，才能使传播内容逐步深入人心。如果将传播科学知识和科技信息的任务片面地理解为是少数科技传媒、科技版面（栏目）的事，其他版面（栏目）不予问津，则很难形成舆论强势，传播效果当然不会好。

最后，实施传播方式碎片化策略，运用不同的方法和途径进行传播。在进行科技传播时，要改变过去那种“集中轰炸”、“一阵风”式的传播方法，采取分散的、“长流水不断线”式的传播方法，抓住一些重要的科技内容，从不同的侧面反复进行宣传解读。在传播过程中，切忌空对空、理论与实际脱节，而应该以生活中的活生生的典型案例作为依托，在叙事中论理，从中生发出科学道理来。同时，在传播科学知识和科技信息时，既可以由各个新闻媒介根据自己的需要和计划灵活选取传播内容，也可以围绕某些重要科学知识和科技信息，组织不同的新闻媒介协同作战，同时传播该科学内容，让多种媒介混合覆盖，以形成传播强势，获得良好的传播效果。

四、当前的差距与对策

我国的科技传播状况，可以用“成绩与问题并存，经验和教训同在”这句话来概括。

从成绩和经验方面看，新时期以来，许多媒体都开始重视科技传播工作，一批专事科技传播的专版、专栏、专题节目在我国各地的各种新闻媒介中应运而生。它们介绍科学理论和科学知识，解释日常生活中的科学现象，在普及科学知识、提高国民科学素养方面发挥了很好的作用。《人民日报》、《光明日报》、中央电视台、中央人民广播电台等国家级新闻媒介和许多地方新闻媒介，都开辟了科技新闻专刊、专栏和专题节目，定期刊播科技新闻和科技信息，介绍科技知识。《科技日报》等科技专业报纸，更是以传播科技新闻、科技信息和科技知识为己任，在提高国民科学素养方面做了大量的工作。不少地方新闻媒介，也以战略眼光积极传播科技新闻和科技知识，取得了较好的效果。

目前我国科技传播中存在的问题与差距，如果从碎片化策略角度分析，主要表现在以下几个方面：

一是部分媒介从经济效益的角度看问题较多，对不能迅速带来经济效益的科技传播予以忽视，对科技传播投入的人力、物力和财力较少，安排的版面或栏目不多，科技传播处于可有可无、可多可少的尴尬境地。这就影响了我国科技传播的整体战斗力和影响力，难以在较大范围内形成科技传播的合力和声势。新时期以来，随着新闻经营管理体制改革的深入发展，我国的各类新闻媒介日益企业化、市场化，追求良好的经济效益成为新闻媒介的首要目标。这是形势发展的需要，也是新闻媒介生存与发展的需要。在这种背景下，能不能将追求经济效益和追求社会效益放在同样重要的地位等量齐观，已成为衡量新闻媒介能不能按照政治家办报（办广播电视）要求管理新闻媒介的重要标准。一些权威的、经济效益好的新闻媒介，在这方面做得比较好，而一些影响较小的地方新闻媒介，为了生存与发展的需要，在安排本媒介的版面（栏目）、人力、物力、财力时，往往将追求经济效益放在第一位，将经济效益欠佳的传播科学知识和科技信息的版面、栏目，放在次要的、可多可少、可有可无的地位。近年来我国一些新闻媒介之所以出现科技传播能量弱、影响小的局面，一个重要原因就在这里。

二是主要依靠报纸、广播、电视、互联网等媒介从事科技传播工作，发动和动员手机媒介、楼宇液晶屏媒介、户外 LED 媒介、公交媒介等新兴媒介传播科学知识和科技信息还不够。前面说过，楼宇液晶屏媒介、户外 LED 媒介、公交媒介等新兴传播媒介，由于具有普及程度高、与广大受众接触机会多、接触时间长等特点，在传播科学知识和科技信息方面，具有难以取代的优势。但是，目前这些新兴媒介在这方面还做得很不够，不仅传播内容少，而且表现形式单一，更新频率不高，不能产生较大的影响。

三是在目前的报纸、广播、电视媒介中，像中央电视台那样开设多个科技知识栏目的媒介还比较少，从事科技传播的阵地不足。近年来，随着报纸扩版和广播电视系列台的兴起，各种媒介的版面、栏目空间大增。但是这些新增加的版面、栏目，用于传播科学知识和科技信息的并不多，开设的与科技传播相关联的版面、栏目也并不多，从事科技传播的阵地明显不足。

四是科技传播的手法比较单一，抽象地介绍科技知识、科技信息的较多，联系典型案例传播科学知识和科技信息的较少。科学知识和科技信息既是抽象的，又是具体的，因此在对它们进行传播时，既要讲抽象的理论知识，又要用活生生的生活案例去充实和丰富它们，力求使它们可感可触，看得见，摸得着。在这方面，各媒介开办的法制类专版、专栏、专题节目都做得较好，取得了丰富的经验。笔者认为，科技传播要取得好效果，也必须采取这种传播手法，以生活中活生生的典型案例为依托，深入进去，升华开来，从中抽象出深刻的科学知识和原理。只有这样，所传播的科学知识和科技信息，才能在受众头脑中引起重视并产生共鸣，从而留下深刻印象。

要改变上述不合理的状况，首先，最重要的一环，就是新闻媒介的决策者要破除单纯追求经济效益的思想，树立经济效益与社会效益并重、将社会效益放在首位的指导思想，提高对科技传播重要性的认识，采取有力措施加强科技传播。其次，采取多种措施，包括实行必要的奖惩措施，调动各种媒介从事科技传播的积极性，共同做好科技传播工作。再次，对近几年来媒介的科技传播工作进行认真总结，在此基础上，从传播内容、传播形式、传播方法等方面，进一步改进科技传播工作，力求使科技传播的水平更上一层楼。

（原载于《当代传播》2009 年第 4 期，略有修改）

SoLoMo 趋势下电视媒体跨平台传播的三种模式

李　鲤
（广州大学新闻与传播学院讲师，博士，硕士生导师）

2011 年初，北美创业投资教父 John Doerr 首开先河地提出 SoLoMo 概念，“将‘Social（社交）’、‘Local（本地）’与‘Mobile（移动）’三者的无缝接合看作是未来互联网发展的趋势”①。这一概念随即掀起了全球化的 SoLoMo 发展热潮。

随着移动互联网规模的壮大、高速移动通信网络的发展以及智能移终端的普及，以社交化、本地化、移动化为标识的 SoLoMo 趋势正在极改变着媒介的生态环境和人们的生活方式。曾经一度高枕无忧的电业也开始陷入前所未有的困境。据花旗研究机构 2013 年数据（Citi ），2011 年 9 月以来，美国广播电视和有线电视的收视率一直呈 ②《中国视听新媒体发展报告（2013）》也量化了新媒体对我媒体的冲击：北京地区电视机开机率从三年前的 70% 下降

来包括电视媒体在内的传统媒体都在做着与新媒介融合发展众、广告和资本都开始大举流向移动互联平台的时候，实道汇流的跨界整合开始具备革命性的意义。然而，要突破容构架和经营方略，实现跨平台传播，其过程亦非轻而

传统电视媒体在顺应 SoLoMo 趋势而变革发展的过程

趋势下品牌传播的机遇与应对》，《当代传播》2013

跌　电视正走向消亡》，腾讯科技，http://tech.
年 11 月 26 日。

国视听新媒体发展报告》，流媒体网，http://
年 6 月 13 日。

中，多大程度上可以借鉴包括社会化媒体、大数据以及移动互联网带来的新的发展思路？对于在本质上同属于把注意力作为稀缺资源的竞争领域，电视媒体在新平台上面对新型受众群体及其新的行为习惯的时候，是否会更加有为？本文通过分析当前电视媒体跨平台传播的现有尝试和可行路径，提出电视媒体在SoLoMo趋势下跨平台传播的三种模式，以期为电视媒体与移动互联媒体的跨界整合提供参考对策。

一、Social：构建用户关系与维系模式

据《第33次中国互联网络发展状况统计报告》显示，截至2013年12月，我国手机网民达5亿，用户花费在社会化媒体上的时间已超过报纸、电视等传统媒体。作为有着崭新信息消费习惯的用户群体，他们不仅在数量上占据优势并越来越庞大，而且当他们不断把获取信息的渠道集中在具备移动互联特质的社会化媒体上的时候，媒体的使用习惯已然使他们摆脱此前传统媒体语境下的受众定义，甚至变得与之前传统互联网传播范式下的受众完全不同。

在SoLoMo时代，紧密连接用户人际关系的社会化媒体与便捷的移动终端形成了巨大而复杂的信息流动平台，每位用户都是这个平台上的一个节点，优质的用户关系成为推动媒体信息在这个平台上流动的动力。对于电视媒体而言，构建用户关系与维系模式在本质上就是在保证传统平台格局的前提下，向移动互联平台及以此为基础的社交媒体进行延伸和拓展，通过搭建新型媒介平台，在渠道和内容上对接受众的信息需求，从而形成稳定的用户关系。

就国内电视媒体的实践而言，湖南卫视于2013年初推出的首款电视移动社交应用“呼啦”（2013年7月15日升级为“呼啦Ⅱ”），可以看作是传统电视媒体借助移动互联应用平台，切入社会化媒体领域的有益尝试。这款产品打通了湖南卫视旗下节目与“呼啦”之间的捆绑和联动，使用户可以参与节目的互动与反馈，而且它还具有界面友好的社交功能，用户可以添加好友，建立通讯录，发起聊天、群聊，并与自己的好友交换和使用虚拟物品。对于用户而言，在特定场景的社交是精准的。由于电视节目的播出时间固定，所以在特定时间段聚集起来的人群属于同一群体（如电视剧迷），这有点类似于陌陌的群组功能，通过同样的属性把同类人聚集到一起，让大家在观看电视的过程中得以参与和分享。

“呼啦”的创新之处在于打破了此前电视节目与观众点对点的单一互动模式，有效建立起了用户之间的多维互动关系。用户通过这个平台可以

找到志趣相投的人，进而通过人与人之间的多向互动、信任推荐实现信息的分享及社会化关系链传播，进一步放大传播的效益。这种聚合人际关系的全新方式，为电视节目品牌与用户关系的建立与维护开辟出新的可行路径。

以“呼啦”为代表的电视节目的社交网络应用，让我们看到电视用户在 SoLoMo 时代将不再只是被消费的群体，而是在交流分享中追求快乐体验、获得情感碰撞的主动消费者。按照传播学者卡茨所提出的“使用与满足”理论，除了跨平台传播的产品本身需要契合当前用户的需求特征以外，对于电视媒体来讲，其在受众中长期积累起来的“媒介印象”很可能被导入到新的传播平台上，用户会因为电视媒体本身的媒介印象而选择与其相关的社会化媒介的产品。这意味着，一旦电视媒体向社会化媒体拓展，其母台受众会有相当部分被吸引到新的传播渠道上。

然而，如果仅仅是将同一群受众简单地分置于两个传播平台，必然导致一个单位的受众注意力资源在同一个媒体机构的两个平台间产生内耗式的拆分。因此，电视媒体在新的传播渠道上拓展新型受众的同时，首先要考虑的是将不同类型的受众具体化为不同层次的需求，使不同的媒介平台对接到不同的用户需求。唯有如此，媒介平台的拓展之于受众才能成为满足其需求的互补品，而不是替代品。

以央视新闻频道在微信上推出的公众账号“央视新闻”为例，用户可以在微信平台上以文字、图片以及语音留言、视频等多种形式看到央视推送的优质节目资源，进而展开互动或链接分享。在这一过程中，多态的图文和传统的音画之于用户获知信息的需求，就是互补性而非替代性的传播符号。当然，用户需求是多样化和多层面的，除了信息的内容和形式之外，他们可能还希望通过传播媒介实现个人关系或者自我认同等社会化层面的需求。在这个层面上，传统电视媒体显然力不从心，而在社会化媒体平台上，用户的需求则可以得到更加充分的实现。

二、Local：基于定位功能的渠道模式

自 2012 年起，“大数据”（Big Data）一词被频频提及，人们用它来描述和定义信息爆炸时代所产生的海量数据。随着人们对数据的挖掘、分析、处理、分享等能力的空前提升，移动互联网得以准确定位用户的地理位置信息、时间分配信息，进而结合用户的个人数据，分析用户的个性需求，为精准传播提供轮廓清晰的用户需求路线图。

基于定位功能的渠道模式正是在这个意义上提出的，它的前端和后端

分别连接的是精准的用户需求和精准的信息供给，本地化（Local）也被赋予精确化定位传播的新意涵。在这一模式中，用户的需求路径被显化，传播者能够精确地将信息推送到有明确需求的用户面前。

对于传统电视媒体而言，渠道模式的实现，首先要解决用户需求的问题，即从看似数量庞大的用户身上剥离出多层面的需求。传播学者麦奎尔等人曾归纳出受众接触和使用媒介的四种基本需求动机：娱乐解闷、个人心理、个人关系以及环境监测。当然这也是受众在大众传播模式下最宽泛的需求动机。在最初，在吸引规模庞大的受众阶段以满足上述需求的相关信息作为传播内容是可行的而且是必须的。但在更深层面上，面对已然摆脱传统语境束缚的受众，电视媒体想要突破既有模式进行精准传播，就需要进行更为细致的受众需求解析。从技术上看，这种解析可以放置在技术后台依靠人工智能完成，比如，通过分析受众在媒介接触和使用过程中留下的痕迹（类似于 cookie 数据），用后台算法比较准确而细致地了解受众的相关信息需求。

目前在青岛、杭州、深圳等地基于数字电视搭建起的家庭信息平台，就是以用户的信息数据库和数字内容库为基础，为家庭用户提供多种信息服务的综合性系统。其核心是可控的实时互动家庭（个人）信息的获取、过滤和处理。在传统的音视频播出、资讯服务之外，此类平台上设置有点播、游戏、社区、在线缴费、广告等互动增值业务和对用户数据进行集成分析的数据库业务。这可以看作是传统电视媒体依托既有平台向渠道模式拓展的初步尝试。

当然，移动互联网时代电视媒体跨平台传播的渠道远不止于此。在 SoLoMo 环境中，有太多的途径能够将信息精确地推给某一个具体的用户，比如，当用户以手机为自我标识登录并使用电视媒体的移动客户端时，手机本身就是一个很好的信息接收平台。而且，借助诸如智能手机、平板电脑等工具上已有的功能性平台（如微博、微信等），电视媒体还可以粘连到大量具有很强个体标识性的用户群体。

这也意味着在电视媒体开拓渠道模式的战略后端，需要强大的平台作为合作联盟。比如打通广电业务与手机电视、交互电视等多媒体业务产业链，与通信运营商合作：运营商掌握的用户数据库可以方便地进行后台算法，精确判断其信息需求，有针对性地满足用户个性化、定制化的信息需求。

相比较而言，目前日本的手机电视呈现出视频节目与数据开发相结合的发展趋势。譬如，移动运营巨头 KDDI 就与朝日电视携手，在播放电视节目的过程中，通过放置相关链接，刺激销售。在音乐节目《音魂》中，手机用户可从画面上点击“au LISTEN MOBILE SERVICE（LISMO）”，把相关的音频下载到手机终端，或者用户在 I-Mode 模式里或是邮件杂志上点击想要看的内容的链接，就可以马上启动 One-Seg，直接进入相关手机电视频道内容。[①]在这个意义上，渠道模式一方面实现了用户定制、精准投放的传播理想；另一方面，对于运营渠道的媒介机构而言，也难能可贵地为其从外部导入了数量极为庞大的用户群体。

三、Mobile: 借船出海之手机电视模式

移动（Mobile）是 SoLoMo 概念的核心，它体现了从静止到移动、从固定桌面到手持终端、从单一静止到多元动态的转变。数量越来越庞大的移动互联网用户奠定了 SoLoMo 趋势下传统电视媒体发展手机电视模式的市场基础。

虽然手机电视在中国的起步较为顺利，业界期望普遍较高，但是目前它的应用普及并不乐观。表面上看，标准迟迟无法确立，移动运营商和广电部门“老大难”的联姻，是制约我国手机电视业发展的病根所在。[②]当然，包括政策因素不明朗、商业模式不成熟、盈利模式有疑问、业务资费尚昂贵、终端技术存瓶颈、内容创新仍欠缺等众多发展瓶颈，学者们也多有论及。[③]但当我们拨开层层迷雾，仔细观察，却能探究出制约手机电视发展的根本性因素所在。

从传播学的角度来看，手机电视具有与传统电视媒体截然不同的传播特性。这首先体现在手机媒介本身的特殊属性上，即手机电视首先是作为通信工具而存在的，其根本优势在于手机的便携性、私人性和交互性。然而从手机电视市场上现存的节目来看，“大多属于对传统电视节目的直接转播或对其进行简单剪辑后播出，真正根据手机电视的特点进行制作的节目并不多见”[④]。

媒体定位的重叠与错位，导致目前手机电视节目的局限：新兴的手机

---

①叶思诗、蒋华：《中外手机电视节目比较》，《中国广播电视学刊》2011年第10期，第54页。

②张韬：《广电电信争锋　手机电视国标年内难产》，《上海证券报》，2007年10月11日。

③匡文波、高岩：《中国手机电视发展状况分析》，《电视研究》2006年第2期，第16~17页。

④虞海侠：《我国手机电视业务的SWOT分析与对策》，《现代传播》2008年第1期，第99页。

电视俨然把自己看作是传统电视的替代者，而传统的电视传媒更乐意把手机电视当作电视手机。可以说，无论是广电系统主导的广播式手机电视，还是电信运营商力推的通信式手机电视，都没有把手机电视当成一个真正的新媒体来对待。节目运营商将传统电视节目简单压缩后放到手机电视上显示，导致手机电视魅力大打折扣。

中肯地说，在受众对移动互联平台的接触和使用如此深入的今天，仍旧采用“把电视内容放在手机屏幕上显示”，这种电视媒体向手机整合的最初模式，显然没有市场竞争力。站在受众的立场上，他们在接触和使用移动互联平台的过程中从来就不是被动的信息接收者，相反，他们会主动地选择媒体、信息、符号以及使用情境、参与方式。

在这个意义上，对于以视频节目为形式向手机媒体整合的传统电视而言，一方面需要尊重和满足用户视觉体验的心理需求，另一方面需要考虑手机本身的传播学特点。比如：其一，对于手机媒体而言，受众的接触与使用习惯具有明显的碎片化特征，第一落点资讯深度相对于第二、第三落点的资讯来说，更契合受众的碎片化倾向和偏好；其二，手机电视移动收视的传播特性决定了单个节目的时长不能太长，因此，大篇幅、长时段的传统电视节目不宜在手机上照搬播出；其三，技术的发展可能使手机屏幕在成像效果、续航时间等方面有所提高，但手机的便携性的小尺寸的局限很难突破，这就决定了手机电视不适合表现大而复杂的场面，不适于传达复杂的主题，在景别、景深的运用上也应当减少变化。

观察国外手机电视节目形态不难发现，传统的电视内容提供商往往都在尽心竭力为手机电视量体裁衣，定制节目。例如，福克斯公司在电视剧《24小时》获得成功后，为手机量身打造了手机版《24 小时》，每分钟一集，共 24 集；NBC 成立了生产原创手机新闻和娱乐节目的移动部；时代华纳公司旗下的卡通网也在发展适合于手机播放的时长两分钟的娱乐短片；美国的电视节目奖艾美奖也设有专门的手机电视节目奖项，以显示对手机电视发展的重视以及对手机电视节目与传统电视节目的区别评判。

从这个意义上来说，对于传统电视媒体而言，尊重并移植手机媒体终端的传播特征，寻求与传统主流媒体统分有度的差异化发展道路，是顺应移动互联趋势的当务之急。

（原载于《当代传播》2014 年第 2 期，略有修改）

透视澳大利亚力拓事件涉华报道的背后
——以《澳人报》为例

李秀芳
（广州大学新闻与传播学院传播系副教授，博士）

2009 年 7 月 8 日，澳大利亚力拓有限公司驻上海首席代表澳大利亚公民胡士泰及其他三名中国雇员王勇、葛民强、刘才魁因涉嫌盗取中国国家机密在上海被扣留，澳大利亚各类报纸纷纷对此作了不同程度的报道。我国学界和业界密切关注《时代报》（*The Age*）和《悉尼先驱晨报》（*Sydney Morning Herald*）对整个案件发展过程的涉华舆论。据笔者在澳实地观察，隶属于不同媒体集团的《澳人报》与这两份报纸相比，对力拓一案的报道力度更大，立场更尖锐，引领了澳大利亚的舆论。

就日常报道而言，在全澳发行的《澳人报》（*The Australian*）及其网站非常关注中国的动态，其经济版时常出现有关中澳之间的经济贸易动态和中国经济发展方面的报道。这类报道一般位于该报经济版的头条，篇幅大，编排突出。然而，有关中国的报道在《时代报》和《悉尼先驱晨报》的出现频率和版位显著性不如《澳人报》。在对力拓间谍案的报道中，《澳人报》对整个事件的报道基本经历了三个阶段：在事件发展的前期（2009 年 7 月 8 日至 2009 年 7 月 17 日），陆克文政府对华态度温和，《澳人报》则态度强硬，对政府施加压力，要求其采取强硬的立场，并对中国政治体制进行尖锐刻薄的评论和指责；在事件发展的中期（2009 年 7 月 15 日到 2010 年 3 月初），陆克文政府对华态度强硬，《澳人报》反而态度温和，认为政府的强硬外交不利于中澳关系的发展，对该事件的评论侧重于经济层面的利弊分析；在事件发展的后期（2010 年 3 月 23 日之后），《澳人报》态度较为客观，但对中国政治层面存在着不信任的态度，并设置了新的不利于华的议题。结合这三个转变阶段，笔者在此归纳《澳人报》在整个力拓间谍案的报道特点及其背后的深层次原因。

一、历史偏见激发公众情绪

澳大利亚历史上有过“黄祸论”和“红色威胁论”之说，这与中澳之间发生的历史冲突紧密联系。这种认识偏见体现了澳大利亚有史以来对华的怀疑和担忧的心理，视中国的发展为其自身发展的外在威胁。这种历史心理至今仍潜移默化地影响澳大利亚当代的公众和传媒，并反映在《澳人报》对力拓案的报道上。

在胡士泰被拘留的前期，澳大利亚国内的反对党对陆克文政府施予了很大的压力，认为陆克文政府对中国政府的态度过于软弱。澳大利亚国内的时政评论家认为中国当局对胡事件的处理方式有损中国的国家形象和中澳关系，并且提醒国际商界在中国市场必须谨慎提防潜在的危险和各种不可预测的事情。舆论甚至认为，该事件打击了国际商界对中国市场的信心，外国企业在中国投资其实是与中国官方交涉，必须提防国家干预的各种风险。《澳人报》还把中方对胡的拘留与力拓集团于 2009 年 6 月撤销与中国中铝公司在同年 2 月签署的战略合作交易一事联系起来，暗指胡的被捕是中方对力拓集团的“报复”（retaliation）。其他报纸如《时代报》、《悉尼先驱晨报》和《财经评论》只是把此事作为胡士泰受拘留的背景资料简单介绍。随着事件的发展，澳执政党和反对党的内部矛盾进一步加剧，舆论界的声音扩展到对中国政治层面的攻击。《澳人报》的报道聚焦于中国的人权问题、政治体系和政府的管理，常用“不透明的”（opaque）、“僵化的”（rigid）等词语指责中国的政治制度和政府运作。该报的社论极力炒作力拓事件，把其政治化，认为该事件给中澳关系带来了“外交危机”（diplomatic crisis），并认为是对澳大利亚的“侮辱”（humiliation of Australia）。一些充满意识形态和偏见的词语充斥着该报的政治版和评论版，如“竹帘”（bamboo curtain）、“诡异莫测的龙”（grumpy dragon）、“独裁的”（authoritarian）、“醒了的巨龙”（sleeping dragon rears its head）、“黄色的威胁”（Yellow Peril）、“冷酷的政府”（ruthless government）、“侵略者”（aggressor）、“巨龙显示她的威严”（the giant is flexing its muscles），以及“中国施展铁拳”（China exercises its iron fist）。

《澳人报》采用这些意识形态色彩浓重的词语，其实是引导澳大利亚读者对中澳历史冲突的联想。自 19 世纪 50 年代始，大批中国人移民到澳大利亚采掘金矿。新来的中国移民与当地的澳大利亚人产生了激烈的采矿竞争，并引发了强烈的冲突。澳大利亚人于是把黄皮肤的中国人形容为“黄色的威胁”（Yellow Peril），还用“昆虫”、“蜘蛛”、“蚂蚁”和“龙”等动物形象贬损中国和中国人的形象。有别于中国文化，“龙”这一巨物在西方文化中常与“诡异”、“莫测”等相联系，具有“冷酷”、“残忍”的特性。《澳人报》使用这些词语促使读者联想起中澳历史上的矛盾与冲突，将“黄祸论”、“红色威胁论”和“中国威胁论”再次呈现在读者面前。

二、制造争议吸引受众眼球

《澳人报》在事件发生的初期采用偏激的语言和立场评论力拓一案，这其实是吸引受众眼球的技法之一。社会题材要成为新闻报道的对象必须具备新闻价值，除了“重要性”、“接近性”等因素，另一重要因素是“冲突性”，即新闻事件必须具有争议性，具体指新闻事件涉及的人与事之间、人与人之间、机构与机构之间或者机构与人之间等具有争议性。《澳人报》通过与陆克文政府站在不同的立场，使用偏激的立场、具有历史偏见和意识形态色彩的语言，制造对胡事件的争议性，由此引发澳方受众对该事件持续性的关注、参与和评论。通过对该事件作巨大篇幅的报道和对中方进行言辞激烈的评论，设置议题，引导舆论，并最终夺得了与其他报纸竞争的主动权。

同时，迎合澳大利亚受众市场的信息消费需要也是澳大利亚媒体对中国政治层面进行指责的原因之一。澳大利亚年轻受众对国际时政新闻的兴趣不大，主流媒体国际时政新闻的受众平均年龄在40岁以上居多，其受教育程度较高。澳大利亚广播电视公司亚太地区国际新闻部的资深记者向笔者透露，这批受众对中国毛泽东时代的历史较为熟悉，像“文化大革命”等事件往往能引起他们的共鸣。因此，批判中国当代政治体制，反复重提中澳历史冲突，是澳大利亚媒体增大有关中国的新闻报道在澳大利亚关注度和接触率的重要手段之一。

三、国家利益左右媒体立场

澳大利亚和中国在政治层面存在着根本性的差异，但是在商业层面有着共同的利益，巨大的商业利益一定程度上牵制了澳方媒体对中国的敌对态度。在事件发展的中期，《澳人报》对力拓事件的报道产生了微妙的变化，开始倾向于报道中澳两国之间的经济依赖性，淡化带有政治色彩的议题，并指出陆克文的强硬态度不利于对力拓事件的妥善处理。2009年7月15日，《澳人报》报道说陆克文决定对胡一案不再采用低调的外交政策（turning up the volume on “megaphone diplomacy”）。与此同时，中国经济在金融危机后首次出现复苏的现象，尤其是7月传出消息，中国GDP出现了金融危机后首次增长。随之，《澳人报》对力拓一案的报道倾向出现了明显的缓和趋势。该报的评论认为，陆克文对胡事件的强硬态度是为了满足国内的舆论需要，并建议说低调的外交政策才是明智的选择。当获悉中国经济达到了7.9%的增长速度之后，《澳人报》评论说，中国是从全球金融危机中复苏的第一个国家，是促进澳大利亚经济复苏的主要动力。报道再三强调胡士泰事件不影响中澳关系和中澳之间的经济贸易，并淡化了对中国人权和政治的指责。2009年8月11日，上海市检察机关对胡士泰等四名雇员作出正式的批捕决定，罪名由原先的涉嫌盗取中国国家机密变更为“涉嫌侵犯商业秘密罪、非国家工作人员受贿罪”。自此，引起外交争执的间谍案件变成了相对缓和的商业案件。随着其他重要国际事件的发生，力拓事件不再是《澳人报》和澳大利亚媒体关注的议题，取而代之的是中国的经济动态、中澳之间的商业合作，以及另外一些与澳方相关的国际事务等等。主流媒体和商业媒体反复强调力拓事件不影响中澳双方的贸易和投资。

由此可见，商业利益的驱动在某种程度上是影响澳大利亚媒体对华态度的重要因素。中国经济的发展对澳大利亚经济的复苏有着极其重要的扶持作用，中国巨大的消费市场对澳大利亚商界有着无穷的吸引力，中国对能源的需求是澳大利亚经济发展的巨大动力。澳大利亚媒体在这一点上非常清楚，于是当陆克文执政当局对华态度强硬的时候，《澳人报》转换原先对华的敌对立场，采用缓和的策略，提醒澳大利亚政府和业界在华的商业利益。

四、丑化中国迎合政治统治需要和维护媒体商业集团利益

在事件发展的后期，即在2010年3月23日，争执已久的力拓事件终于有了定论。上海市第一中级人民法院对被告胡士泰等判以非国家工作人员受贿罪、侵犯商业秘密罪，数罪并罚。胡士泰被判处有期徒刑10年，并处没收财产和罚金人民币100万元。胡士泰承认在华接受巨额商业贿赂，放弃上诉。沉寂了一段时间的力拓事件再次被《澳人报》炒得沸沸扬扬。此时的《澳人报》对该事件的报道和评论虽不像事件发生初期那样直接尖锐、充斥着历史偏见，但把舆论引向了对中国司法体系独立性的讨论，并重点设置了有关中国网络威胁的议题。因案件涉及商业秘密且受害单位提出不公开审理的申请，上海市高级人民法院依法就胡士泰等被控侵犯商业秘密罪部分作出了不公开开庭审理的决定。《澳人报》对中方不开放部分审判过程的做法极为不满，不仅不报道中方不公开开庭审理侵犯商业秘密

罪的原因，而且质疑庭审的透明度。该报多次转述澳大利亚外交部部长史密斯（Stephen Smith）对胡士泰刑罚的评价“过重”（tough, harsh），并一再用“闭门（庭审）、秘密（进行）、诸多疑问”（behind the closed door, secret, various/serious unanswered questions）等词语强调媒体和澳方官员都不能旁听有关窃取商业秘密罪的审判过程，澳方很难得知“真相”。该报还多次引用陆克文的评价，即认为中国对胡一案的审判过程错失了向世界展示与其崛起的大国形象相一致的透明度的大好良机，并认为国际商界必须对此高度重视。该报的言论认为，陆克文政府应该对中国采用更加强硬的政策，并认为该事件向国际发出一个警示信号：中国的政治、经济和法律层层相联，在中国运营的澳大利亚和全球企业必须小心谨慎。此间，该报对力拓间谍案不影响中澳关系只是一笔带过，基本不谈及力拓四名雇员的行为给中方矿石企业带来的巨大损失。

在 2010 年 4 月之后，《澳人报》把公众的注意力从力拓事件引向中国网络威胁的讨论上。一个新的议题，即中国的网络间谍正在威胁澳大利亚政府和澳大利亚大型企业的网络安全，充斥着《澳人报》的版面和网站。该报集中报道澳大利亚的三大矿石企业在中铝和力拓谈判的过程中，遭大量网络黑客的袭击。虽指出尚未有直接证据证明该网络袭击来自中方或中国官方，但含沙射影地指出中方具有巨大的嫌疑。该报还说，鉴于中澳双方的关系和利益，澳方企业和政府不便公开地讨论此事，但若中方不对此给予处理，将严重影响澳方企业在华的投资信心，重燃公众对中国的敌视态度。该报的言论还指出，这一系列的争执性事件，如 2009 年的力拓事件、热比娅事件以及网络安全事件等，使中澳关系再次走向低谷，中国的大国形象和信誉再次受损，中国作为澳大利亚的“经济伙伴”形象再次打折。

与《澳人报》相比，澳大利亚的其他报纸，如《时代报》、《悉尼先驱晨报》和《澳大利亚财经评论》（*Australian Financial Review*），对整个事件的关注度没有《澳人报》高。在事件发展的初期和中期，这些报纸的报道和评论的口吻相对客观，基本没有使用意识形态色彩浓厚的词汇，仅对该事件的调查进程作较为客观的描述，没有过多的猜测和喧嚣。这些报纸主要传递了两种信息，即事件调查结果未出之前不宜作过多的推论，以及该事件不影响中澳的经济合作。在事件发展的后期，《悉尼先驱晨报》和《时代报》对部分庭审不公开审理表现得较为乐观，并把注意力放在中澳之间持续性的经济合作上，如中铝和力拓在胡士泰案件审理过程中的重姻。在 2010 年 3 月 16 日，力拓总裁在北京和中国铝业签订了总投资规模高达近百亿美元的协议，共同投资在非洲几内亚的铁矿石开采项目。这两家媒体认为，力拓和中国的关系似乎没有受到胡士泰事件的影响而停滞不前。

澳大利亚两类报纸的对华态度与其集团利益密切相关。《澳人报》由新闻集团出版，隶属于新闻集团，其中默多克控制绝大部分股份。默多克集团自 20 世纪 90 年代中期开始进军中国市场，屡屡受挫，无可奈何在 21 世纪初期将集团在亚洲的进军战略中心转移到印度。默多克集团这段进军中国媒体市场的辛酸历程，难免使其对中国政治阶层产生复杂的和不友好的情绪。再有，《澳人报》的主要竞争对手《澳大利亚财经评论》，以及《时代报》与《悉尼先驱晨报》，由 Fairfax 媒体集团所有。Fairfax 媒体集团和由默多克掌控的新闻集团是澳大利亚媒体市场上的主要玩家，从媒体竞争的角度讲，有意地选择与竞争对手不同的观点和立场，是《澳人报》在澳大利亚媒体市场的激烈竞争中获得报道优势的重要手段。从集团背后的党派利益看，默多克集团旗下的媒体向来有支持澳大利亚自由党的倾向，而与澳大利亚的工党向来不大和谐。这一因素也解释了《澳人报》为何在对力拓事件的报道上始终与陆克文政府站在不同的立场，即在事件发展的初期，陆克文政府对华采取低调的外交政策，《澳人报》则对华态度强硬；而在事件发展的中期，当陆克文政府对华转用强硬的外交政策时，《澳人报》则采用相对缓和的立场。相反，《时代报》与《悉尼先驱晨报》为区域性报纸，有服务于工党利益的传统，因此该集团的报纸对陆克文执政党在该事件的处理方式上没作过多指责，并采取较为低调的报道方式。

《澳人报》虽为商业运作，受默多克集团利益的影响，但还是摆脱不了为澳大利亚主流政治服务的影子。《澳人报》作为全澳发售的主流媒体，通过唤起中澳历史冲突的记忆，片面报道力拓间谍案，传播当代中国威胁论（尤其是网络威胁论），以及对中国政治体系的批判，起到了协助巩固澳大利亚政治稳定的作用。根据宣传模型（Propaganda Model）理论，资本主义国家的媒体具有反共情绪，进行持续的反共宣传是巩固资本主义制度的重要手段。霸权理论（Hegemony Theory）也认为一个国家的主流媒体是为该国的政治统治服务的。因此，丑化中国和误导受众，暴露中国社会问题和信誉危机，批判中国司法制度，在一定程度上把澳大利亚人的注意力由国内的社会矛盾转移到了他国的社会矛盾，使澳大利亚人感到本国政治制度完善、社会运行良好。再有，澳大利亚是一个多元文化和种族的国家，其加强自身国家团结和稳固的需要显得更为迫切。负面评价中国和损坏中国形象，正是加强澳大利亚人民对本国的认同感、增强本国政治稳定的需要。

五、澳大利亚媒体涉华报道的现实困境和模式

国际新闻实践的操作难度，一定程度上导致了记者报道的偏颇性。

笔者于2009年9月在澳大利亚广播电视公司（Australian Broadcasting Corporation，简称ABC）国际新闻部考察过一段时间，与负责国际报道的制片人和负责采写中国新闻的资深记者有过的交谈。笔者曾问及为何在涉及中国新闻事件的报道中，澳大利亚媒体极少采访中国官方，并建议说应该给中方提供一个发表言论的空间，而非单独刊登澳方的意见。该记者解释说，很多情况下中方不愿意接受他们媒体的采访，或者拒绝回答他们提出的问题。但后来又透露说，在现实的新闻实践中时间非常紧迫，他们没有充分的时间对采访对象作过多的思考和准备，再加上语言交流的困难，便放弃了采访中方的想法和尝试。久而久之，这便形成了一种惯性。这位记者还透露，澳大利亚媒体对华新闻的报道，似乎已存在一种模式。比如在力拓事件中，中方在事件发展的初期对澳大利亚媒体所持的保守态度使得澳大利亚媒体对中国政府充满了猜测和敌意，这种报道倾向后来发展成一个报道模式，容易操作。因此，在随后的报道中，澳大利亚媒体一般会遵循这套报道思路，即设置各种可能性的猜疑和推测。

透视《澳人报》对力拓事件报道的整个演变过程，可以发现其对涉华力拓事件的报道立场和报道内容受制于澳大利亚对中国的历史偏见、澳大利亚媒体受众市场的信息消费需求、澳大利亚的国家利益、澳方稳固政治统治的需要和维护媒体集团的利益，以及澳大利亚媒体涉华报道的现实困境和报道模式等因素。当然，对华的批判性态度在某种程度上也与西方媒体的特质有关。在西方国家，媒体有“第四权力”的说法，即媒体必须独立于政府和政党，并对政府和政党实行监督。西方媒体的这种职能不仅体现在其对内报道上，也延伸到对国际新闻的报道方式上，即报道外国政府所不喜欢的事务。《澳人报》对力拓事件的报道特点也可以为研究澳大利亚主流媒体对涉华纠纷事件的报道特点提供参考意见。

（原载于《新闻记者》2010年第6期，略有修改）

影视艺术与传播

中国电影国际传播路程与路径[①]

李亦中
（上海交通大学电影电视系主任，教授，博士生导师）

一、中国电影国际传播路程

1. “没走出去”阶段

从历史上看，最早萌发“走出去”意识的是左翼电影领导人夏衍，他在1939年发表短文《中国电影到海外去》，提出利用国际有利条件向海外输出影片，争取外援服务于抗战，其显然是从抗日救国政治层面着眼的。旧中国战乱频仍，民族电影处境维艰，中国影片走出国门仅有零散的个案：其一是联华公司出品的《渔光曲》，1935年在莫斯科影展获荣誉奖；其二是文华公司1948年出品的《假凤虚凰》，由佐临导演亲自译配英语，首次输出英、美两国放映。

2. “不走出去”阶段

新中国成立后百废待兴，直到1958年，文化部电影局才首次召开“影片输出输入工作跃进会”。夏衍到会讲话，要求拍摄一些“在国外发行毫无障碍的影片”。1959年，夏衍在全国电影故事片厂厂长会议讲话时再次提到：“我们的电影要和我们国家的国际地位能够相称，要在国际上站得住脚。我们要考虑外国观众的爱好，当然绝不是说要降低影片的政治思想内容去迎合他们的趣味，而是要考虑我们影片的题材样式，要研究提高影片的艺术、技术质量，去战胜资本主义国家的影片，这个问题今天应该提到议事日程上来了。”然而，受制于当时国际、国内大环境，中国电影对外输出几乎按兵不动。国家电影事业管理局副局长季洪长期分管电影经济，著有《季洪电影经济文选》，但全书84篇文章没有一篇涉及中国电影出口创收，折射了新中国电影内向型“不走出去”的时代局限。

---

①本文为国家广电总局部级社科研究重点项目《中国电影“走出去”路径与策略研究》课题成果（项目编号：GD09017）。

3. 局部“走出去”阶段

20 世纪 60 年代有一份涉及中国电影输出的文件《中宣部关于 1965 年故事影片生产计划的报告》（1964 年 12 月 19 日），其中提到：“根据发行公司反映，我国在亚、非、拉美最受欢迎的影片是《平原游击队》、《铁道游击队》、《万水千山》、《红色娘子军》、《董存瑞》、《白毛女》等，其中尤以反美题材的影片最受欢迎，例如《上甘岭》、《战上海》、《海鹰》等。”[①]由此可见，当时向第三世界国家输出的影片以红色经典为主。因长期奉行“重宣传效应，轻市场效益”的理念，致使中国电影在海外传播缺乏足够的力度及持续性，即便输出影片也不以海外票房盈利为目的。时任中影公司国外处亚非科科长的许蔚文回忆说，当年贯彻的基本宗旨是“映出就是胜利”，另一条是“贸易性和非贸易性相结合两条腿走路”，为此还制定 16 字工作方针，即“细水长流，解除疑虑，实事求是，稳步前进”。

在学术交流层面，中国电影迟至 20 世纪 80 年代才开始走出国门。1982 年，中国电影资料馆在意大利举办“中国电影回顾展”，集中放映 135 部中国影片。法国电影史学家让·米特里感叹说：“这次像发现了一片新天地。西方已经出版的世界电影史著作，完全没有讲到中国电影，这是不公平的。我自己已经出版的世界电影史著作也没有讲到中国电影，是我无知，我感到惭愧。”[②]另一位意大利影评家卡拉西奇也提出：“意大利引以为豪的新现实主义还是在中国上海诞生的！”

1985 年，中国电影发行公司在洛杉矶设立子公司，是北美地区中国影片输出的唯一窗口，业务以推介中国影片为主，仅仅向美方（公司、院线、大学、友好团体）收取一点片租。同一年，中国首次选送故事片《人生》参加第 58 届奥斯卡最佳外语片角逐，虽然未能入围，但可以看作是中国电影进军国际影坛的预演。

4. “走出去”元年

中国电影对外输出在市场意义上的真正的突破，是由张艺谋团队实现的。2002 年，《英雄》以 2 100 万美元向米拉麦克斯公司售出在北美、拉美、英国、意大利、澳大利亚和非洲发行的版权，美方安排在 2 031 块银幕上映，连续两周蝉联票房冠军，总票房达 3 525 万美元，被美国媒体评价为“中国最成功的一次文化出口”。因而，2002 年可以视为中国电影真正“走出去”的元年。另一部电影《卧虎藏龙》也受到青睐，美国《外交政策聚焦》

---

① 吴迪编：《中国电影研究资料 1949—1979》（中卷），北京：文化艺术出版社 2006 年版，第 464 页。

② 程季华：《病中答客问》，《电影艺术》2009 年第 5 期，第 108~117 页。

杂志曾发表《功夫片的地缘政治学》一文，作者强调："《卧虎藏龙》在国际上的成功，催生了一个正在上升的中国形象，并提高了世人对中国文化的评价。"

21 世纪之初，在中国入世的背景下，广电总局执行国家总体"大外宣"战略，不失时机地启动中国广电"走出去工程"。此后，国务院办公厅以〔2006〕88 号文件转发财政部、商务部、文化部、人民银行、海关总署、税务总局、新闻出版总署等八部委《关于鼓励和支持文化产品和服务出口若干政策的通知》，在文化外交格局中促进电影的出口。从事业角度衡量，形势喜人，建国六十年来共计有 570 多部国产片在国外获得 800 多个奖项；2010 年有 100 多部影片亮相 28 个国际电影节。但从产业角度衡量，形势却不容乐观，我国面临的问题是入超严重。据 2003 年的统计，当年音像产品入超比例高达 14：1。好莱坞大片在中国票房收入稳居四五成，而进入海外商业院线的中国影片数量十分有限，与我国的国际地位很不相称。国家电影局最新披露，2006 年国产片海外销售收入 19.1 亿元，2010 年增至 35.2 亿元，差不多翻了一番。作为参照，2008 年美国电影海外票房高达 281 亿美元，两者差距极大，足见中国电影"走出去"任重而道远。

二、中国电影国际传播路径

2004 年，广电总局批准成立"中国电影海外推广中心"（后改制为股份制公司）。公司总经理周铁东表示，要从基础性工作抓起，包括整理《中国电影海外推广名录》、撰写《中国电影海外市场报告》等。这些工作确实有紧迫性，从纵向来看，早在 20 世纪 20 年代，美国商业部内外贸易司便要求驻外代表调查世界各国电影市场。美国官方贸易报告《中国电影市场》专门研究了中国人的电影口味，得出结论："美国电影比任何其他国家的电影都受中国人的欢迎，中国人喜欢我们绝大多数电影结尾的'永恒幸福'和'邪不压正'。"从横向比较，我国电视行业外宣工作亮点颇多，为推动中国电视纪录片走向世界，已经出版多部专著，如《电视外宣策略与案例分析》（2003）、《另眼相看：海外学者评当代中国纪录片》（2006）、《中国电视节目与国际电视奖的接轨》（2008）、《中国纪录片国际市场营销策略研究》（2008）等。反观电影行业，还没有拿出类似的研究成果。

全球化时代是中西文化交融、竞争、共存的时代。季羡林先生说过："文化交流要强调一个'交'字，出入应该基本等同，入超和出超都不恰当。"这个问题值得引起业界与学界高度重视。一百年前，近代思想先驱者梁启超率先提出中国历史文化发展三阶段论，即"中国的中国"、"亚洲的中国”、“世界的中国”，凸显中国文化逐步融入世界的前景。目前，传播学界提出一种新的理念：在中国文化走向世界的过程中，应该用“全球传播”概念来替代“国际推广”，因为“推广”（spread）是一种单向的推介，“传播”（communication）则是双向的沟通；“国际”（international）是一种国界分明的政治概念，而“全球”（global）是扩大到全人类的观念。我国从事比较文学研究的学者也作过反思：“我们感到问心有愧，因为我们在从事中外文学关系和中外文化交流的研究时，往往只是单向度追踪外国文化对中国文化的影响，很少去探讨中国文化在国外的影响和接受，这无疑是一大缺憾。这种‘西学东渐’的倾向应该逐步转向‘东学西渐’。”[①] 我们展望中国电影“走出去”的愿景时，也应当怀有这样的抱负。

一个国家的电影只有在国际上流通放映，才能形成一种呈现在银幕上的国家形象。目前以美国为首的西方发达国家生产的娱乐产品，凭借传播优势在全世界倾销。中国电影业面临 WTO 过渡期后的考验，必须按市场法则、世贸规则、文化产业运作的要求，积极探寻中国电影在国际竞争格局中“走出去”的有效路径，使中国电影成为推动中华文化走向世界的重要载体。

1. 国际电影节路径

国际 A 类电影节具备竞赛评奖、新片宣传、节目交易、人才挖掘等市场功能，吸引全球媒体和广大影迷的眼球，是中国电影与中国电影人亮相的重要舞台。1988 年，张艺谋的《红高粱》在柏林电影节旗开得胜夺得金熊奖，带动一拨拨中国电影人成为国际电影节的常客。如 2005 年，在柏林、戛纳、威尼斯三大电影节相继获奖的国产片就有《孔雀》、《青红》和《红颜》。我们要消除所谓“崇洋媚外”的苛责，理直气壮鼓励国产片到国际上参赛参展，利用海外电影节汇聚人气来扩大中国电影的影响力。

中国作为东道主最早举办的国际影展，首推 1957 年 9 月在北京举办的“亚洲电影周”，当时邀请亚洲 15 个国家派代表团出席。后时隔三十年，中影公司 1987 年在北京举办“中国电影展”，遍邀 46 个国家 200 余名片商参加，这个影展现已更名为“北京放映”，在每年秋季举行，有助于国产新片制定精准的国际营销策略。

2. 华语电影明星与名导演效应

随着中国电影人在国际影坛频频获奖，两岸三地多位著名导演和男女明星海外知名度急遽提高。如张艺谋、陈凯歌、谢飞、吴贻弓、吴天明、

---

① 王宁：《文化交流不是单向度的》，《社会科学报》，2009 年 9 月 24 日。

吴宇森、李安、王家卫、唐季礼、黄建新、冯小刚、贾樟柯、王小帅、张扬、陆川、顾长卫、王全安、巩俐、章子怡、周迅、余男、张曼玉、舒淇、杨紫琼、成龙、李连杰、梁朝伟、周润发、周星驰，以及美术师叶锦添、武术指导袁和平与程小东等，已经在海外形成华语电影票房号召力，有助于扩大中国电影在国际市场的影响。中国影人产生的明星效应，将越来越多的中国元素带到了世界面前。

国际影坛近年出现“命题作文”潮流，即各国名导演联袂执导集锦片。1995年为庆祝卢米埃尔兄弟发明电影100周年，全球40位导演合作拍摄《卢米埃尔和40大导》以志纪念，中国导演张艺谋受邀参与，他在长城上开拍，创意是表现华夏古老传统与现代化并存。2002年，戛纳电影节又推出一部《10分钟年华老去》，荟萃11位最具原创力的导演各自拍摄的10分钟以“时光”为主题的短片。这次受邀的华人导演是陈凯歌，他执导的《百花深处》被列为压轴片。

为维护中国电影人的国际形象，国内媒体有责任抵制娱乐圈八卦媚俗的话题。电影人也要及时总结经验教训，如章子怡主演好莱坞惊悚片《骑士》，内容涉及诡异血腥的杀人场景，被日本定为“少儿不宜”限制级影片。再如巩俐在《迈阿密风云》中出演黑帮情妇，又在《少年汉尼拔》中饰演日本贵妇走性感路线。舆论界呼吁“有选择地出演一个好角色胜过演十部三流片”，认为章子怡、巩俐接拍这类电影，有损中国演员在海外的形象，也伤害了中国影迷的情感。明星应该审慎应对某些敏感题材，在世界上营造具有亲和力的、清新的“中国风”。

3. 国际合拍片路径

1979年，中国电影合作制片公司成立，陆续与美国、法国、英国、意大利、俄罗斯、日本等国开展合作。20世纪90年代以后，中外合拍片数量逐年递增，投资规模也越来越大。对此，国家电影局领导给予了充分肯定，认为这几年最具竞争力的是合拍大片，包括港台地区合拍片，“初步形成合作方优势互补、海内外发行的良好格局”。在2010年度海外发行的47部影片中，就有46部是合拍片。

华谊公司是合拍片大户，与美国哥伦比亚公司合拍了《大腕》、《寻枪》、《天地英雄》、《手机》、《可可西里》、《功夫》等6部影片，均取得不俗的票房。《大腕》由冯小刚执导，哥伦比亚公司投资330万美元，这笔资金超过冯小刚此前所有影片投资的总和。王中军豪情满怀：“《大腕》在全球所有版本的字幕上，都是我们排第一，哥伦比亚排第二，总制片人也一律是我的名字。”而冯小刚却持保留态度。由于《大腕》贴近中国社会生活热点，“与大多数美国观众所习惯的完全不同”，结果票房并不理想。冯小刚坦陈：“要是不跟美国合作，甩开包袱充分发挥我的中国式幽默，

《大腕》的票房可能会到 5 000 万元。”究其原因，不同民族之间所存在的语言障碍、文化障碍、风俗障碍、审美障碍等，必然导致“文化折扣”。我们要进一步探究中外双方竞争性合作中潜在的冲突及妥协策略，为兼顾国内外不同的受众群，或许可尝试同时发行国内版与国际版。

4. 内容吸引力策略

巴拉兹认为：“任何一部影片要在国际市场上受到欢迎，先决条件之一是要有为全世界人民所能理解的面部表情和手势。民族特征和种族特点虽然有时候可以赋予影片某种风格和色彩，但它们永远不能成为促进情节发展的因素。”[①]纪录片大师伊文思 1957 年访华时，也曾忠告中国同行：“对外放映的影片中，应尽可能使用国外观众能理解的语言和表现手法。”对照电视外宣领域，中国编导在叙事层面不熟悉西方人的接受习惯，销往海外的节目大都需要聘请外国制作人员重新改写解说词，重新加以剪辑，作品经过“二次包装”方能吸引外国观众。中国电影当务之急是开展海外市场调研，全面掌握海外观众的观影习惯、观影心理和观影期待，摸清观众群体在年龄、性别、职业、收入、消费等方面的构成，以适应海外观众的审美需求。日本电影在这方面相当自觉，如大映公司制片人提出：“日本影片要让外国人看得懂，题材以艺伎和武士为好，出场人物要少，不超过 4 个人，片名要通俗易懂，要有异国情调，人与人的关系要单纯一些。”这也提示我们，中国电影产品不妨划分为三类，即满足内需型、内外兼顾型和主打海外型，制片方要对自家产品有明晰的目标市场定位，方能做到适销对路。

在海外市场，历来最受欢迎的华语电影首推功夫动作片，原因就在于这种类型的“文化折扣”要少得多。唐季礼执导的《红番区》（1996）在美国 2 000 家主流影院上映，为了让美国观众接受华人英雄制服白人对手的情节，该片叙事策略尽量减少种族、民族、宗教方面的对立因素，在成龙饰演的主人公身上突出不同地域文化都能接受的正义感和同情心。唐季礼的经验之谈是：“正义是国际通行语言，正义感全世界观众都一样具备。只有你影片中的导向是不同国家、不同民族、不同宗教的观众都能认同的，才能走得远。”

中华民族五千年灿烂的文明，在西方人心目中是神奇的、神秘的。华夏大地丰富多样的自然景观、星罗棋布的名胜古迹、源远流长的非物质文化遗产、异彩纷呈的民俗风情，足以吸引海外观众的眼球，这是中国电影

---

① [匈]贝拉·巴拉兹著，何力译：《电影美学》，北京：中国电影出版社 1979 年版，第 33 页。

取之不尽的题材资源。同时也要看到，东西方民族既存在文化差异，也存在彼此认同的价值观，以及人类共有的亲情、爱情与友情，影片题材要注重东西方观众都喜欢的故事。值得指出的是，全球性题材一向是中国电影的缺门，如老龄题材、残疾人题材、环保题材等，电影编导亟待养成全球化视野。

5. 国际市场营销策略

制约中国电影走向世界的另一软肋，是高层次营销人才奇缺。不少海外片商都指出中国外销影片“类型定位不明确、影片包装粗放、字幕翻译不地道”等缺陷。中国电影在海外的销售业务，目前主要依靠中影集团、上影集团、香港银都机构、华谊兄弟、北京新画面、保利博纳这几家实力强劲的国企和民营公司，2008年占据国产片海外销售总额97.7%比重。广电总局新闻发言人对外宣布，全行业将建立“市场运作、企业营销、政府补贴”的海外营销新机制，促使一批具有中国视角、亚洲元素、世界影响的电影精品进入国际市场。

新加坡博士生赵慕媛发表了两篇有分量的调研报告《新时期中国电影在日本市场的际遇》和《韩国电影市场：中国电影票房的艰难挺进》[①]，报告中提到，亚洲地区唯有日本还保留着专映文艺片的艺术影院，这也意味着中国电影面临海外市场细分的机遇。亚洲拥有世界人口的三分之二，其中日本、朝鲜、韩国、新加坡、马来西亚、菲律宾、泰国、越南等国，与中国文化有着天然的亲和力，中国影视剧在亚洲国家不会遭遇过多的“文化折扣”。侨居世界各国的华人也构成了接受华语电影的潜在市场，中国电影有义务满足海外5 000万华人华侨传承中国文化的深层心理与审美期待。2004年，旅法画家高醇芳女士创办“巴黎中国电影节”，至2010年已成功举办了5届，法国文化部部长弗里德里克·密特朗与中国广电总局局长王太华共同担任电影节名誉主席。高醇芳向外界宣布：“我们的宗旨是向法国观众介绍中国电影，进而了解中国文化、中国人的生活和中国本身，同时也使侨界华人能在异国欣赏到家乡的电影。”

电影国际营销要动用新媒体资源。2007年9月，中影集团旗下中国电影网开通“电影输出频道”，首次通过网络向全世界推介中国电影，为国产片“走出去”提供新的平台，大大方便各国电影片商、国际电影节选片人及时了解中国电影动态。2010年，由国家电影局和中国国际广播电台合办的“华影在线”外语网站在香港国际影视展上正式启动，用多语种为全球网民提供中国电影资讯。

---

① 赵慕媛的这两篇市场报告分别载于《当代电影》2007年第1期、第2期。

2011年1月胡锦涛访美前夕，由中国国务院新闻办投拍的30秒《中国国家形象片》，在纽约时报广场大型电子显示屏上以每小时15次的频率滚动播出，计划在一个月内累计播放8 400次。有个美国女学生说，她在纽约生活了18年，还是第一次看到公开播出这么多中国人的画面。中国电影工作者应该趁此势头，让更多的中国故事走出国门，登上全世界一块又一块银幕。

（《现代传播》2011年第3期首发，《新华文摘》2011年第12期转载，《人大复印·影视艺术》2011年第6期转载，略有修改）

明星消费机制建构与中国电影产业发展[①]

陈晓云
（北京师范大学新媒体影像中心主任，艺术与传媒学院教授，博士生导师）

电影明星，不但是文化意义与权力话语生产的重要场域，也是大众消费文化的重要表征，“在都市消费文化语境中，电影明星身上不但纠结着诸种权力关系的复杂运作，事实上电影明星本身也成为大众的消费对象，或者说成为大众文化消费指南”[②]。明星是影片意义的主要载体，也是影片营销的主要卖点，尤其是在文化工业的生产与消费机制中，电影明星往往起着举足轻重的作用，这种作用有时甚至能够越过影片层面而独立存在，“毫无疑问，明星形成了观众用来从影片中得到含义与快感的美学互文本”[③]。而当明星自身成为消费对象的时候，被消费的不仅有其银幕形象，还有其银幕之外的形象，包括明星的兴趣、爱好及感情私生活等，这可以部分解释为何明星总是与绯闻相伴相随。本文所谓的明星消费，主要是基于与影片文本的制作、接受与消费相关的层面的探讨，侧重对过度消费、盲目消费现象提出批评，并试图探寻建构科学、理性的明星消费机制的可能性。

一、过度消费：作为明星个案的葛优

2010 年底上映的三部“国产大片”——《赵氏孤儿》（陈凯歌导演）、《让子弹飞》（姜文导演）、《非诚勿扰 2》（冯小刚导演）不约而同地

---

①本文为 2011 年度国家社会科学基金艺术学项目《当代中国电影明星研究》（项目编号 :11BC023）之阶段性成果，获第 9 届中国文联文艺评论奖一等奖。

② 陈晓云：《电影明星、视觉政治与消费文化——当代都市文化语境中的中国电影明星》，《文艺研究》2007 年第 1 期，第 15 页。

③［美］罗伯特 · C. 艾伦、道格拉斯 · 戈梅里著，李迅译：《电影史：理论与实践》，北京：世界图书出版公司 2010 年版，第 205 页。

选择葛优担纲主演，从而几乎形成了“一个人的贺岁片”的局面，由此引来了关于电影明星“过度消费”的争议。

回顾葛优的演艺历程，我们不难发现他与王朔和冯小刚之间有着一种非常微妙的关系。首先，他们的创作经历有诸多交叉点，而这些交叉点恰恰在一定程度上促成了他们的相互成就。葛优因主演根据王朔同名小说改编的《顽主》（米家山导演，1988 年）而一举成名，迄今为止他依然是演绎王朔小说最为出色的演员；冯小刚的电影导演处女作《永失我爱》（1994 年）是根据王朔小说《永失我爱》和《空中小姐》改编的；开创内地“贺岁片”先河的《甲方乙方》（1997 年）则是冯小刚与葛优首度合作并获票房成功的影片，由此也开始了两人长达十多年的合作，通过《不见不散》（1998 年）、《没完没了》（1999 年）、《大腕》（2001 年）、《手机》（2003 年）、《天下无贼》（2004 年）、《夜宴》（2006 年）、《非诚勿扰》（2008 年）等一系列影片，形成了冯氏贺岁片“铁打的葛优”与“流水的女主角”（刘蓓、徐帆、吴倩莲、关之琳、范冰冰、李冰冰、章子怡、舒淇等）相组合的基本明星模式。除了《一声叹息》（2000 年）、《集结号》（2007 年）、《唐山大地震》（2010 年）这三部以悲情风格为主的影片没有葛优参演，葛优在其与冯小刚的合作中，多以具有喜剧特质的小人物形象出现，而他那种冷峻的幽默风格也区别于此前陈佩斯、梁天等喜剧演员的表演。其次，三人都在一定程度上具备“明星”的素质或者潜质。这样来表述并非由于冯小刚和王朔都有着不同程度的表演经历，而主要是他们在各自不同的创作领域之中，都有着明星般的光环与号召力。1988 年同时有 4 部小说被不同导演搬上银幕的王朔，是 20 世纪 80 年代末 90 年代初横跨文学、电影、电视领域的“文化明星”，并客串出演了《阳光灿烂的日子》；作为导演的冯小刚还有在《阳光灿烂的日子》、《甲方乙方》、《功夫》、《建国大业》、《让子弹飞》以及《冤家父子》（《我是你爸爸》）等影片中的表演经历，其从无失手的票房保障和独特的个性表达，使他具备了“明星导演”的素质。王朔迄今为止唯一一次担任导演的《冤家父子》，也是冯小刚唯一一次作为男一号的表演经历。作为演员的葛优则更多地以自己的表演来呈现自己“明星演员”的特质，即狭义上的“电影明星”的特质。

葛优在与其他导演的合作中，呈现出其不同寻常的丰富性，比如张艺谋的《代号美洲豹》和《活着》，陈凯歌的《霸王别姬》和《赵氏孤儿》，滕文骥的《黄河谣》，周晓文的《秦颂》，路学长的《卡拉是条狗》等。当然，即便是在《活着》这样以悲情风格为主体的影片中，葛优扮演的福贵也会隐约透现出一丝苦涩的喜感，而他也恰恰是凭这一角色成为第 47 届戛纳国际电影节的影帝，如其合作者巩俐所言：“我觉得葛优很多戏实际上有一些黑色幽默的东西，比如说《活着》那部电影，会让你一直笑着看完，但是看完之后心里感触还蛮深的。"[①]姜文对于葛优有着这样的评价："一个演员的不确定性是最重要的，还有极端性和幽默感，这些最后会形成一个演员的可塑性。葛优身上有这点，你看《霸王别姬》他说那句台词的时候我会毛骨悚然，我觉得他是难得的好演员，现在被冯氏喜剧类型化了。"[②]葛优是一个可以演绎悲情气质的演员。而事实上，世界电影史上不少喜剧电影都有着内涵上的悲情色彩。正如"特色即局限"的说法，任何一个明星都不是万能的，不可能胜任所有角色，这客观上成为导演和演员的共同困扰。对于葛优来说，《气喘吁吁》（郑重导演，2009年）和《夜宴》这两个个案是颇具意味的。如果说，前者的失误在于导演对影片整体把握失度的话，[③]那么，出演《夜宴》中的厉帝这一角色，则刚好显现了葛优作为一位演员的局限性。这部与莎士比亚的《哈姆雷特》有着结构上的互文关系的影片，宫廷斗争是它与原作之间共同存在的清晰可辨的元素。原作中丹麦王子"生存还是毁灭，这是个问题"的著名独白，透现出一种忧郁王子的贵族气息，当它被置换为"我泱泱大国，以诚信为本"这样的台词，以及结尾"是复仇的欲望，帮你穿越了死亡之谷，还是你的忧郁，打动了女人，让她们的柔情，维系着你的生命。或者，百般算计不如一颗单纯的心，如果不是，哥哥，是你的灵魂在冥冥之中保佑着你的儿子，要他用我的血来恢复你的光荣，如果是这样，哥哥，我把尊严还给你"这样的大段对白，并且出自素以喜剧角色与风格见长的葛优之口的时候，却产生了类似情景喜剧的现场效果，而类似"你呀，贵为皇后，母仪天下，睡觉还蹬被子"之类半文半白的台词，则使得这部影片更像是穿着古装的现代故事。从外形气质到动作台词，葛优与其扮演的角色的背离在影片中暴露无遗。更重要的是，它对观众心理造成的先在期待的落空与错位，使得观众认同感大打折扣。

回到开头的话题，2010年本土电影对于葛优的"过度使用"及由此形成的"过度消费"，在一定程度上凸显了既有演技实力，又有票房号召力的明星的匮乏。对于影片创作数量和票房均大幅攀升的中国电影来说，其产业化的进程尚处于探索阶段，对于明星消费机制的尝试自然也难以例外。其实，"电影明星"这个词，对于20世纪50、60、70年代的中国演员来说，似乎更像是一个类似于"劳动模范"、"战斗英雄"的荣誉称号，这种状况

---

① 参见百度百科之"葛优"，http://baike.baidu.com/view/17023.htm。

② 参见百度百科之"葛优"，http://baike.baidu.com/view/17023.htm。

③《气喘吁吁》以4 200万元位列2009年国产电影票房第20名，投资为1 800万元，参见中国电影家协会产业研究中心：《2010中国电影产业研究报告》，北京：中国电影出版社2010年版，第121页。

事实上一直延续到80年代中国电影的复兴时期。电影明星的荣誉感与号召力，更多是精神层面而非物质层面的。随着中国电影体制改革的进程，尤其是中国电影的产业化进程的发展，电影明星原初被忽视了的经济内涵更为人所注意，也就是说，它开始与电影投资和票房息息相关。但至今为止，真正能够左右一部影片票房的明星并不多见，反而是冯小刚、张艺谋、陈凯歌这样的“明星导演”，对影片的上座率和票房起着更为直接的作用。也正因如此，如葛优这般演技不俗且可以直接影响票房的明星，自然而然成为导演选择的焦点。要改变对个别明星的“过度使用”并进而遏制“过度消费”，唯有培养出更多这样的明星。美国好莱坞电影的久盛不衰，很大程度上便是依托于其丰厚的明星资源。

二、盲目消费：作为明星个案的杨幂

用“粉丝推动票房，烂片成就神话”来形容《孤岛惊魂》（钟继昌导演，2010年）的票房奇迹恐怕并不过分。2011年7月8日，《孤岛惊魂》联合万达院线全国59家影院大规模启动午夜首映，59家影院开通的“零点尖叫场”均打破以往影片午夜首映的上座纪录。[①] 7月15日~17日，《哈利·波特与死亡圣器（下）》以4.3亿的周末票房夺冠，“以破竹之势一路打破影史全球首映票房、影史北美首映票房、影史北美最卖座系列电影等20多项影史纪录”，《孤岛惊魂》“在杨幂粉丝团的疯狂支持下以首周末463万美元的成绩排名全球周末票房第15，这也是今年首部闯入全球周末票房榜的小成本华语影片”[②]。7月21日，时光网以“杨幂《孤岛惊魂》破7 000万，超强人气创造票房神话”为题，指出其上映3天狂收2 400万、上映9天直取6 000万、上映13天轻松突破7 000万并向8 000万挺进的“票房神话”，而制造这个神话的成本仅仅是500万。[③]与黄圣依、王珞丹、刘亦菲并称内地新“四小花旦”的杨幂，毕业于北京电影学院，在参演《孤岛惊魂》之前，其代表作和知名度主要在电视剧领域。童星出身的杨幂，4岁就出演了陈家林导演的《唐明皇》，5岁出演香港电影《武状元与苏乞儿》，

---

①参见百度百科之“杨幂”，http://baike.baidu.com/view/3871.htm。

②参见《一周全球票房 〈哈7〉夺冠 〈孤岛惊魂〉上榜》，http://news.mtime.com/2011/07/21/1465482.html。

③参见《杨幂〈孤岛惊魂〉破7000万 超强人气创造票房神话》，http://news.mtime.com/2011/07/21/1465417.html。

此后先后主演《神雕侠侣》、《王昭君》、《红楼梦》、《仙剑奇侠传3》、《美人心计》等电视连续剧，穿越剧《宫》则使其在观众中的人气急剧飙升，并使其在2011年福布斯中国名人榜中首次上榜，排名第92位。杨幂还以此角色入围第17届上海电视节“白玉兰奖”最佳女演员奖，获观众票选最具人气女演员奖。[①]以电视剧的影响力来创造电影的票房神话，杨幂成为最有代表性的个案之一。

但是，这部影片的社会反响，则几乎可以用“恶评如潮”来形容，截至2011年7月25日零点左右，豆瓣网7 965人参与评价，总评分为3.3分；[②]时光网则有2 044人参与评分，总评分为5.8分，“平庸之作，不看也罢”[③]。有媒体用“好片无票房，烂片成黑马”、“有口碑无票房，坏口碑赚大钱”来形容2011年暑期档国产电影的怪现状，但还是指出了其成功营销的一面：“作为一部惊悚片，《孤岛惊魂》从海报到预告片、宣传，都成功向目标观众传递了有效信息。”[④]这种差异是如何造成的，我们不得而知。很显然，就中国观众对本土类型电影创作水平的基本认知和判断而言，他们不至于对一部普通的恐怖片抱有如此巨大的观赏热情。就影片本身来说，除了更多依赖音效来渲染所谓的恐怖效果，其内容惨白，剧情无悬念，叙事方面乏善可陈。表演方面，杨幂除了穿着暴露展示性感身材，其表演仅流于一般化。因而，多数意见倾向于认为，其“恐怖”的票房成绩在很大程度上来自杨幂狂热的粉丝，即可以归结为粉丝营销的策略。也就是说，杨幂本身在粉丝中的号召力，几乎成为影片卖座的唯一元素。

《孤岛惊魂》的票房成功，在一定程度上基于制片方对于明星效应有可能获得的票房的基本判断，尽管笔者依然倾向于认为这种判断带有一种赌博的性质。影片自身制作层面与叙事层面的粗糙与拙劣，证明它不是一种基于电影工业运作的对电影市场进行充分理性判断之后所作出的策略与行为。这种饮鸩止渴所带来的直接结果是，让制片方在获得高额收入与利润的同时，丧失了其基本的电影品格保证，并进而使观众对“中国电影”的品牌最终丧失信心。票房与口碑的背反开始由“国产大片”向中低成本影片的蔓延，是一种更值得关注的现象。再者，是否杨幂确以一己之力成就《孤岛惊魂》的票房，也是一个需要进一步探究的问题。

---

①参见百度百科之“杨幂”，http://baike.baidu.com/view/3871.htm。

②参见 http://movie.douban.com/subject/5364987/。

③参见 http://movie.mtime.com/139756/。

④参见周南焱：《7月暑期影市国产片怪状频出：好片无票房，烂片成黑马》，《北京日报》，2011年7月29日。

由电视剧的成功而为其主演的一部平庸之作带来可观票房，对于中国电影产业来说，无论如何是个罕见的例外。另外一个可供参照的例子是，20 世纪 90 年代末以电视连续剧《还珠格格》火极一时的赵薇，同样毕业于北京电影学院，与徐静蕾、周迅、章子怡并称“四大花旦”，但其在电影表演领域并没有获得相应的成功，无论是票房还是口碑都平淡无奇，甚而有“票房毒药”之说，即便在 2003 年一年中就有《天地英雄》（何平导演）、《炮制女朋友》（叶伟民导演）、《绿茶》（张元导演）、《女观音》（许鞍华导演）四部不同题材、类型、风格的影片同时上映。因主演《情人结》（霍建起导演，2004 年）而获得第 8 届上海国际电影节最佳女演员，以及此后的《赤壁》（吴宇森导演，2008 年）、《画皮》（陈嘉上导演，2008 年）、《花木兰》（马楚成导演，2009 年）、《锦衣卫》（李仁港导演，2009 年）等“国产大片”，也只使其更多地在作为电影明星的商业价值方面获得认同。[①] 但“国产大片”以功夫类型为主，在演员格局上相应地以男性为主，女性角色和女明星在其票房构成上占据怎样的份额，尚缺乏准确的数据支持。[②]

“粉丝营销”的另外一个个案是 2010 年上映的王力宏自导自演的《恋爱通告》。这部以 2 000 万投资获得 5 000 万票房的影片，从开机伊始就在论坛上与王力宏、刘亦菲、曾轶可的粉丝进行交流，并开通官方微博。论坛与微博为此后的诸如粉丝包场、粉丝成为影片上映之后的监督管理员等打下了基础。[③]这就是所谓的“促销”。“促销（promotion）指这样一些文本，它们作为精心创造 / 制造某位明星的特定形象或形象语境（image-context）的一部分而产出。它包括：①直接与上述明星有关的材料——制

---

①参见百度百科之“赵薇”，http://baike.baidu.com/view/3255.htm。

②《赤壁（上）》和《画皮》分别以 3.22 亿元和 2.324 亿元位列 2008 年全国电影票房、国产电影票房第 1 名和第 3 名，参见中国电影家协会产业研究中心编：《2009 中国电影产业研究报告》，北京：中国电影出版社 2009 年版，第 103、104 页；《赤壁（下）》以 2.6 亿元位列全国电影票房第 4 名、国产电影票房第 2 名，《花木兰》以 8 600 万元位列国产电影票房第 14 名，参见中国电影家协会产业研究中心编：《2010 中国电影产业研究报告》，北京：中国电影出版社 2010 年版，第 116、120 页；《锦衣卫》以 1.447 亿元位列 2010 年全国电影票房第 18 名、国产电影票房第 10 名，参见中国电影家协会产业研究中心编：《2010 中国电影产业研究报告》，北京：中国电影出版社 2010 年版，第 138、140 页。

③参见刘胜眉：《〈恋爱通告〉：中小成本青春题材影片营销策略谈》，《当代电影》2010 年第 10 期，第 31~32 页。

片厂的声明、报上的新闻(包括明星的简要生平)、影迷俱乐部的宣传物(它们大部分由制片厂掌握)、美女照、时装照、明星代言的特定商品的广告、在公共场合的亮相(如出席首映式，被拍成新闻片或在报上登载消息);②推销某部影片中该明星的材料——布告、杂志广告、预告片等。”[①]与《孤岛惊魂》中的杨幂类似，王力宏此前虽然参演过《色·戒》等影片，但就本片而言，更多还是“歌而优则导”的噱头。这部普遍评价为“故事一般”、“故事编得很俗套”的影片，竟有27.02%的观众给予了满分的评价，而他们都是王力宏的超级粉丝，“这也从一个侧面说明《恋爱通告》最成功的地方在于偶像明星和音乐的有效融合，情节的作用显得很微弱”[②]。

2011年度上映的《观音山》(李玉导演)和《战国》(金琛导演)同样是试图以明星来博取票房的重要例证。如果说《观音山》的范冰冰、张艾嘉、陈柏霖明星组合，是以东京国际电影节最佳女演员和最佳艺术贡献奖，以及首周末全国票房2 600万(2010年上映的《山楂树之恋》首周末票房为4 200万)[③]来获得奖项和市场的共同首肯的话，那么，聚集着孙红雷、吴镇宇、景甜、金喜善、姜武、中井贵一等分别来自中国、韩国、日本的电影明星所组成的豪华班底，投资超过1.5亿元的《战国》则以7 671万元位列2011年上半年全国城市电影票房收入第10位，[④]因其口碑不佳和票房惨败而被称为“景甜一个人的史诗”。影片“对于经典的颠覆却毫不留情。先将孙膑和庞涓都打为配角，然后众星拱月地烘托出景甜饰演的公主。片中人物对公主美貌的称赞以及大篇幅的容貌特写，已经达到令观众费解的地步”。有网站爆料，影片是投资人为女主角量身定做，而景甜则自辩并没有所谓的“潜规则”。[⑤]影片制作与宣传中的种种微妙，不同立场的不同表述，很容易形成一个各说各有理的“罗生门”。而就电影创作/制作本身来看，一部如此投资规模的影片，在本土已被列入“大片”的范畴。以商业诉求为主的“大片”，更接近于其作为文化工业的一面，因而其对于明星的运用，并非单纯取决于演员的表演技能，也不是由导演

---

①[英]理查德·戴尔著，严敏译：《明星》，北京：北京大学出版社2010年版，第96页。

②参见中国电影家协会产业研究中心编：《2011中国电影产业研究报告》，北京：中国电影出版社2011年版，第398~401页。

③参见百度百科之“观音山”，http://baike.baidu.com/view/609398.htm。

④参见《2011上半年全国城市电影票房统计数据发布》，《中国电影报》，2011年7月14日。

⑤参见百度百科之“战国”，http://baike.baidu.com/view/20236.htm。

的个人喜好所决定的，而主要考量明星身上所可能隐含的票房价值。明星所谓的“身价”，很大程度上是由其可验证的票房价值或可预测的商业潜力所决定的。而《战国》的例子还再次证明，如果没有影片的创意、叙事、制作作为支撑，明星也许只是一个空洞的存在。明星并不是解决票房问题的灵丹妙药，因而才会有“票房毒药”之说。

三、明星消费机制与电影产业发展

上文所讨论的葛优、杨幂以及景甜的明星个案，虽然他们在中国电影建构的公共文化空间中有着截然不同的位置，他们对影片及市场的影响力也各不相同，但却凸现了中国电影产业化进程中明星消费机制建构的一些共同问题，其中，明星生产与消费的盲目与非理性，客观上对电影产业本身构成了负面影响乃至伤害。虽然本文讨论的主要是明星消费问题，但究其实质，作为文化工业的电影正如一般的工业产品，生产与消费是一个硬币的两面，一个过程的两端。没有消费，生产就没有意义；没有生产，自然就不会有消费。

从明星生产一端而言，中国电影产业机制中并没有形成良性而成熟的明星生产机制，而是更近似于个体式的手工作坊。这样的机制中，明星生产的成功只能更多依赖于导演“点石成金”的能力，比如张艺谋对巩俐、章子怡、董洁、窦骁、周冬雨等演员的“开发”，以及电视剧导演赵宝刚对明星的独特“发现”；或者借助影片及导演的强大影响力，比如《集结号》成功地“制造”了作为电影明星的张涵予；或者利用其他领域创作的铺垫，即先于电影在其他创作领域的明星效应，比如因电视剧大热而出演《孤岛惊魂》的杨幂；再或者就是赌博式的偶然机遇，即所谓的“运气”，比如王宝强。这些明星生产的方式均在很大程度上具备个案意义，而并不具备作为电影工业体制之重要组成部分的普遍价值。

就目前国内电影明星来源而言，以北电、中戏、上戏为主体的电影学院以及专业艺术院团是产生明星的主要渠道。除此之外，还有来自其他专业领域（比如流行歌手、时装模特、相声小品演员等）并已经成名的人员，以及通过各类选秀产生的如王宝强这样的“草根明星”。以科班出身为例，专业艺术院校的选拔与培养机制或许更侧重于作为演员的基本素质和能力的培养，而北电表演系 1996 班（赵薇、陈坤、黄晓明、郭晓冬）与中戏表演系 1996 班（章子怡、刘烨、袁泉、秦海璐、梅婷）“不约而同”地成为“明星班”，是偶然机遇，还是主观努力的结果，却并没有获得学理上的研究。

所谓“演员”与“明星”的差异之一，是演员可以单纯依赖角色而获得存在价值，明星则不能。明星往往是多种因素（演员、角色、公司、媒体、观众等）共同作用的产物，这些因素构成了关于明星的“互本文场”。也就是说，观众在明星生产与消费的链条里，往往能够起到举足轻重的作用。如果说，本土的明星生产机制如前所述还没有真正进入现代工业化体制的运作之中，那么，粉丝的非理性则恰恰成为与之同构的文化现象。

作为粉丝的观众，在一般意义上，他们“并不直接‘认识’某个成为明星的银幕外真人，他们知道的仅是通过各种来源（影片本身和影片的宣传材料、报刊上的花絮栏目、采访、报道文章等）传播出来的那位明星的特定表象。公众认识的不是作为一个人的明星，而是作为一种形象的明星”①。而他们的兴趣点，除了明星的演技、明星塑造的形象之外，则更多在于明星银幕之外的生活。明星的银幕表演和银幕之外的“表演”（如出席各种典礼、秀场，代言广告，以及私生活等）常常容易被自相矛盾地混淆起来，“几乎每一个研究过这一现象的学者都评论过这组作为明星地位之基础的悖论。明星既无权又有权；与‘普通’人不同，同时又‘像我们一样’。明星有着巨额薪金，但他（她）们因之赚大钱的工作似乎不是在银幕上。对明星来说，才华算是应该具备的，但在表演才能和明星之间并没有绝对的相关性。如果明星做每件事都要像在影片中的表演‘工作’那样，他（她）便几乎没有私生活了，而明星形象的很大一部分就是在‘私’事（风流韵事、婚姻、时装趣味和家居生活）上建立起来的”②。在这样的情境之下，明星的个人生活往往变得公开而透明。

另一方面，电影明星身上往往寄寓着当下时代的某种时尚、流行或者缺失，这在很大程度上成为“追星族”的心理动因，成为粉丝迷恋明星的重要缘由。粉丝一旦与明星之间形成认同关系，此种“契约”往往是不讲道理的，他们很难对明星保持理性的认知与判断。明星与粉丝之间的关系，可以说在某种程度上被宗教化了，明星成了粉丝的信仰。追星，其实就是无条件地忠诚于自己的信仰。这样，我们才能理解粉丝看似无缘由的狂热，才能理解明星中较为普遍存在的“隐婚”行为。批评粉丝心中的明星，其实就是抨击他的信仰。也正因为如此，前文所述的《恋爱通告》、《孤岛惊魂》等创意一般、制作粗糙的影片，在王力宏、杨幂的粉丝那里，或许

---

①［美］罗伯特·C.艾伦、道格拉斯·戈梅里著，李迅译：《电影史：理论与实践》，北京：世界图书出版公司2010年版，第205页。

②［美］罗伯特·C.艾伦、道格拉斯·戈梅里著，李迅译：《电影史：理论与实践》，北京：世界图书出版公司2010年版，第207页。

能得到更多的宽容。

“粉丝”与以前所谓的“追星族”一词，其内涵可能不尽相同。“追星族”主要指追逐、迷恋明星的一个“族群”，而粉丝则往往还参与“造星”的过程，比如在“超级女声”等选秀节目中，明星与粉丝是在其互动的过程中同步产生的。电视选秀的这种特殊机制，是否有可能为电影明星制的形成提供某些启发?

（原载于《当代电影》2013 年第 6 期，略有修改）

共赢性博弈：在竞争中借鉴　在合作中坚持
——粤港澳广电传媒生态开放环境下的择优选项

朱剑飞
（华南理工大学新闻与传播学院副院长，教授）

广东是全国唯一有境外电视公开合法落地的省份，也是境外电视进入大陆的桥头堡。在广东办广电，在中国为最难但也是最具挑战性与最有生命力的事情。从区域文化形态着眼，粤港澳基于深厚的地缘、商缘、史缘、亲缘，又因“一国两制”而导致传媒功能与体制观念的重大区别，有了异质同构的传媒生态特点。探讨粤港澳三地广电传媒在竞合中实现“共赢性博弈”，须有历史的眼光和现实的清醒，即以港澳回归祖国前后为界，深入了解彼此间传媒博弈的历史变迁、格局成因及其战略部署，认真梳理其内在发展机理并为彼此间的共生共赢提供有益镜鉴。

一、历史轨迹：竞争中借鉴

香港回归祖国前，粤广电经历了“国门洞开，眼球饥渴”的吸纳过程；同时也表露出“相形见绌，被动防守”的心路历程；期间与强势的境外电视更是形成一个“与狼共舞，镜鉴自成”的发展状态。

1. 国门洞开，眼球饥渴

史料表明，20 世纪 80 年代，珠三角“鱼骨”林立，香港电视媒体最先通过边境溢波传播，事实性进入珠三角，并给境内受众带来新鲜感与诱惑力，而且是“风景这边独好”。香港电视媒体有条件的进入则起于 1994 年 6 月广东省有线台的成立，其传输过滤的无线、亚视节目，至 2004 年 8 月澳亚卫视的准入，先后在广东境内合法落地的境外频道达到了 9 个。1999 年广州市调查数据显示，香港电视收视率达 72.5%，而本地集中央及省、市三级电视之力，方才达到 27.5%，更早的时候二者之间收视率对比高达 9 ： 1。作为一种行业交流，有着合作性进入的纪录则可追溯至粉碎

“四人帮”的20世纪70年代末。当年粤港两地的行业合作交流从初尝“牵手”滋味到联手购制的合作“甜蜜期”，再到后来重大事件的联合报道、综艺娱乐节目的联合制作，多为断断续续，有量无质，散乱而又繁杂，合作形式有限也尚未形成系统，但为之后的合作深化打下了一定基础，较有影响的有：1978年开始的每年一度的粤港现场直播的“省港杯”足球赛，1979年1月29日香港无线电视首次在广州现场直播的《羊城贺岁万家欢》，1983年、1984年广东电视台分别与亚视、无线首次合拍的《大侠霍元甲》与《铁桥三》等等。

2. 被动防守，守土有责

这是来自本能的抵制，也是悲壮的口号。面对来自境外强势的不同意识形态的电波讯号，内地政府主管部门的直接做法包括：

一是强拆鱼骨天线，查抄卫星接收器。先以偷听敌台为名治罪，后无法遏止，因而相关的强拆与查抄成为地方政府的一项重要政治任务。当年的东莞县委副书记曾放言：如果“七一”前东莞的鱼骨天线不消灭，我这个共产党员就白当了，就退党！有感于粤境电视的空中失据，当年在岗的省委书记铁腕出手，曾三次亲率队伍下乡，铲除珠三角一带高楼屋宇上的鱼骨天线。这当然是意识形态领域的守土有责，也是鉴于香港回归在即，对港英当局在传媒领域通过放松管制而达到“民主拒共”目的的防范之举。

二是全国支援攘外，无偿提供节目源。1983年，中宣部和广电部联合发出“全国电视台支援闽粤电视节目”通知，大打一场意识形态的空中之战。而且为形成长效机制，要求同时联办每年一度有34个省级和单列城市参加的全国省级电视台节目交流会。在相当长的一个历史时期内，广东电视台节目源中来自这一交流网提供的就占其播出量的35%以上。这是时代的重托，也是行业雪耻必须做到的众志成城。

三是境外信源联网，延时把控敏感点。20世纪80年代末，佛山广电率先将香港电视讯号接入其光缆区域网中，90年代初在广东中心城市及广州市的东部网中移植。对于入网的境外敏感信号源，则实施用公益广告“遮蔽屏显”的做法，以至于广州的导游们在大巴上最爱调侃的一句就是遮蔽屏显的广告词，即“广州是我家，清洁靠大家”。延及于今，广东广电全网直播仍有延时一两分钟不等的应急举措。

3. 与狼共舞，镜鉴自成

不过，开放并不意味着市场失守，开放同样可以是自信心和竞争力提高的双重来源。事实上，广东广电首先被要求培养“接受挑战更能够受益”的竞争意识，与狼共舞，以开放倒逼改革，最终在与境外众多的华语媒体的激烈竞争中，发挥主观能动性，讲究务实、宽容与变通，开掘多重优势，借助坚持开放、保护、创新三位一体的战略决策，实现了由战略退守到僵持再到进取有为的重大转折。当年的举措包括：

一是应对挑战，方言成利器。从1983年8月起，将作为“广东电视二台”的十四频道定为专用粤语的频道，随后还进一步规定，粤语方言是自产剧目首播的规定语言，从而保证和改善了与香港电视竞争所必需的语言条件。广东地处岭南，与香港在文化上同根同源，均属于以广府粤语文化为主的岭南亚文化圈，粤语的影响根深蒂固，客随主便，形成了广东人独特的收视习惯和偏好。如果说，粤语在一定程度上是阻止外省卫视顺畅进入广东的“防火墙”，那么对于香港电视来说，广东粤语电视则成了香港电视长驱直入称霸广东收视市场的“通行证”。为了应对香港电视，广东“粤语”电视频道同样得借助方言这饱含本土文化元素的“文化视角”的优势，强化作为区域电视媒体的核心竞争力。

二是兵临城下，亦敌也亦师。港台电视节目进入内地十年后，当年的溢波传播改为辐射战略，这是香港电视影响力日深所致。对于政治上的对手与行业的先行者，需要有一个客观的认识：香港电视在20世纪80年代就已成为全球八大电视网中的亚洲区唯一一个直属分网，香港电视文化也因此成为中西方电视文化的交汇点，它以其丰富多彩的新闻、资讯、娱乐和教育节目，既为香港市民也为内地的广大受众打开了一片现代传媒的新天地。香港电视节目中，新闻资讯节目多，时效强，市民关注度高，且有犀利的时评和较有广度的报道；再就是经常组织并播放大型综艺节目，综艺节目又叫特备节目，包括节日庆典、颁奖选美、慈善救灾等各类晚会，因其广告收入可占电视台收入的60%，故成为电视台花巨资精心制作的重头戏。还有就是它最引人注目的黄金档节目——电视连续剧，这些剧目虽然故事多为虚构，但细节逼真，风格多样，剧情浓缩，高潮迭起，且制作快捷，产量丰硕，成为香港电视吸引眼珠的独门利器，其作品不仅在香港、在亚洲、在世界华人圈中有市场，在内地同样一经受众接触就广有口碑，风靡一时。当年构成香港电视的王牌是：拥有雄厚资金并坚持商业化运作，坚持市民性与娱乐性，保持节目竞争力，国际化（新闻“自由化”报道）与本土化并行，新闻节目、娱乐节目与电视剧（含独特的电视电影）这三张王牌成为其三大立台支柱。

三是借力打力，立三大王牌。在被打压中崛起的广东电视，在摸清新闻节目本土化与贴近性的缺失是香港粤语电视在广东收视的软肋之后，以新闻节目尤其是区域性与贴近性较强的民生新闻栏目作为突破口，逐步形成自身的民生新闻、粤语风味与互动娱乐这三大王牌，带动全局与香港粤语电视争夺收视，这一直都是其主力频道即珠江频道的既定之策，之后沿袭下来并构成了日渐具有规模和影响力的竞争格局。一是自办新闻节目聚焦本省民生，即在全国最早开办贴近性强、地域特色明显的民生新闻。其晚间两大新闻栏目《630新闻》与《今日关注》，在本土地域特色上主要突出了三个方面：选材的地域性、视角的生活化与语言的本土化。二是自创文娱栏目凸显广风粤韵。珠江频道先后推出了具有深厚岭南文化特色的娱乐节目《粤韵风华》，展示广博璀璨的珠江流域文化的《文化珠江》，定位于“好食、好玩、好看”的《厨神争霸》，介绍岭南时尚、美食、生活、娱乐等方面内容的《相聚珠江》，短小精悍、轻松幽默的广东首个“脱口秀”节目《任讲唔嬲》等。三是自制系列根植岭南沃土的短剧。当中前有逾千集的《万花筒》，后有同样超过千集的被多个内地电视台嫁接翻拍的《外来媳妇本地郎》。《新周刊》在2005年中国电视节目榜——榜外榜中将后者誉为“最长寿的本土电视剧集”，并把其评价为“不仅是新时代的广式生活样本，也示范了中式肥皂剧的无穷可能性”。四是电视剧场紧扣区域偏好。广东电视珠江频道经过多年的探索，逐渐找到了诸如粤语播出、故事好看、娱乐元素多、没有说教并偏向古装搞笑等的广东观众的收视偏好，并坚持选择符合这一标准的电视剧在黄金时段的《珠江剧场》连续播出；而精选一批轰动一时的经典影视剧如《精武门》、《义不容情》、《火玫瑰》、《京华春梦》、《我来自潮州》、《我本善良》等撑起了珠江频道一个又一个的高收视平台。最值得一提的，是电视剧目从引入到自创的质的飞跃：20世纪80年代末广东电视台的自制剧《公关小姐》，其收视率超越了港剧在内地的最高收视率，相对收视率83.2%，绝对收视率52.1%。而且这一势头一直延续了整整十年，表现在以《情满珠江》、《和平年代》为代表的90年代广剧的异军突起。

二、现实抉择：合作中坚持

港澳回归祖国后，在“一国两制”中的合作中必须有所坚持。期间在中国“入世”这一“开放倒逼，异质同构”的现实格局面前，粤广电正视包括内地电视崛起在内而形成竞争于无形的“多极格局”，通过产业化、集团化的改革实践而呈现“资源整合，潮涌珠江”的生机。

1. 开放倒逼，异质同构

一是目标换位，和而不同。时任广东省委书记张德江曾讲过：“追兵是标兵，对手是老师。”虽然这主要是对内地的佼佼者而言，但今天这番话对已经回归祖国大陆并依法允许进入珠三角的港澳电视，同样可以适用。因为竞争角逐的目标已经换位，一国治下讲“两制”，对手还应是朋友。事实上，港台电视尤其是其中的亚视与凤凰，包括澳门的澳亚卫视等主要媒体的背后，有内地背景的内资比重越来越大，对之完全可视为本民族电视的一部分。按传统中国文化的东青龙、西白虎、南朱雀、北玄武的划分，港澳电视当是我国民族电视的朱雀，堪称南方支脉的代表。“一国两制”之下，她们的最终行政准入，也因其推行非“政”特色、资讯娱乐兼备、中西文化贯通，并有丰富的制作经验与市场运作模式，呈现良性的行业竞争与多元化的发展空间，入境以来一直为内地同行所注目。特别是在香港注册但一直难以在全国广泛落地的凤凰卫视中文台，也连续多年被中国学界权威机构评为内地最受尊敬的媒体企业，在世界华人圈中口碑良好。在与这些已非传统意识形态敌手的竞争较量中，我们应以优势互补、扬长避短的竞合策略为上策，而不是以彼此兵戎对撼、互为消长为快意。与时俱进，追兵为标兵，和谐相处，共同发展，是粤港澳三地媒体面临的共同新话题。

当下的文化全球化是一大时代走向，这是一个统一与多样并存，中间充斥冲突且发展不平衡的过程。最高境界是孔子所言的“和而不同”：“和”是交融，是主流，但交融不等于是同化；“不同”是特色，但也包含有冲突，其中夹杂着不同国家或地区的经济利益和意识形态之争，但冲突并非排斥，而且还是支流。文化全球化引发的全球化与本土化、同质化与异质化、多元化与一元化是文化发展中的悖论，相反亦相成——粤港澳三地电视完全可以在开放竞争的生态环境中共同创造出一种相异统于一的大中华文化精神。

粤港澳电视应当是“异质同构”：粤港澳虽有深厚的地缘、商缘、史缘、亲缘，却因“一国两制”而导致传媒功能与体制观念有重大区别，有了异质同构的传媒生态特点。作为内地包括广东在内的广电传媒机构，直接隶属于意识形态宣传范畴，虽同样要步入时代转型之列，但在其复合的政治属性（政府喉舌）、社会属性（社会公器）与经济属性（特殊产业）这三大属性中，政治属性是排列第一的，因而在其不断深化改革之余，时时不能忘却强调执政的共产党对意识形态工作的核心领导；而港澳同行，基本属于公共事务范畴，且多为私人资本入股并且是公司化的运作，强调传媒产品的商品性和公众性，为了商业回报把服务意识置于首位，在强调受众知情权及自由新闻的同时，有着颇重的娱乐大众的倾向，荧屏上“八卦”与“丑闻”不断。鉴于彼此“具有各自渊源和系统”的意识形态、公办私营、文化性格等历史传统的影响，内地传媒呈现出“党性指导下大胆革新”的整体趋势，而港澳传媒则表现出“从远离政治（信息娱乐化）到靠近政治”的发展特征。

二是空域开放，改革显效。中国执着地争取到“入世”，其传媒市场开放势在必行，而且利大于弊，要多从接受挑战更能受益角度认识问题。只是在开放中，国家文化安全预警机制的防范运作讲求平等和适度让渡到梯度开放直至双赢的理念。广东是改革开放前沿地区，兼容、宽松、灵变、和谐的政治及人文环境，预置并强化了社会开放的心理和对外来文化冲击的免疫机制，也因此国家及政府控制广东文化开放的阀值历来偏低，而且广东观众更理性和不盲从。在经受了境外电视长年冲击并已经加入WTO的今天，对于国家让广东充当开放窗口甚至是文化租界的做法，本土媒介借机谋求的应是先行一步的传媒产业试验园地而不是保护性的传媒行政特区。实践证明，正是加大了空域的开放力度才让广东的媒体新闻改革有了实质性的突破。香港知名学者陈韬文教授在《香港对中国传播系统的影响》一文中，论及内地开放空域所受香港媒体的影响可概括为四种：示范与中介、竞争与协作、直接冲击、间接助长言论自由。这些影响是“渐进式的、不平衡的、由表及里的、由近及远的”，并直言“电视在各个层面上对广州居民有显著及系统的影响”。事实上，这些影响更多还是积极正面的，属于正能量的。

三是合法进入，跳板在粤。港澳传媒的合法进入应从“入世”背景下的2001年算起，当时以最亲近内地的华娱电视开了先河，接着是凤凰卫视，2002年、2004年先后是亚视、无线，十年后依次得到正式户口。这也见证了，作为具有开放容纳胸怀的粤境主人，对不请自到的客人终以开放、学习、借鉴的心态接受了自己强劲的竞争对手。港澳之地历来是境外势力抢占亚太的跳板，而港澳传媒同样也将落地粤境作为跳板，正如凤凰卫视，眼光直接放到了中南海，放到了中国电信，放到了互联网，当时它的高层已表明，“给我一个支点，就能够与央视相抗衡”。机遇出在了当年让央视蒙羞的“9·11”事件的报道上，“重大新闻报道看凤凰”。当年朱总理在两会期间对现场采访的凤凰台的吴小莉给予的特别关爱，为在场众多媒体所侧目。

2. 多极格局，竞争无形

一曰市场生存，不分内外。中国入世，粤境与内地形成梯次市场开放格局。内陆市场经济的转轨，也表明传媒转型在即，而广东的主流媒体已由原来的二元竞争升至多级竞争。当年珠江频道为“迎战”境外电视而生，并在竞争中不断壮大。2005年，粤港传媒竞争态势大逆转，随着广东电视的全面崛起并占据广东收视份额的半壁江山，当年并肩作战的“队友”变成了对手。多年来，广东本地人不习惯收看央视，原因也许是方言障碍，也许是南北文化差异，以粤语播出的珠江频道从一开始就专注于与境外媒体的“抗争”。但近年来央视体制改革幅度较大，越来越有国家大台风范，推出的许多节目特别是大型娱乐节目和重大新闻题材的策划，如中国载人航天飞机升空、申奥成功等，地方台只能望洋兴叹。加之湖南、江浙卫视的异军突起，且跨年晚会都办到了粤境内，都在不断蚕食着广东区域市场，领军的广东电视珠江频道受到更严峻的挑战。而在内地两大经济最发达区域，广电传媒的发展格局应是“珠三角在看长三角”。今天无论从硬件还是软件上看，粤港澳三地电视同行的最大竞争对手来自长三角，后者管理严谨，理念先进，硬件过硬，产业发达，综合素质甚高，且发展后劲强势，明确追求三大定位：宣传舆论主阵地、文化产业主力军、内容服务主平台。其学习目标已绕过港台，深入欧美的世界创意产业之都，直接与国际接轨，体现海派风范。这当以苏州广电的标杆管理与江苏总台的节目系统创新为旗帜。

二曰创优创新，产品为王。广播影视归属内容产业，因此“内容为王”已成为传媒界最为熟知的理念之一。但就电视而言，传媒数字化导致卫视成寻常传播手段之时，渠道就不再是一种稀缺资源，内容的数量与质量成了渠道之争的资本。正是电视节目出现“家族相似”的特征而导致媒介同质化，决定了内容为王的择向发生了向定制性内容为表征的“产品为王”的倾斜。实际上，名义上包含有载体、资讯与规则三要素的“媒介产品”，其内涵已远超内容概念：一是强调打破以往对单一媒体的“全程依赖”，确定内容要素越来越需要通过不同介质平台的关联组合，形成一个适应于人们新的媒介消费习惯的“产品链”与“服务链”；二是突出节目内容的选择主要取决于对分众的、个性化的丰富内容资源的有效开发与利用；三是着意改善传受关系，参与传播领域“平民化革命”，要求有效地扩大受众（用户）在传播过程中的选择权、接近权与表达权，使其在内容产品的策划中实现区别于传统模式的创新与构建。从《万花筒》到《外地媳妇本地郎》，如今这些在珠三角地区最受当地观众欢迎的广东电视系列短剧，之所以都有长达千集的生命力，成为“最长寿的本土电视剧集”，是因为他们都是受到珠三角观众的热捧而专门定制的产品。

三曰差异竞争，取长补短。粤港澳三地由于传媒体制迥异，形成媒介政策、待遇、环境的不平等，自然引发各自传媒生存与发展的差异化，但可实施差异竞争，在有所规避、有所坚持或有所保留的前提下，实现取长补短。当中由于港澳传媒自由开放的新闻管制以及私营性质，其在新闻价值取向上以观众为核心，报道紧密围绕与民众息息相关的经济新闻、公共信息，并且突出时效性与接近性，强调现场报道形式，而在内地收视长期占优。而面对港台的“自由话语权”，粤境传媒的突破往往在于借助开明政府搞全程直播发布会（如非典疫情新闻发布会），重大活动（赛事）与重大事件的最权威、最优先的报道，并以报道的深度与权威解读及把关取胜。

3. 资源整合，潮涌珠江

一曰双龙出海，推波助澜。中国电视界少有一省两个并列省级台并且都能上星的先例，先后而立的广东电视台和南方电视台被定位为“双拳出击，双龙出海，两台并驾齐驱共同发展，统一使用调配资源”。尤其是2001年12月南方电视台的成立，虽然起因是中国广电的“有线无线合并改制”，但更主要的是它是广东广电改变生存竞争格局的战略思考产物：一是增添粤港澳媒体竞争生力军；二是规定其市场化的运营模式将为随后成立的南方传媒集团作出可行的预案；三是借之引入激活广东电视媒体市场的新动力。成立后的第六年，国家广电总局发展研究中心在《2007年中国广播电影电视发展报告》中作出的评价是：南方电视台作为中国最年轻的省级电视台之一，“通过组织优化、流程再造、定位调整、差异化竞争、品牌塑造等一系列举措，成为广东市场上收视份额增长最快、升幅最大，并能与境外电视竞争的主力”。

二曰联合发展，崛起南方。2004年1月18日，联合了19个地市媒体而在全国首创全省性的南方广播影视传媒集团挂牌，形成特有的“南方模式”，即时任集团总裁王克曼在职时所总结的，强调以发展、和谐为主题，以条块结合为本质特征，以联合发展为核心内容，注重广电规律、市场规律、传播规律和需求规律的结合与平衡，以此改变广东广电与境内外媒体的竞争格局，确立主流媒体的主体地位及主导作用。从严格意义上来说，“联合发展”与产业集团化要求的“资源整合”尚不能同日而语，但它在一定程度上符合了当今中国传媒对社会宏观思想的响应，并带来运营管理上“共赢”的优化局面，形成了集团本部与地市成员单位旨在加强协作、资源共享、优势互补的喜人效应。历史证明，在经历了从2001年南方电视台加盟竞争到2004年10月间的“阵地争夺战”阶段之后，“南方模式”战略实施仅一年有余，南方传媒集团就凭借联合发展的合力优势，实现了从“被动防守”到“主动出击”的战略逆转。来自尼尔森公司的权威数据表明，2005年上半年南方传媒集团在广东境内收视市场份额比是54.9%对45.1%，首次整体超越境外及香港电视，以此为分水岭，2006年之后，合力中竞争的收视比更是稳步达到七比三以上，取得了开创性也是长效性的竞合成果。

三曰品牌当道，格局改观。考察当今粤港三大同类品牌的时政性栏目，即凤凰台的《时事直通车》与后起之秀的《直播港澳台》（深圳台）和《全球零距离》（广东台），均是新闻节目中的“连线中国”，彼此关系既是师承借鉴，也是实力对撼：前者具有全球视野，追求“当大事发生时我存在，有中国人的地方就有我”，栏目设有头条新闻、国际专列、时事点评、国际集锦、海峡两岸、港澳聚焦、科技报道、财经消息和社会掠影多个环节，每逢报道国际重大事件，还必有评论员现场作时事点评。中者借由地缘之便，首创人无我有的“全方位播报港澳台资讯”栏目，将区位资源转变成媒体竞争优势，并突出节目的差异化、脱敏化、多元化、深度化，着意在现有电视市场格局下尽可能突破藩篱，让“中国新闻”走向“新闻中国”。后者作为周播栏目，则突破常规，采用“本周关注 + 军事观察”的板块架构，通过抓住重大国际新闻事件，借由新华社、中国国际广播电台遍布全球的记者进行现场连线直击采访、邀请国内外权威专家连线点评分析，进而挖掘新闻背后的细节。栏目立足新闻评论、观点剖析，从全球视野出发，紧跟国际热点时事，深入报道现场，将国际新闻报道的深度、广度和高度淬炼在短短的20分钟时间内，充分满足受众开拓国际视野的诉求，实现高度资源平台整合，让“全球”概念立体呈现。两地三者的实力颉颃，如果说《时事直通车》赢在传播范围和内容择取的广度，那么《全球零距离》则胜在报道内容的深度和视野的高度，《直播港澳台》则强在资讯的浓度和平台整合的力度。

三、未来愿景：共赢性博弈

党的十八大之后展示的未来愿景是共赢性博弈。今天粤广电的“引进来”是为了更好地“走出去”，达到境内外同行的“竞合双赢”；传媒的“市场融合”靠深化改革来推动；而“一国两制”的庄严承诺决定了同中有异的“大局一统”。

1. 引进走出，竞合双赢

从中国“入世”的 2001 年算起，目前已在广东境内正式落地的港澳电视频道有香港无线（TVB）的翡翠台、明珠台，亚洲电视（ATV）的本港台、国际台，凤凰卫视的中文台、资讯台以及最早进入的华娱电视等，澳门进入的只有成立于 2004 年 3 月的澳亚卫视中文台。而粤境入港的广东媒体从 2004 年开始，先后已有广东卫视、南方卫视、广东电视珠江（海外）频道、深圳电视台新闻频道，以及有港资背景的点心卫视等。就在这竞合的过程中，相对于“引进来”的“走出去”，内地媒体在境外出现了受众有限而导致“传播的发展空间窄小”的发展障碍。因此，深刻总结当年香港电视在被“引进来”的过程中彼此实力消长的经验教训，高度注意自身软实力的升值空间，着力在“走出去”的同时积极引入先进的传媒管理方法、技术以及相关的人才培养机制，同时做到思想解放、合作包容与市场对接，包括适度开放境外资本被拒于门外的高度垄断的传媒行业禁区，寻求竞争双方从非合作博弈向合作博弈的内核转化，而不是一味地追求在收视和利润方面的胜出，这应当是“引进来是为了更好地走出去”的最好注脚。事实上，作为广东媒体走出去的代表——广东电视珠江频道已从“借船出海”提升到了“造船出海”的境界。2004 年 7 月，珠江频道海外版（2008

年改称珠江频道境外版）开播，经营触角延伸至境外媒体的收视大本营，对境外媒体的内地攻略形成了制衡。2005年，珠江频道6小时海外版节目入股马来西亚覆盖东南亚及周边地区的华语电视频道“家娱频道”；同年，珠江频道海外版落地香港和澳门。2010年7月，珠江频道借助香港最大的IPTV-now宽频电视进入90万户香港家庭，并引发竞争对手TVB的重视。迄今，珠江频道已经进入香港、澳门、马来西亚、印尼、菲律宾以及美洲、欧洲、南非等区域的电视网络，覆盖面之广、观众之多在国内省级地面频道中绝无仅有，为我国的省级地面频道树起了一面“走出去”的旗帜。

基于“走出去”战略的有效实施，在主要节点上还有必要改善的，一是入乡随俗，拓展生存空间，即强调因地制宜，深化本土融合，例如号称粤港频道的“点心卫视”，要引入外资管理模式，引入雄厚民间资本实力，突出频道定位特色；二是求同存异，发挥各自优长，即承认粤港澳三地新闻资讯的快慢、深浅、议评的角度与高度各有不同，但彼此的受众是青菜萝卜各有所爱，各取所需，互相印证，当然也包括取长补短或互为补充；三是鼓励民营影视企业走出去，让政府、民营与外资这三驾马车做到并驾齐驱，形成快速发展的合力。

2. 改革推动，市场融合

一曰正视瓶颈，深化改革。从宏观着眼，内地传媒走出去，宏观体制规则层面的改革进程缓慢是最大障碍，当中有着长期的计划经济时代的落后管理思维与运行惯性，这当然需要国家从政治领域层面实施重大改革才会有所突破，但眼下可以做到的，是尝试从人文、地理、资源、经济、市场、人才、文化遗产、珠江文明与文化，以及国际影响、外商投资旅游等角度去寻求合作性博弈的契合点与合作基点；从市场经济的转型对接中，实现资产管理向资本运营的有效转变。从微观入手，就是反省对外传播空间有限的众多环节，包括频道定位模糊、节目创新不足、内容针对性差、政治宣传味浓、受众构成单一等，从中一一对应，找到突破口，从而加大珠三角地区新闻资讯的分量与改善之前的缺陷，尤其是要在报道内容、报道方式以及媒体产品定位、媒体功能和经营形式等方面更加市场化。

二曰市场主体，合资合营。传媒作为一种产业，要适应由计划经济体制向社会主义市场经济体制转变的形势，就要进一步深化改革，逐步理顺政府与媒介、媒介与市场的关系，把媒介推向市场，形成真正的自主经营、自负盈亏、自我发展、自我约束的市场主体。粤港澳传媒实现合作博弈，甚至合资合营，需要市场对接，而且成为市场主体必须拥有独立的产权，即使是国有控股堪属特殊产业的市场主体，至少也应该被授予相对独立的经营权，才能够在市场活动中放开手脚，主动追求社会效益与经济效益的综合最大化。所以，境内传媒市场主体的建立和产权制度的改革确实是传媒体制改革的难点和焦点所在。可以这样说，对外开放“走出去”遇到的问题需要上升到体制性解决的高度。因为一流的媒体首先靠系统，而不是靠人才与老板。传媒的核心竞争力直接来源于业内有着充满活力的系统。当前的体制因素，特别是条块分割的生存格局与偏执僵化的事业属性，已经成为影响中国电视业发展以及电视全功能发挥的最大障碍。而这一“障碍”只是不合时宜，并不意味着对历史的“否定”。应当指出，今天内地广电行业的改革与创新以及与国际接轨的最大阻力，不仅仅是观念问题，更在于由政资、政事和政企不分而带来的诸多矛盾及其利益之争。

三曰平等对话，联合发展。合作博弈基于平等性，这也是由市场经济的本质所决定的。市场经济的基本规律是价值规律，市场交换的基本原则是等价交换，市场主体在市场上只有相互平等、具有平等的权利和义务，才能实现主体间的交换行为。我国传媒长期处在一种极度分割的市场结构之中，政策壁垒森严，块状行业管理陈旧，地区壁垒、媒体壁垒、行业壁垒严重阻碍传媒产业的扩张和发展。虽然某些文件中规定要同等对待市场主体，港澳回归祖国以来特别是入世之后更是如此强调，但是在传媒业界的实践中却困难重重。

3. 一国两制，大局一统

一曰完善规制，法治管理。港澳回归后，实施的是“一国两制”，强调的是求同存异，依法办事。考量彼此，在传媒政策方面，港媒法规是“立法严、执法宽”，内地是“立法泛，纪律严”。前者强调言论自由是天赋人权，后者坚持以政治权利来规定公民的新闻自由。要和谐，就要互相尊重，互不干扰，长期共存，共同发展；要合作，要进入，就要沟通，寻求共识，而爱国主义、法治精神与市场经济是良性竞争、共同发展的三大宝典。

二曰文化趋同，资源共享。中华民族优秀的传统文化是粤港澳民族电视共同发展的源泉与根基。今天在意识形态最敏感的领域讲文化意识与文化眼光，其目的首先就是希望粤港澳三地同行在自身观念上能早日从以往各自或多或少存在的狭隘、单一、短视、线性的思维定式的束缚之中挣脱出来，以形成宏阔、多元、深邃、立体的新视野，开拓出更有作为的新天地。文明，是文化的价值取向，而政治文明又是传媒跨境跨越发展的根本保证。在中国继续坚持改革开放的时代大背景下，作为粤港澳电视发展根基的珠江文化有着三大潜在优势或三大良好素质：

一是珠江文化所属的海洋性文化带来的开放性、兼容性、善变性，十分有利于形成当地开放、宽松、灵变、和谐的政治环境和人文环境，从而也预置并强化了社会开放的心理。这十分有助于帮助彼此从容判断真伪、美丑，强化精神免疫力、心理承受力和文化吸收能力。

二是珠江文化所属的感性型文化特有的非思辨性和强劲的生命活力，

对因袭而来长期扼制我们民族生机的独断的理性主义价值意识，具有强烈的忤逆冲劲，当我们在召唤时代、争取民族生命魅力得以充分展示的时候，它们尤显气息清新、感人，具有革命性意义。虽然略具叛逆色彩，但对唤醒感觉、张扬感性、改造国民性、活化社会的精神面貌与改善宣传手段具有重大的实践意义，也是有别于北方同行的某种南派的精神特质。

三是珠江文化所属的边缘性文化因疏离文化核心而具有的自主格局（表现在珠江文化身上就是极富变异色彩的远儒性，以及中央政府赋予的特殊灵活政策），蕴含着当地社会敢于独树一帜走向多元、开放而更富有创造性的巨大潜能，这在历史重大转折时期，亦表明它不可推卸地要担当起向内陆地区辐射新文化的历史责任。应该说，文化的远儒性固然使之失去厚重和纵深的优势，但反过来当内地深感传统因袭沉重而更急迫于破旧的时候，它却因更多地受到时代浪潮的冲击而更专注于纳新与创新，改革开放早期的广东电视台拥有中国传媒相当多的全国第一就是明证。

三曰竞合通途，博弈共赢。所谓的博弈共赢，即互为对手的决策主体在相互影响、相互作用的条件下，如何理性地实现自身最优策略组合，寻求帕累托效应以实现自身效用或整体效益最大化，其中共赢是最理想的博弈结果，当中强调实现从良性竞争走向合作自觉的境界。作为多种竞合的有效通途，一是从建立联系渠道到构建合作平台，当中既可通过合办节目、合办公司与频道，达到“借船出海”的目的，亦可通过搭建平台，一如影视节目交易平台，特别是已成功举办过几届、现在有待重整旗鼓的国际华语电视周，通过积极的共同交流合作，创制出大中华文化的系列佳作与品牌集群。二是从项目合作到产业开发，从零敲碎打的项目合作到合资合营的产业开发。广电产业向来拥有政府投资、企业投资、播出机构投资、社会投资、外资投资这五大投资板块，通过积极有效的资本运作，让“五个轮子”一起转出重大的竞合成果。

结语

今天，改革开放已过36周年，粤港澳三地电视同行在生存竞争中要相互借鉴，还得把眼光延伸至祖国北方和欧美；而在继续合作中的坚持，有必要求同存异并上升到大一统的中华大文化。作为粤港澳传媒生态开放环境下的择优选项，首要的还是爱国与政治的文明；合作通途的保障是法治的日益健全与市场经济的顺利转轨；随着两岸三地各自经济实力的日益增强，彼此传媒完全可以实现梦境：在文化产业领域成为国家强大与民族繁盛的最具活力、最有影响力的三大主力军！

（原载于《南方电视学刊》2013年第6期，略有修改）

从语言现象看媒体在粤语传播中的责任

李宏图
（广东广播电台原副总编，广州大学新闻与传播学院特聘教授）

在首届世界广府人恳亲大会上，黎子流作为广州市原市长及广府人海外联谊会会长，说过这么一句话：“广州话唔可以丢，事因佢系我哋南粤嘅先人几千年逐渐形成并且留存落嚟嘅非物质文化遗产。”

由民众世代相传，与百姓生活密切相关的广州话，其发音是粤语的公认的标准音。而粤语作为我国岭南汉民族广府民系的母语，时至今日，在中国的广东、广西、香港、澳门、海南，远至新加坡、马来西亚甚至北美、欧洲、澳洲等华人社区中广泛使用。粤语传播的影响力和重要性，在全球化背景下可谓显而易见。群众关心粤语的使用，关注粤语的传播、继承和发展。这份沉甸甸的爱，使得广东的媒体——作为向大众传播信息的媒介，担负着极为重要的责任。

平面媒体，在过去习惯以普通话的书面语作为使用语言，是粤语传播难以冲破的一道瓶颈。粤语属于非物质文化遗产，具有很强的口头性，口传心授、言传身教的传承形式是平面媒体想对本土语言表达爱的历史遗留障碍。想突破这道瓶颈，部分平面媒体的成功探索是令人感动的。

请看看平面媒体的探索成果：

情景一：

［广州话］

有专家话，“单独可生二胎”政策最快年底启动，广东有可能率先实行。咁即系话，有心生嘅父母，而家准备定都差唔多嘎啦。有人预测，咁有可能造成短期内生育井喷——都话唔定嘅。但广东一向有句俗语，叫做“一个好，两个妙，三个断担挑”，说明优质生育本身系有压力嘅，未必放开指标，就人人都会多生。只不过，多个选择，始终都系好嘅。

［白话词典］

一个好，两个妙，三个断担挑：

这是专门用来形容养儿压力的俗语。以前的人外出谋生就带着一副挑子，前面是谋生家当，后面是孩子。如果孩子只有一两个，挑起来感觉就平衡舒服，但孩子多了，就会把挑子压断，也就是负担不起了。

［普通话对照］

有专家说，“单独可生二胎”政策最快年底启动，广东有可能率先实行。这就是说，有心想生的父母，现在准备也差不多啦。有人预测，这可能会造成短期内生育井喷——也说不定。但广东一向有句俗语，叫做“一个好，两个妙，三个断担挑”，说明优质生育本身是有压力的，未必放开指标，就人人都会多生。只不过，多个选择，始终都是好的。

——《广州日报》“白话广州”专栏

情景二：

麦当劳，一个师奶买了套餐坐下来，边玩手机边哄小孩，这样说。

师奶：都话唔系执番嚟嘅啰，隔离台阿妹就系，成日喊，嘈住晒。(都说不是捡回来的，隔壁桌子阿妹就是，老是哭，吵死了。)

小男孩：噉我呢？（那我呢？)

师奶：你咁乖，人哋送嘅。(你这么乖，别人送的。)

小男孩：边个送㗎？（谁送的？)

师奶：充话费送㗎，咪嘈住晒啦。(充话费送的，别吵了。)

——《南方都市报》“偷听广州”专栏

说白话，品广味，平面媒体开辟专门版面，打破了过去以普通话作为书面语的一统局面。在粤语中，有不少独有的字词在输入的字库里非常冷僻，例如“佢”、“乜”、“冇”。甚至会碰到有音无字、本字难寻的情况，这令大多数报纸、杂志编辑对平媒传播粤语字的实行望而却步。而如今，无独有偶，他们付出的辛勤劳动，促使广东平媒在粤语字的传播上形成各自的特点和影响，实现让百姓从文字中领悟岭南文化的悠悠粤韵。

对比平面媒体在文字上遇到的羁绊，广东的广播电视媒体（包括省级和一些地市级的电台、电视台）以声音或者声音结合画面作为播出手段，在过去很长一段时间，在广东老百姓的心目中确立了很高的地位。因此，以粤语作为播出语言的本土节目，他们的发音往往成为大家公认的参考标准。碰到不大熟悉的字词，大家往往会选择听电台怎么读，看电视怎么念。

然而，部分广东粤语节目出现的语言乱象以及暴露的问题为人诟病。

（1）多音误读。

“到底是什么因素阻碍了粤通卡，调（音“tiu^4 条”）查记者蔡志祥去了解过。”

——某电视节目记者现场报道

（2）词汇乱用。

“整治路面乱停车辆现象，司机交出行驶证后，乖乖接受处罚啦，‘盛惠’200 元。”

——某电视节目主持人解说

（3）成语乱读。

“人世间无乜嘢系‘垂手可得’嘅，要想打开局面，唔落力点得嘎！”

“佢结识噉样一班毒友，‘侧身其间’，唔变都几难啦。”

——某广播谈话类节目

（4）模仿变读。

“索（sog^3）取” 说成了 “索（sɑb^3）取” ；

“机构（kou^3）的”说成了“机构（gou^3）” 。

（5）盲目错读。

“侯某向办案人员表示：自己非常后悔，明知罂粟是毒品，不能贩卖，自己为了每包区区五元钱的利润而‘铛银’入狱。”

“少林寺方丈释永信近日在接受采访时说，近十年来年轻僧人的比例越来越高，‘八十后’所占比例高达五成以上。”

分析在字词读音上的问题，上面例（1）中，“调查”的“调”应该念“diu^{6}掉”，而不是“tiu^4 条”，“tiu^4 条”适用“调整”、“调配”、“空调”等。此类“一字多音”现象诸如朴槿惠的“朴（piu^4）”与朴素的“朴（pog^4）”，浓郁的“郁（yug^1）”与忧郁的“郁 (wed^1)”。

例（2）中“盛惠”是受惠者的谦词。交警不是罚款的受惠者，这样表述失实，有损民警形象；例（3）中“垂手”为“唾手”之误。《后汉书·公孙瓒传》李贤注引《九州春秋》“始天下兵起，我谓唾掌而决”。同样，“侧身”为“厕身”之误。清·龙启瑞《致曾涤笙侍郎书》“某虽不才，盖亦厕身士林，略知大义”。在文字上，“厕”通“侧”，但“侧身其间”的“侧”仍应念“qi^3”(王光汉《词典问题研究——〈现代汉语词典〉推荐词形检讨》)。

例（4）阐述的现象存在于部分粤语发源地的广播电视节目里，有时候受众会听到一些莫名其妙的字音，当中有模仿台湾腔、香港腔的，一些播音员、主持人把这种“模仿变读”误以为是个人风格，实则不然。例（5）的“铛银”为“银铛”之误。《辞海》注：银铛，锁也。而下句中“80 后”指 1980 年以后出生的人，但“八十后”指什么？

以上仅围绕广播电视粤语节目在字词读音上出现的失误，暂且没有将粤语独有的腔调、句式、词组等其他内容一一列举。但这足以表明，当前广东的电视广播媒体对粤语的传播尚缺乏足够的重视，更遑论媒体对我们本土的语言——粤语的纯熟掌握和精妙表达。

广东的广播电视媒体，本应是“撑粤语”的标杆，本着规范严谨的态度是对它的必要的负责。究竟是什么现实原因导致问题出现，令粤语在使用上出现混乱？我们作了以下分析。

一、运营压力弱化了节目质量的管理

从管理学的角度评价，市场压力弱化管理是悖论。基于市场竞争压力，产品的质量和水平应当得到提高。然而，在实际工作的考察中，我们却不得不承认这样一种现实存在。

与平面媒体不同，在中国，广播电视一直属于事业机构管理，对市场竞争模式并不熟悉。在进入市场经济体制改革后，广东的广播电视面对生存与发展的摸索，将主要精力转移到具体的经营指标、节目成本、计划进度与实际收益上，对节目的质量和管理逐渐弱化。

二、对节目改革的不同认识影响了节目定位与取向

面对新媒体的挑战，一些广播电视节目的探索之路变得进退失据，在参考新媒体的改革过程中，“碎片化”改造的表现尤其凸显。

“碎片化”传播，“第一个层面是事实性信息传播的碎片化，这里的碎片，更多的是指信息来源的多元化、观察视角的分散化、信息文本的零散性和信息要素的不完整性；第二个层面是意见性信息传播的碎片化，这个意义上的碎片，不仅指零散性，更指意见的异质性、分裂性”[①]。这是由新媒体传播平台的特点所导致的。

假如广播电视在改革中没有与这样的“碎片化”传播明确区分，即没有充分了解广播电视作为主流媒体与微信、微博等自媒体的原则区别，没有充分把握“碎片化”传播的“信息要素的不完整性”、“意见的异质性”特征对主流媒体的适用程度，导致的结果可能是，大众媒体规范的背景被弱化，新闻学、传播学、语言学等重要的理论基础遭遗弃。当节目定位与取向受到影响时，媒体在传播中的责任意识和对节目质量的要求也将逐渐模糊。

---

① 彭兰：《碎片化社会背景下的碎片化传播及其价值实现》，《今传媒》2011年第10期。

三、运作方式背离了不同节目特性的需求

作为改革探索的重要成果，广东的广播电视有不少节目强调采用直接播出的生产方式，具有较强的时效性、互动性，在氛围制造上更占优势。可是，与录制播出的形式相比，直播对节目主持人的考验大大提高，在表述方式、逻辑思考、语句斟酌、陌生字词的查证等方面都显示出更大的挑战。考虑到直接播出的局限性，广播电视应根据不同节目特性的需求再三斟酌。否则，节目的运作就会处于被动应付状态，节目的质量就难以保障。

四、对粤语专业的人才培养与需求的错位

随着事业的发展与队伍的改造，从事广播电视的节目人员都需要具备较高的才能。他们都是高校相关专业输送的人才，既具备理论知识，也具备实践经验。从广播电视机构对于主播、主持人才的选择和应用的实际情况来看，适应程度和熟练程度是其中两项重要标准。因此，高校的教学如何与业界的需求紧密对接是不容忽视的问题。面对走入社会后难再有的语言基础训练，高校对基础训练课程的设置发出了两种不同的声音。

有的高校认为，“大学生在校期间获取的专业知识与技能随时面临着落伍和被淘汰的可能。大学生在步入职场后，必须根据工作岗位的需要不断更新专业知识与技能，以提高自身的职业能力，适应经济社会发展的需要。职业培训和终身学习应当成为他们对自己的自觉要求。从这个意义上说，传播学专业学生的专业知识与技能就显得不是那么重要”[①]。

有的高校则不以为然，认为“在新闻传播学教育中，应该充分认识到新闻传播学院的重点不是从概念到概念的、空洞的、纯理论的传播学理论研究，而是传授学生们最基本的新闻学原理、基本采写技能和基本价值观，使学生们在走进复杂的社会从事新闻报道前受到严格的职业基础训练。这种新闻学基础训练的严格性不亚于医学院、法学院、商学院对学生的职业训练”[②]。

无论是莫衷一是的态度，还是过分极端的看法，都属于认识的错位，

---

① 李云驰 、季岩砚：《传播学专业学生能力素质培养探析》，《现代传播》2012年第6期。

② 李希光：《转型中的新闻学》，广州：南方日报出版社2005年版，第619页。

极大地影响了高校语言专业的课程设置和教学管理。在人才培养的过程中缺少基本功的扎实训练或者放大它的功效，都是在弱化学生就业的竞争能力，使他们走上工作岗位后，许多问题长时间得不到解决。

广东人撑粤语，爱粤语，愿意主动承担在粤语传播上的这份责任。坚信广东媒体的心亦是如此。立足当下，笔者提出如下建议：

第一，对于人才建设，广播电视媒体应该加强完善对播音员、主持人思想业务方面的建设，包括语言方面的培训，把播出语言的标准和规范列为节目质量的考评，重新恢复广播电视媒体在语言传播方面的权威地位。

第二，粤语教学的课程设置，高校应针对业界对粤语专业人才的实际需求，在抓好基础理论教学的同时，加强实践能力的训练。如何充分利用语言实验室等教学资源，丰富学生实践练习方法？如何与业界密切合作，为学生拓展专业实践平台？如何规范学生实践活动的管理，为学生创造更多参与社会实践的机会？这些都是高校需要研究的紧迫课题。

第三，成立粤语传播研究会。粤语传播不是播音员、主持人的个人行为，而是对全社会都有着广泛影响的。开展对粤语标准化、规范化建设的研究，组织粤语传播从业人员的交流学习活动，定期对粤语节目的质量作出分析和评价，对行业的自律和粤语传播规范将产生重要作用。

对于广东百姓来说，粤语是珠三角地区群众的母语，是祖先留给我们的珍贵文化遗产。而对于从事粤语传播和粤语教学的人来说，粤语更是他们工作的工具和载体，他们肩负着粤语传播发展的重任。爱它，就要对它负责！让我们共同努力，为粤语传播的发展与繁荣作出我们的贡献！

“微”时代，广播的转型和升级

李　静
（深圳广播电影电视集团副总编辑）

21世纪的第二个十年，全球进入移动互联网时代。在这个时代，广播行业面临的市场竞争环境日趋复杂，宏观经济低迷、传统广告被网络广告侵蚀、以移动互联网为代表的新技术，使得传统广播依赖的技术环境发生重大变化，广电新媒体马太效应凸现，广播作为车载媒体的主体面临新进入者的冲击。在移动互联网时代，广播听众的收听终端、收听场所和收听习惯都会发生很大的改变，传统广播能否把握趋势，抓住机遇，是未来几年能否再次迎来辉煌的关键。

一、广播的SOLOMO特征

中国互联网络信息中心（CNNIC）发布的第31次互联网调查报告显示，截至2012年12月底，我国手机网民规模为4.2亿，较2011年底增加约6 440万，网民中使用手机上网的用户占比由上年底的69.3%提升至74.5%，手机作为第一大上网终端的地位更加稳固①。2012年底深圳网络媒体协会发表的报告显示，深圳网民使用微博的比例为58.6%，超过全国平均水平近10个百分点，近六成是“微博控”②。

随着智能手机终端的迅速普及、移动应用的普及以及用户习惯的改变，移动互联网进入黄金发展期。广播是地域化属性较强的媒体，与此相对应，国内广播市场的竞争环境也不同于电视市场。由于受到新媒体的冲击，电视媒体的开机率连年下降，与此相反，广播是音频媒体和唯一的非视觉媒

① 中国互联网络信息中心（CNNIC）：第31次《中国互联网络发展状况统计报告》，2013年1月。

②谭天、赵敏：《中国广播亟待第三次升级转型——破解广播发展困局的思考》，《新闻记者》2012年第10期。

体，是最容易和移动互联网融合的媒体，由于伴随性，广播与新媒体也具有一定的共存性和可兼容性。

广播是最具有移动互联网特征的传统媒体。从传播学角度看，广播具有伴随性、移动性、地域性等特征，而移动互联网具有 SOLOMO 的特征，即 Social、Local、Mobile（社交化、地域化和移动化），二者的传播学特征最具有趋同性。移动互联网时代，音频是最容易进入移动互联网的应用，音频和移动互联网的融合，具有成本低、商业模式和盈利模式清晰、易操作等优势，相信广播这个百年媒体仍然能够焕发青春。

移动互联网的迅猛发展和汽车数量的持续增长，使得广播收听终端和接收渠道继续得以丰富，除了传统收音机外，通过车载设备、手机、PC 互联网、移动互联网、DAB、DTV 等不同的接收终端和接收渠道的听众日渐增多，用手机与车载设备收听广播的比例越来越高。据 CSM 在 2012 年的调查显示，在 13 座连续调查城市的所有场合，广播的听众规模近年呈小幅下滑趋势，而人均收听量则维持稳定；在车上，听众规模和人均收听量均呈上升势头。据 CTR 在 2012 年的调查显示，深圳地区习惯使用手机收听广播的听众最多，比例高达 74.1%，其次为使用车载收音机收听广播的听众，比例达到 43.0%，而用传统收音机收听的仅占到 12.1%。

表 1　深圳听众的媒体接触习惯

媒介类型	接触率（%）		接触时长（分钟 / 天）	
	2012 年	2011 年	2012 年	2011 年
电视	98.9	99.7	100	103.8
广播	100	99.8	41	35
报纸 / 杂志	73.1	67.7	16	15.6
互联网	97.2	90.8	136	111.2

二、社交化，微博、微信、客户端一个都不能少

互联网的点对点传播，带来了整个传统传播方式的一个革命性的变革，社会化媒体将其发展到了一个崭新阶段，这是未来传媒业必然要面临的转型。传统广播要融合新媒体，微博、微信、客户端一个都不能少。

广播开办官方微博、微信的主要功能是及时发布社会热点信息、发布

频率活动预告等。官方微博与所有主持人及记者的微博互相关注，及时发布社会焦点新闻、转发专家评论，配合频率活动进行宣传预热、听众招募等。

图1 深圳交通广播荣登新浪微博“1小时话题榜”榜首

深圳广播的每档节目继开通新浪、腾讯微博认证账号和新闻客户端后，又全面开通了微信公众账号。台网互动已经从尝试性、个案化向无缝化、全平台转变。开通微信可以增加广播的音视频发布功能，可以和新浪、腾讯进行差异化竞争；与台内的网站和媒资库无缝连接，实现资源共享；与大的微博平台平等合作，进退自如。

2012年国庆期间，新浪微博电台类“媒体微博影响力”周榜单公布，微博影响力全国排名为：中国之声、经济之声、浙江交通之声、音乐之声、青岛交通广播、深圳交通广播、杭州交通广播、苏州交通广播、江苏新闻广播。2012年春运期间，深圳交通广播推出“快乐接力”春运特别报道，依靠广播、短信、微博以及与沿途省市兄弟交通广播连线等多种形式，迅速将各种第一手路况信息资源消化整合，送达车友。这一话题还成为全国网友关注的热点，连续四天荣登新浪微博“一小时话题榜”首位。

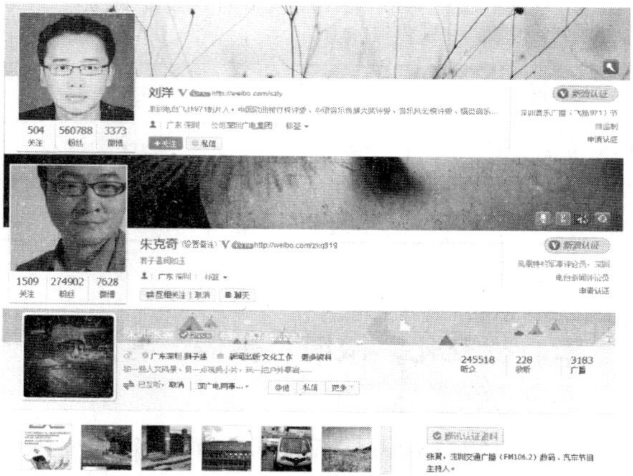

图2 深圳广播主持人在新浪、腾讯微博中的粉丝数量

深圳新闻频率先锋898官方微信利用每天可以推送一条重要信息的功能，开通至今已发布过“中医院防感汤配方”、“先锋援助基金为雅安地震捐款”、“黄色带特别寻人启事”、“幸福的红雨伞启动仪式”

预告、“深港财经论坛”招募等信息。深圳广播在其所有日播节目的公众微信平台上，每天上传包括节目之外的深阅读内容、节目播送内容的文字大纲、节目每天歌单和歌手美图、节目特色制作的音频等内容，初步统计，所有平台会员合计超过 30 万。

广播频率的主持人和记者也开通了腾讯微博、新浪微博，主要功能包括预告节目内容、探讨互动话题、收集意见建议、采集声音元素等。其中，原创音乐节目《鹏城歌飞扬》的主持人刘洋，其新浪微博粉丝已达 56 万，新闻评论节目《独家新闻》的主持人朱克奇及汽车服务节目《缤纷车世界》的主持人张翼的微博粉丝都在 25 万以上，其他节目主持人的粉丝数量也均在不断上升。

深圳私家车广播的晚间音乐节目《四海一歌》，每晚的节目都会有相应的音乐包与一份详尽的歌单推送。听众参与互动，主持人便会将音乐包作为礼物发到听众的个人邮箱；而听众关注《四海一歌》节目的微信，就可以参与微信的互动和获取当晚以及之前节目的歌单，选取自己喜爱的音乐包。该节目以此增强听众对节目的黏性，并直观了解听众喜好，保留听众有效的联系方式，将广播的听众变为忠实的用户，为之后各类活动的宣传与推送做好积累。

图 3　深圳广播微信公众账号

Web2.0 彻底改变了传者与受者的地位，人人都成了信息的发布者，同时又在不断接收别的信息。UGC（User Generated Content）是伴随着以提倡个性化为主要特点的 Web2.0 概念兴起的。UGC，也就是用户原创内容，即用户将自己原创的内容通过互联网平台进行展示或者提供给其他用户，即由原来的以下载为主变成下载和上传并重。YouTube、视频分享、博客都可以看作是 UGC 的成功案例。

加拿大传播学者麦克卢汉提出了著名的“媒介即讯息”理论。旧媒体成为新媒体的内容，“除了光这个例外，其余一切媒介都是成双结对的。一个媒介是另一个媒介的内容”。相对于拥有一百多年历史的传统广播，社交媒体微博和微信是新媒体。广播作为单向的音频，成为微信的内容。

在移动互联网时代，广播借助新媒体进行内容创新是必然选择。如在广播节目中，微博与微信的使用，不仅使得传播渠道得以扩展，而且创造了大量互动内容。由于微信属于紧密群体的共享平台，节目的互动性较强。尤其是声音的直接接入功能，经过应用在日常节目中之后，极大地激发了听众参与节目的积极性。微信的语音功能能让听众的声音直接在电台播出，强化了节目互动的“个性感”，激发了听众的好奇心、兴趣点、主人感，提高了听众的积极参与性。

微信应用刚刚推出，深圳音乐频率飞扬 971 就注意到了它的实时音频参与性和微信群的紧密互动关系这两个方面。以早间资讯节目《一路飞扬》为例，该节目以新闻评论和听众调查为主要的节目亮点，如何了解听众对于新闻事件的意见、对某一观点支持或反对的情况这两个方面一直是该节目非常想解决的问题。微信推出之后，语音传输被直接应用到了该节目中——利用 PC 版微信公众平台，经过导播审核后，直接在节目中播出听众自己上传的声音，效果非常好。从 2012 年 12 月开始，该节目应用此功能后，节目收听份额明显上升，尤其是对于使用智能手机微信功能的中高端受众的影响力明显增加。

另外一个例子来自“60 秒，让梦想发声”，它是晨间互动性娱乐节目《准备好了吗》的一个微信专属互动环节，两位主持人希望通过模仿秀的形式，产生真实的“真人秀”效果。但早间节目时间短、听众的机动性较大，如何才能实现呢？微信提供了实施可能。该节目听众可以就“搞笑”、“演唱”两大类型上传自己 60 秒以内的音频，经过导播审核之后，每天播发两大类别的“状元”、“榜眼”、“探花”，既可以保证节目在一个集中时段播放此环节的可听性，又保证了听众随时参与节目的机动性，同时兼顾安全性和幽默性，经过导播精心选择编辑之后，节目增色不少，为该栏目以后的月播活动、季播大赛提供了无限的可能。

三、本地化，探索线上到线下（O2O）的新模式

随着移动互联网时代的来临，广播单纯依靠广告的经营模式必将发生改变。广播的模式创新包括：一是开发广播衍生产品，延伸广播产业价值链，突破单一营收模式，开展多元化经营；二是利用自身的品牌平台，进行线上线下联动，也就是 O2O。O2O(Online to Offline) 模式，又称离线商务模式，

是指线上营销和线上购买带动线下经营和线下消费。O2O通过打折、提供信息、服务预订等方式，把线下商店的消息推送给互联网用户，从而将他们转换为自己的线下客户，这就特别适合必须到店消费的商品和服务，比如餐饮、健身、看电影和演出、美容美发等；三是将传统“听众”转化成为“用户”。通过各种形式的互动，增强对“用户”的服务。

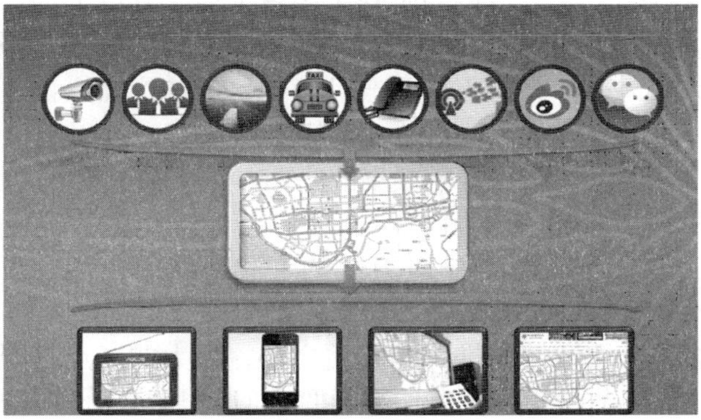

图4 深圳广电集团“e交通”项目

2012年，国内多数电台通过整合资源，延伸价值链，开展线上线下（O2O）整合营销，改变了单一依赖广告的营收模式。以中央电台为例，2012年国内首个国家级经济广播数字转化基地“中国经济广播节目全媒体数字转化基地”正式签约落户滨海，此项目将聚集全国50余家电台的优质资源，打造全媒体数字化平台。

以深圳交通频率的“e交通”项目为例，“e交通”用户通过手机或其他终端设备，不仅可以对实时路况进行查询，查看拥堵路段，还可以上传拥堵路段照片，与其他车友共同分享。“e交通”将当前广播收听人群从“在途”，扩展至“上车前”及“下车后”，延展了听众的收听时间。

“e交通”项目扩展了广播媒体的营销方式和渠道。广播的盈利模式不仅仅是广告收入，更可以通过运营商业机构资源，将其转换成服务类的“软性产品”来售卖，从而产生新的盈利模式。“e交通”项目还可以向听众推送一些折扣优惠信息，最大限度地将线上“听众”培养成为线下的“用户”。“e交通”项目可以准确定位目标人群且到达率高，当“e交通”项目通过各种有效服

图5 深圳广播音乐频率《美味百事通》应用程序

务吸引了一定数量的听众（用户）后，其巨大的商业价值便显现出来，包括金融、保险、汽车、零售等行业的商业机构，均可以借助“e交通”这个平台进行客户服务及产品营销。传统广播媒体便可以通过渠道搭建及销售分成等方式产生新的盈利模式。

以深圳广播音乐频率的《美味百事通》为例，栏目的iPad客户端（APP）开发于2011年6月，前半年一直保持在生活类应用全国下载前100名，目前仍然保持着约10万次的下载和使用频率。在商业开发方面，iPad点餐和打折系统已经进入功能内测阶段；iPhone客户端开发于2012年10月，除了合作酒楼的推荐和介绍之外，最大的亮点是开发了增强客户黏合度的“大富翁金币”游戏，会员可以通过积攒金币换取酒楼代金券，直接消费，直接获益。加上与银行卡系统联合开发的特别优惠银行卡推荐专栏，把众多银行卡合而为一，在一家酒楼能够有哪些银行卡或者会员卡打折就一目了然。

四、移动化，分发渠道多元化

传统广播节目以声音传递信息，手段相对单一。开发传统品牌广播节目资源，实现多媒体传播，是广播借新媒体之力更加有效服务受众的举措之一。除了传统的手持及车载收音机，可对广播的内容通过多种渠道和终端进行分发，实现“一对多”的互动渠道，延展传播空间。目前深圳广播的节目已经实现了在PC电脑、平板电脑、手机、移动电视、电视媒体以及深圳航空班机的播出。

以深圳广播音乐频率《美味百事通》节目为例，其积极拓展影响受众的渠道，从2009年开始，逐步发展成为拥有杂志、书籍、网站、呼叫中心、官方微博、iPad客户端、iPhone客户端、官方微信等合计9个渠道的多媒体综合性互动与传播平台。节目组通过官方微博逐步孵化了“随手拍解救深圳美食”、“深圳美食达人”、“深圳味道俱乐部”等6个不同的公众微博平台，合计粉丝超过30万，强有力地保证了节目在听众和合作伙伴中的影响力。

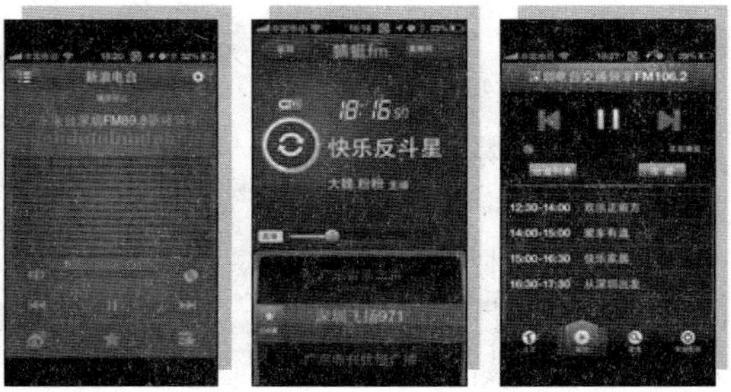

图6 深圳广播网络电台

在网络电台方面，目前在热门的“蜻蜓FM”、“嘀咕收音机”、“豆瓣 FM”、“QQ 音乐”等众多客户端上，都有深圳电台直播、定制或者碎片化的广播节目可供听众选择。针对此类收听的商业模式，“蜻蜓 FM”与其的合作作出了宝贵的尝试。如果一家在线电台在当地听众收听达到五千人，少量经济分成就会产生；在全国突破 5 万的在线收听，该电台将会成为主力推广合作伙伴，直接售卖网络音频广告就会成为可能，其收益将成为广播时段售卖之外的一大亮点。深圳广播音乐频率尝试的“Good FM”，是专门针对网络用户的新型广播媒体，未来在“蜻蜓”等客户端，直接推送指向性更强的网络音乐广播，像美国被网民追捧的 pandora（潘多拉）网站音乐电台那样，将会比其他传统媒体赢得更大先机。

五、广播的转型和升级

自从 1920 年匹兹堡 KDKA 广播电台开始播音，广播就揭开了自己的历史，并同时掀开了世界广播新闻事业新的一页。广播的出现，在社会发展历史进步中有着无可取替的作用，不仅娱乐了人们的生活，更重要的是使信息传递变得更为快捷、普遍，密切了整个世界的联系。广播从诞生发展至今，取得的成功可以说是前所未有的，它的每一步发展都深深地烙下了当时的时代印记。但近年随着科学技术的发展，新媒体的成长速度令人目不暇接，传统广播面临着空前的挑战与机遇，其发展趋势也在悄然地发生着变化。

在过去的三十年中，中国广播进行了两次转型，从农村媒体转变为城市媒体，从固定媒体转变为车载媒体。在 21 世纪的第二个十年，随着移动互联网时代的到来，广播媒体将面临第三次转型升级。

近几年，深圳广播一直在思考着这样一个问题：在新媒体的强大冲击和蓬勃生机的环境下，如何才能够让广播事业生存并可持续地发展。我们已经置身其中的媒体竞合时代不是小溪小河，而是信息汪洋和时代大潮，根本不容我们“摸着石头趟过去”，我们必须寻找办法和对策。

不是说我们把传统媒体的内容照搬到新媒体平台上，或在网络上实现在线收听就万事大吉。发展广播新媒体业务、内容创新、流程再造，首先要以机制创新为前提、作保障，以新媒体的思路，按照新媒体受众的接受方式，创造新的内容。比如北京电台专门针对网络受众所做的“菠萝台”。

传统媒体的任务不是仅仅用新媒体的手段把自己武装成为跨媒体的“八爪鱼”，而是应该首先转变观念，学习新媒体的本质与精髓，完成从内容提供到内容服务的转型。这个“内容服务”，即关注受众的需求方式，这是我们传统媒体最应该从新媒体当中学习的东西。

（原载于《中国广播》2013 年第 7 期，略有修改）

论粤港电视剧生产的趋同与相融[①]

——基于政策、经营和题材选择的比较

戴剑平

（广州大学新闻与传播学院副院长，教授，硕士生导师）

一、产业政策与管理理念的趋同

香港，作为全球自由度与开放度最高的地区之一，政府在文化管理方面实行的是“少干预”的策略。香港政府的文化政策主要包括四个方面的内容：一是尊重创作及表达自由；二是提供让更多人参与的机会；三是鼓励多元及均衡发展；四是在场地、拨款、教育及行政管理等方面提供有利的条件。香港政府以凝聚价值共识为目的，制定了文化长远发展的目标，确认“以人为本”、“多元发展”、“尊重表达自由、保护知识版权”、“全方位推动”、“建立伙伴关系”和“民间主导”六项原则，并以放权委托形式资助公共文化艺术团体，创造一种民间自主运作的良好环境[②]。政府所属的民政事务局还通过属下的康乐及文化事务署、香港艺术发展局及香港演艺学院分别提供场所，策划与推广本地艺术人才的培养等优惠条件，借以推进香港艺术的良性发展。

广东，作为改革开放的前沿，在文化政策上与中央保持一致的前提下，政府从符合地方社会现实的角度出发，对一些具体的文化产业，如广电行业的政策制定，有些做法呈现出宽松的一面，如近年来在电视剧产业管理上采取了“思想上紧、经济上松，松紧结合、管放兼有”的政策，借以促进电视剧生产的发展。当下，电视剧产业政策将电视剧的制作播出环节作为管理重点，建立了制作单位的许可准入、题材的备案公示、发行许可和播出的审查管理等制度。另外，国家广电总局还结合不同时期电视剧产业发展特征制定一些针对性较强的政策。从 2004 年开始，国家广电总局降

---

① 国家社科基金艺术学项目成果之一。项目编号［08BC19］。

②王东潮：《对完善中国电视剧生产机制的一些思考》，《当代电视》2013 年第 3 期。

低了电视剧制作业准入门槛，电视剧生产制作、经营流通领域向社会开放。自2006年以来，“电视剧题材规划立项审批”的制度不再执行，代之以“电视剧拍摄制作备案公示”制度，置“题材调节”于市场之中，取得了较好效果。2007年，政府还放宽了对合拍剧的限制，调动了台、港、澳地区演职人员参与大陆电视剧拍摄制作的积极性。此类政策的实施效果是明显的。到2008年，广东民营影视机构已达600多家，电视剧的生产数量已达到53部共1 700余集。在市场摸爬滚打式的运营中，广东电视剧表现出日渐成熟的态势。

统而观之，粤港两地在社会制度与政权组织形式上虽然存在较大差异，但在保证基本导向正确的前提下采取较为宽松的管理政策，在充分尊重创作者自由的大方向上，两地的政策是基本一致的。两地政府部门在发展电视剧产业，推进市场发展方面有共同的相融态势。

近年来，香港电视剧的进一步繁荣和广东电视剧的表现都证明了这一点。

二、经营理念与样态多元化的趋同

诚如上文所述，如果说粤港两地文化政策的趋同性日渐彰显，主要表现为管理政策方面的既重视又宽松的促进政策的话，则两地电视剧生产的实际运作层面，是否也有一致性的表现呢？答案显然是肯定的。

电视剧生产的实际运作层面，在市场化条件下，首要的问题是经营的理念，具体的表现是资金来源的多样化。毋庸讳言，香港在2008年以来的经济危机中受到较大的冲击，但香港地区迄今为止仍然呈现出经济繁荣的态势，这也是不争的事实。

在香港，商业文化对于电视剧生产的影响力巨大，各类电视剧从编剧、实拍到后期宣传营销，形成了成熟的产业化运作模式。作为一个大而全的制作公司和香港电视剧生产的代表，“巨无霸”香港无线电视台（TVB)旗下拥有多个制作中心、摄影场所，以及众多签约的监制、编剧、艺员和相关工作人员。这些人中聚集了香港大部分顶尖的电视工作者，如擅长监制古装剧的梅小青、邝业生；有过多部经典剧作的阮少娜、梁立人等，还有一批多多少少影响着收视率的电视演员。TVB以最大限度的包容，优化了这些组合。

特别值得注意的是，进入21世纪以来，为了更好地赢得内地市场，以“背靠祖国，放眼全球”的策略，TVB除了将大量的电视剧外景到内地实景拍摄外，还与内地不少发行公司合作拍摄电视剧，如《血荐轩辕》、《大唐双龙传》等，同时还长期在香港举办以内地电视界人士为主要嘉宾的各种活动，以期不断增强 TVB 电视剧在内地的影响，不断拓展港剧的市场。其间，更于 2006 年为纪念香港主权移交十周年而与中央电视台联手推出 60 集大型巨制《岁月风云》，赢得了广泛好评。

随着国家出台一系列“电视剧市场化”的策略，广东电视剧在资本开放、降低制作门槛、培植产业链方面都取得了长足的进步。以融资为例，除了商业借贷、广告置换、购片款预付和政府资助等传统手段外，目前广东电视剧生产还出现了向社会公司募集资金和海外融资等新型手段。据不完全统计，从 21 世纪初年起，投资电视剧生产制作的社会各类资金呈现高投入的景况，加之超大型企业集团如中信、保利、横店等积极与高调的介入，电视剧制作吸纳社会资金总量超过百亿元。近年来，民营电视剧制作机构在广东有崛起之势，电视剧的产量也逐年提高，每年的产业投资规模更是高达 50 亿元。近十几年来，广东地区的电视从业者在大力贯彻电视剧市场化、执行“名编剧 + 名演员”策略的同时，大幅缩小了与香港电视剧的差距，在充分发掘、利用市场，多方募集资金，多元化发展的态势上与香港同仁呈现出惊人的一致性。

三、题材选取类型与创作角度的趋同

近年来，粤港电视剧在题材选取上也存在着一定的趋同现象。究其原因，产业政策和运作策略的趋同是造成此现象的重要方面。如果对回归以来的香港电视剧进行分类的话，按评论界的共识性意见，大致可以分为历史题材、都市情感、家族沉浮、刑侦纪实和灵异神话等。以 1997—2006 年十年的都市情感剧为例，1997 年的《难兄难弟》、《肥猫正传》，1998 年的《烈火雄心》，2000 年的《男亲女爱》、《澳门街》，2001 年的《娱乐反斗星》、《酒是故乡醇》，2002 年的《憨夫成龙》、2004 年的《翡翠恋曲》、2006 年的《女人不易做》等，都有一种都市情感剧的轻喜剧特征。再以其他分类为例，无论是历史题材的传奇特色（如《天龙八部》），还是家族剧的文化传统特色（如《花好月圆》），抑或是警务剧的刑侦纪实特色（如《鉴证实录》），或者是灵异片的神话特色（如《寻秦记》），都充分体现了香港电视剧题材选择的广泛性，以及以受众娱乐为主体的电视剧生产的理念。

以上述归类情况看，香港电视剧题材选择具有广泛性是不争的事实。在长期的生产实践中，香港电视剧对各类题材的选择与把握已达到成熟的阶段。在香港电视剧的题材选择中，家族风云剧、情感轻喜剧和行业题材剧更是其中的招牌制作。如2002年的《流金岁月》、1998年的《烈火雄心》和1998年至2004年的《陀枪师姐》，都是其中的代表。尤其应该提到的是，2004年的《金枝欲孽》，作为历史题材剧的代表，其精良的制作令此类题材在新的历史时期焕发出新的生命力。当然，以《鉴证实录》、《栋笃神探》、《寻秦记》和《我和僵尸有个约会》等警务、侦探类和灵异类的剧作也各自呈现出属于香港电视剧的特色。此类题材或改编自原创漫画和科幻作品，或取材于文学经典作品，比较符合香港观众追求新奇刺激的收视心理，也得到内地和华语地区观众的喜爱。

以同样的视角再看广东电视剧，虽然对于中国内地电视剧的发展是否存在明显的断代标志的问题可能尚需研究，但在整个大陆（内地）电视剧发生发展的历史方面，较为趋同的意见认为应分为四个历史阶段，即1958年至1966年为起步期，1979年至1990年为探索期，1991年至1999年为发展期，2000年以来为转型期[①]。依托这种分期观，对比上述香港电视剧，以回归前后为时限，会发现广东电视剧的主要代表类型大约有革命军旅、商战家族、人物传记、古装传奇和刑侦反腐等，从中不难寻觅到其题材选择的倾向性。

1997年之前广东电视剧辉煌时期的代表性作品《和平年代》等开启了广东革命军旅题材电视剧发展的先河。在2005年之前，广东（含合拍剧）此类题材的电视剧中比较有影响和代表性的有《鹰击长空》、《亮剑》、《走向共和》、《归途如虹》等，到了2012年，《西安事变》、《敌营十八年》、《51号兵站》、《五星红旗迎风飘扬》以及《潜伏》等代表了广东革命军旅题材类电视剧的新高度。若从选材及其表现的倾向性上看，此类电视剧在继承主旋律电视剧传统的同时，在军旅题材内部有了新拓展，特别是像《潜伏》一类的作品，以第二战线为突破，开启了一种革命军旅题材电视剧的“第二战场”，并引起大陆各地的关注与模仿。

再以商战家族题材电视剧为例，因濒临港澳，广东在文化上与港澳有相近性，又处于改革开放的前沿或“先行一步”的试点，广东电视剧的转向是不言而喻的。1997年之前，广东此类电视剧就已展露了“风采”。《商界》、《公关小姐》、《情满珠江》及《外来妹》等都是在全国产生了较大轰动效应的代表性作品。在2005年之前，包括合拍片在内的此类电视剧又为广东电视剧带来了较高声誉，如《紫金勋章》、《远山少年》、《大江之梦》、《情暖珠江》等。在2012年之前，《故乡的云》、《下海》、《下

① 郑书梅：《中国电视剧50周年审美形态比较》，《中国电视》2008年第5期。

南洋》和《命运》等也有新的发展，主要体现为对改革开放以来商品经济的社会条件下，人的生存观念和伦理观、道德观的某些变化。虽为商战家族类，且吸收了香港此类剧的优点，但商战味浓家族味淡的特征与香港此类剧还是有些许差别的。两地在题材选择上的靠拢，则充分体现了两地电视剧生产的“相融性”。

若以人物传记题材剧为例，广东电视剧所呈现的特色则较一般，除了1997年之前的《老河》，2005年之前的《钢铁是怎样炼成的》和《冼星海》，2012年之前的《桥隆飙》等，特别出色的虽不多见，但其弥补了香港此种题材类型电视剧的相对缺少，使此类剧在粤港电视剧框架内有了一定的代表性。

如果以古装传奇剧为例，广东电视剧（含合拍剧，特别是与香港的合拍剧）比较明显地呈现出两地电视剧的相融性。1997年之前的《新少林寺》，2005年之前的《楚留香传奇》、《大话黄飞鸿》，2012年之前的《乘龙快婿》等都有一定代表性。

至于刑侦反腐题材剧，一方面与港剧有类同性，另一方面又呈现出内地“反腐”特色。1997年之前的《英雄无悔》、2005年之前的《浮华背后》、《云淡天高》，2012年之前的《柳叶刀》等都是两地此类剧相融意义上的见证。

对比在上述题材选择意义上的分析，粤港两地电视剧在商战、古装、刑侦等多类题材上出现了取材融合的现象。而在广东的军旅、人物题材剧和香港的情感剧、喜剧、行业剧方面，虽然各有特色，但相互吸取特点的趋势也有些许端倪，或者可以说，在紧邻的地域内，两地电视剧题材选择的趋势是越来越丰富，有融合有互补，显示出共同发展的趋势。当然，这些相似题材在两地有不同的演绎，如商战类题材在港剧中的典型代表就是家族风云剧，以揭露豪门争斗为主线，而此类广东电视剧则体现了浓厚的主旋律色彩，着重表现时代变迁。又如行业类题材，在大陆话语体系中与反腐倡廉的关系密切，而港剧中虽然也有“廉政公署”等相关机构和情节的设计，但其重点在于展示治安消防、医疗鉴定、海关缉私、法律诉讼等特殊行业的专业形象，揭示其典型生存状态。此外，基于政治传统的影响，革命军旅类题材为广东电视剧所独有。如是，两地电视剧生产在题材方面的共同性是应该首肯的。

四、结语

粤港两地电视剧生产在政策制定、经营和题材选择方面存在着趋同性，即在政策的制定与管理的具体操作中均采取绝对重视、相对宽松的积极引导的理念。缘此，相融的现实才得以呈现。基于两地电视剧的未来发展的判断，粤港电视剧跨区域的“相融”态势可能成为“大中华文化一体化”一个方面的见证，其意义是深远的。

（原载于《新闻界》2013 年第 20 期，略有修改）

从乡村爱情系列剧看农村题材剧的热播

李　辉
（广州大学新闻与传播学院副院长，教授，硕士生导师）

近年来，展现新农村发展变化的农村题材电视剧持续升温，得到了广大观众的认可和肯定。《喜耕田的故事》、《美丽的田野》、《圣水湖畔》、《清凌凌的水蓝莹莹的天》、《女人当官》等都有不错的表现，特别是本山传媒拍摄的农村题材剧《乡村爱情》系列，更是在大江南北掀起了一股农村题材剧的热潮，在央视和地方卫视乃至于网络热播，赢得了从都市到乡村观众广泛的好评和赞誉。何以出现如此盛况呢？有诸多历史和现实的因素。清一色的农村题材，“土得掉渣”的农村语言，鲜明的时代特色，浓郁的地域风情，新鲜热辣的生活气息，凡此种种，成为农村题材剧得以热播的直接原因。

三农问题是关系国计民生的重中之重，国家对于三农问题的重视、新时期农村经济的转型和调整、大量农村人口脱离传统的农业生存方式和生活习惯、农村新的矛盾和问题的出现，都使得人们更加重视农业，更加关注农村，更加关心农民的前途和命运。涉及农村生活的电视剧创作在不同时期有很多经典作品，农村题材剧也在收视市场竞争中占有了一席之地，产生了大量家喻户晓、喜闻乐见的优秀作品。但就电视剧艺术发展而言，农村题材剧经历了一个兴旺、沉寂、重新红火的发展进程。本文仅以本山传媒出品的乡村爱情系列剧为例，从题材、语言、表演、主题等几个方面，粗略剖析近年来农村题材剧东山再起并且不断升温的原因所在。

一、题材：讲述当代农村故事，贴近大众现实生活

乡村爱情系列剧主要讲述了象牙山村女青年王小蒙和她的丈夫谢永强各自发展壮大自己的事业，以及象牙山村与王氏集团联袂开发温泉度假山庄后，山村发生的日新月异的喜人变化，反映了当代农民，尤其是农村青年的爱情、婚姻、事业和生活情况，是一部具有时代特色、生活气息和东北乡土风情的轻喜剧。题材看似并不新奇，亮点在于紧跟时代发展和社会

变化，反映了新农村新一代农村人的理想和追求，凸显了新老两代农村人思想观念和行为方式的冲突和矛盾。正像编剧张继说的那样，他对农村剧有自己的一番理解："我认为自己了解农村，因为我在农村生活了30年，现在农村还有地。况且许多亲戚朋友都是农村人。"

整个系列剧中当下的社会热点一个不落：婆媳明争暗斗、农村基层干部选拔、年轻夫妻不孕不育、个体乡镇企业的艰难发展与相互竞争、女人当家男人耍宝斗气等。浓郁的乡土气息，极具时代特色的农村故事，既能让农村观众心领神会，为之莞尔，产生情感的共鸣，也能让都市观众倍感新奇，细细品味，向往山清水秀的田园生活。在市场经济的冲击下，追求感官刺激的历史穿越无厘头题材曾经一度受观众热捧，但这些作品也容易给受众带来审美疲劳，而乡村爱情系列剧以农村的发展变化作为切入点，写的都是发生在老百姓自己身边的事情，现实主义的农村题材无疑成了时代的主旋律。除此之外，乡村爱情系列剧并不一味颂扬农村生活的单纯和美、农民的善良质朴，它还另有诀窍，就是敢于把农村人的一些小毛病比如小狡黠、小心眼儿亮出来给城里人看，城里人既觉得故事真实可信，又觉得农村人"坏"得可爱，会一边笑一边指点，在心理上产生一定的优越感，还会觉得农村生活很有意思、很有情趣。

二、语言：风趣诙谐幽默，极富喜剧色彩

乡村爱情系列剧展现的是东北农村的生活，几乎由清一色的赵家班成员和出身于本山艺术学院的学生倾情演绎，个个地地道道的东北腔，带有鲜明的地方特色。看过春晚东北方言小品或"二人转"的观众，观看乡村爱情系列剧时可能更觉亲切熟稔，其语言让人或会心一笑，或捧腹大笑，更别说那些令人叫绝的大老爷们之间的斗嘴耍宝了。扎根农村，挖掘民间语言，方言、土语、俗语、歇后语，风趣、诙谐、机智，常常让人忍俊不禁，这些对很多都市观众来说，都构成了强大的吸引力。所以有人认为，剧情从来不是乡村爱情系列剧最为人称道的主干，那些插科打诨、幽默搞笑才是乡村爱情系列剧的亮点，那些栩栩如生、活灵活现的人物才是乡村爱情系列剧的精髓和内涵。

乡村爱情系列剧的演员们，无论是观众非常熟悉的赵本山，还是逐渐声名鹊起的众弟子，都一股东北大碴子味儿，加之他们在"二人转"表演的天分和语言表达技巧，无不透着机智诙谐，表现了东北方言风趣幽默的鲜明特色。比如，"刘一手"的经典台词："这不是普通的鸡，是飞鸡中的教练鸡！"还有这一段刘能和赵四这对活宝亲家的对话，刘能："副主

任的头是一般的头么？那是龙头！”赵四：“水龙头吧？”活脱脱的晚会小品方言，令人忍俊不禁。再比如刘大脑袋和董事长王大拿之间关于网络游戏的对话，刘大脑袋：“我平时用它偷个菜就是。”王大拿：“干啥？”刘大脑袋：“偷菜。”王大拿：“你啥时候养成这个习惯了？那有的是地，你个人种呗！你偷什么菜呢？”刘大脑袋：“你听错了，董事长，我说的是网上偷菜。”王大拿：“晚上偷菜？”既有时下网上盛行的“偷菜游戏”，契合了年轻观众的爱好口味，又有听觉误差，貌似表现了农民企业家的“无知”（实为质朴），让观众觉得非常可笑。难怪有人说乡村爱情系列剧简直就是长篇连续小品，个个出彩儿，人人有活儿，显露着农村人的智慧和幽默。

乡村爱情系列剧的语言特色，来自于台词的精到洗练，别具一格。这应该归功于作品编剧的创作功力。就像是看一个加长版的小品，不管观众有没有看过前面几部，不管是从第几集看起，都可以从中看出乐趣。作为乡村爱情系列剧的编剧张继，在农村题材电影《男妇女主任》已经有了和赵本山的首度成功合作，获得了华表奖和大众电影百花奖，也得到了赵本山的充分肯定。于是，才有了乡村爱情系列剧的再度合作，而且一部比一部火，他俩也成了农村题材剧的黄金搭档。

三、表演：演员朴实本色，乡土气息浓厚

在赵家班的演绎下，张继创作的乡村爱情系列剧有着浓郁的东北味儿。实际上，这与农村地方剧演员的稀少不无关系，除了赵家班，目前演农村戏的好班底确实太少。赵本山的众弟子，虽然并未接受过专业的影视表演科班训练，但多数从事过“二人转”的表演，在刘老根大舞台和地方巡演中展现了他们的表演才华。况且，“二人转”这种有着300年历史的民间艺术形式，本就出自于过去农闲时在田间地头、庭院火坑的表演，有着扎实深厚的生活土壤和浓郁芬芳的民间艺术源泉。本山艺术学院的学生，虽然表演上没有那些“二人转”演员的深厚功力，但仍以他们经受的专业训练、质朴清纯的表演给人留下了深刻的印象。这些普普通通的人物从里到外散发着泥土的清香，善良淳朴、乐观向上，既有许许多多的优点，也有一些无伤大雅的小毛病，让观众倍感亲切。

和目前电视剧中普遍的一个主人公恨不得纠结了所有苦难的剧情截然不同，乡村爱情系列剧人物众多，貌似大家都是主角，人人都出彩儿，全民皆主角，就像一场多人登场的连续小品，其实这恰恰体现了农村人的特点。乡村爱情系列剧里，基本上没发生过什么惊天动地的事情，其实，在

农村就是这样，越是平凡越是普通的人，往往越有故事，越朴实无华，有乡土自然的喜剧因素，一点都不做作。

编剧张继认为，贴近生活、演员不装是农村戏吸引人的两大法宝。而观众喜欢的多是赵家班弟子们自然、不做作的生活化表演，嘎嘣利落脆的台词，耍贫逗笑的幽默感。就是这些农村小人物的喜怒哀乐、家长里短、儿女情长，往往才牵动人心，容易让人产生情感上的共鸣和震撼。几乎每个被观众津津乐道的角色都缺点明显，唐鉴军扮演的经常搞事儿、势利的广坤，王小利扮演的心眼多、爱贪小便宜的刘能，刘小光扮演的老实懦弱的赵四，于月仙扮演的敢爱敢恨的谢大脚，王亚彬、毕畅先后扮演的善良能干的王小蒙等，也许就是在这些缺点明显却无比真实的人物角色上，乡村爱情系列剧给观众展示了最形象最直观的农村景象，演员们活灵活现地演绎了农村生活的种种细节，这种扎根于现实生活的淳朴情感恰恰是观众最想看到、也是他们生活中相对缺乏的。

四、主题：直面农村现实矛盾，探索新农村建设道路

纵观改革开放以来农村题材剧的发展，从20世纪八九十年代赵本山、范伟、方青卓担纲的《一村之长》、《一乡之长》，农村三部曲《篱笆、女人和狗》、《辘轳、女人和井》、《古船、女人和网》，到近年来的《党员二愣妈》、《喜耕田的故事》、《刘老根》、《乡村爱情》系列，收视屡创新高，有的电视剧甚至一播再播，深受观众欢迎。尽管有些电视剧在拍摄手法上可能显得陈旧老套，不过，这些作品真正植根于农村现实生活，直面农村各种尖锐复杂的问题，深入人物内心，深刻挖掘农民的心灵史，发人深思，耐人寻味。

乡村爱情系列剧以独特的构思透射出农村微妙变化的生活原貌，以对田园生活的细致描绘和对农村家庭关系与人物性格命运的个性把握和刻画，不仅反映了对新农村建设的探索，同时也对农村的现实问题进行了更多的理性思考。如今这个时代，农村发生了翻天覆地的变化，农业生产模式和农村经济发展与过去有着天壤之别，而农民的生活观念、生活方式、谋生手段发生了相应的改变，也遭受了现代城乡差异产生的巨大冲击，这给电视剧创作提供了丰富的材料。如何直面这些问题，乡村爱情系列剧作了有益的探索和尝试，试图展现在时代大潮下农村面临的严峻问题。这既是农村题材剧的主题，也是其必然肩负的社会责任。

时代变革带来了世俗观念、传统道德、生活理念和理想追求的差异，使得农村生活陷入多重矛盾冲击的境况中。乡村爱情系列剧以农村人际关

系的矛盾冲突、情感纠葛、悲欢离合，为农村题材电视剧的热播奠定了动人、深入而浓厚的表现基础。“我的老家哎就住在这个屯，我是这个屯里土生土长的人。别看屯子不咋大呀有山有水有树林，邻里乡亲挺和睦，老少爷们更合群。屯子里面发生过许多许多的事……”乡村爱情系列剧主题曲的旋律听起来尤为亲切，这也正说明农村题材电视剧给人们的生活带来了深远影响，引发了人们对精神文化的追索和探求。

（原载于《中国广播电视学刊》2011年第7期，略有修改）

未完成的启蒙[1]

——谈中国电影语言的现代化

杨世真

（广州大学新闻与传播学院广播电视艺术系主任，教授，博士）

追求电影语言的现代化是改革开放以来中国电影的重要诉求，这是中国社会全方位现代化诉求的一部分。众所周知，电影界明确提出“（中国）电影语言的现代化”并产生广泛而深远影响的是《谈电影语言的现代化》[2]这篇文章。该文被称为“探索片的纲领”或“第四代导演的艺术宣言”[3]，具有启蒙意义。文章所表达的“电影语言的现代化”诉求，一方面应了去假求真、更新中国电影语言的时代需要，是时代的产物；另一方面，它也影响了时代，以其鲜明的观点对中国第四代、第五代乃至第六代导演的创作从根基上产生了深远的影响。三代导演创作上的得与失、成与败似乎都可以从中在不同程度上找到痕迹。这篇文章主要分为两个部分，一是提出了“（中国）电影语言的现代化”问题，二是详细归纳了巴赞的“长镜头理论”，将其视为电影的真正本体来充当第一个问题的答案，而这个答案显然是作为标准答案被沿用至今的。对于答案部分，曾有几位学者作了难得的冷静剖析、批评乃至否定[4]；可是“（中国）电影语言的现代化”这个问题本身，长期以来却受到忽视，鲜有研究，这不能不说是近三十年

---

①本文是国家社会科学基金资助项目“影视传播中的失德现象与和谐社会建设”（项目号：06CXW001）成果之一，作者为该项目主持人。本文的“电影语言”是一个宽泛概念，包含电影基本观念、电影基本叙事、电影基本技巧。

②张暖忻、李陀：《谈电影语言的现代化》，《电影艺术》1979年第3期，第40~52页。

③转引自罗艺军主编：《20世纪中国电影理论文选（下）》，北京：中国电影出版社2003年版，第9页。

④参见蔡师勇：《漫论电影纪录性——兼评安德烈·巴赞的电影观》，《电影艺术》1986年第4期，第19~28页。戴锦华：《斜塔：重读第四代》，《电影艺术》1989年第4期，第3~8页；马军骧：《另一个巴赞——读安德鲁的〈电影手册〉和一种理论的延伸》，《当代电影》1989年第5期，第12~18页。

来中国电影理论与实践发展中的一大憾事!

从宏观层面来看，“(中国)电影语言的现代化”已经成了近三十年来中国电影理论与创作的基本母题，关涉到中国当代电影语言发展的内在动力、演变过程与目标指向。如今，我们不禁要问：中国电影语言现代化的使命完成了吗?

要回答这个问题，首先必须要问更多的问题：到底何谓“电影语言的现代化”，该命题提出的前提与语境是什么?其目标与内涵是什么?实现的手段与过程是什么?如果这些基本的问题不搞清楚，我们就容易在追求现代化的过程中出现偏颇。而事实证明，人们对中国电影语言的现状并不满意，中国电影语言还不能够给中国电影振兴提供足够的艺术支持，中国电影语言的现代化之路走得并不平坦。追根究源，我们所秉承的“(中国)电影语言的现代化”理想一开始就充满歧义乃至误区，与三十年前相比，中国电影语言依然落后。如果用体育比赛来形容，可以说中国电影语言输在起跑线上，因为我们连 “(中国)电影语言的现代化”的基本内涵还没搞清楚就匆匆上路了。今天回顾这一历程，我们依然有必要再次追问：中国电影语言现代化的目标内涵究竟应该是什么?目前我们处于中国电影语言现代化之路的什么阶段?有过什么样的经验和教训?要真正实现中国电影语言的现代化，我们还需要克服哪些障碍?本文将试图沿着这样的思路进行一番探索，希望能够引起电影界的讨论。

一、中国电影语言现代化的目标内涵应该是掌握电影叙事的基本规律，不能以发展时间的先后次序作为衡量中国电影语言现代化程度的依据

《谈电影语言的现代化》一文提出，当时我们的电影“落后于形势……很多影片的电影语言太陈旧了。……我们应不应该向世界电影艺术学习、吸收一些有益的东西?……我们这篇文章，只想从一个角度作一点探索，这就是如何使我国电影跟上世界电影艺术的发展，实现电影语言的现代化的问题”[①]。显而易见，文章充满着后发现代化国家所普遍存在的唯恐落后的焦虑情绪，这种情绪也一直延续到中国电影此后三十年的发展中。在当时的社会大环境下，产生这种焦虑情绪是完全可以理解的，也是难能可贵的。因为在长期政治挂帅的文艺政策左右下，中国电影语言发展确实是落后的。但是，这种落后并不应归结为时间上的落差。电影是一种大众

① 张暖忻、李陀：《谈电影语言的现代化》，《电影艺术》1979年第3期，第40页。

艺术，不能拿科学技术现代化的衡量标准来生搬硬套。雨果在论及艺术与科学的不同时曾谈到一种“并列高峰”现象：“艺术不可能有本质的进步。从菲迪亚斯到伦勃朗，是运行而不是进步，西斯廷教堂的壁画对雅典神庙的雕刻丝毫无损……你可以在千秋万代的时序中节节后退，但你并不是在艺术上节节后退。金字塔和《伊利亚特》始终位列最前。”[①]电影语言只是一种艺术表现手段，所谓“电影语言的现代化”，应该是指这门艺术达到了其自身的成熟阶段。对于一门成熟的艺术来说，除非表现媒介发生巨大的变动或更新，其基本表现规律应该是稳定的，而风格流派则是千变万化的。比如，对于绘画、音乐或文学来说，鲜有人说过绘画语言、音乐语言或文学语言的现代化。因此，我们大可不必仅仅因为时间上的耽误而自惭形秽。草草启动的现代化最终证明只能结出半生不熟的果子，令人难以下咽。

但是，话又说回来，无论是当时还是三十年后的今天，我们的电影语言又确实是落后的。这种落后，主要应该体现在质的维度，而非量的维度。从电影语言本身来说，就是电影的基本叙事规律没有很好地掌握，依赖“戏剧的拐杖”只是其中一个突出的例子而已。如果连基本的叙事规律都没有掌握，那么我们确乎可以说我们的电影语言是落后的。所以，考量中国电影语言落后的根源，应该从全面考察是否掌握了电影叙事的基本规律出发，而不是仅仅局限并满足于采用长镜头风格或者是“丢掉戏剧的拐杖”[②]。具有讽刺意味的是，当我们感叹“我国……电影语言方面……仍然因袭着五十年代、四十年代，甚至是三十年代的老一套……”、“五十年代以来，特别是进入六七十年代之后，（世界）电影语言的变革……十分迅速”[③]，力推意大利的新现实主义电影、新浪潮电影与巴赞的长镜头理论并将它们作为未来电影的发展方向的时候，恰恰是巴赞自己宣称：“美法两国生产的影片毕竟足以表明，第二次世界大战前的有声电影作为一门艺术已经明显达到均衡和成熟的水平。……总之，我们看到一种‘经典的’艺术臻于完美形态的一切特征。”[④]不妨更进一步来说，在巴赞所宣称的电影艺术已基本成熟之后有没有发生巨大的变化呢？答案当然是肯定的。但是，不

---

①转引自吕智敏主编：《文艺学新概念辞典》，北京：文化艺术出版社 1990 年版，第 44 页。

②白景晟：《丢掉戏剧的拐杖》，转引自罗艺军主编：《20 世纪中国电影理论文选（下）》，北京：中国电影出版社 2003 年版，第 3 页。

③张暖忻、李陀：《谈电影语言的现代化》，《电影艺术》1979 年第 3 期，第 44 页。

④［法］巴赞著，崔君衍译：《电影是什么》，南京：江苏教育出版社 2005 年版，第 65 页。

要忘记，电影艺术此后发生的诸多变化并没有从根本上改变电影叙事的基本规律，否则电影就不是电影了。所以，中国电影语言的现代化命题的真正内涵应该是认真检讨、学习并努力掌握电影作为一门艺术的基本叙事规律，而不应被时间的年轮所挟持、催逼而迷失方向。如果掌握了电影叙事的基本规律，就可以认为已经实现了电影语言的现代化；反之亦然。对世界电影语言发展的目标、阶段与内涵发生了误判，导致我们在电影语言现代化的路途中艰难跋涉、付出惨重代价也就不足为奇了。

二、时至今日，中国电影语言的现代化目标还远远没有实现

从电影叙事的基本规律这个角度来衡量中国电影语言，我们不难看到，近三十年来中国电影语言并没有取得多少实质性的进步。这主要表现在电影理论与电影创作的叙事技巧两个方面。

从电影理论来看，电影理论界一直热衷于从事一些“迟到的争论”。之所以说是“迟到的争论”，是因为这些争论在世界电影史上早已发生过，并已经有了一致的结论，而且这些结论也早已经过世界电影实践的检验。简单回顾一下，三十年来围绕电影的戏剧性、电影的文学性、电影民族性、叙事性与造型性/电影性、声画关系、纪实与虚构、长镜头派与蒙太奇派、好莱坞电影与欧洲电影、商业电影与艺术电影、导演代际之分等议题，发生过多次争论，而且这些争论一直以各种形式在延续着。对于电影发展来说，对问题有不同看法并引起争论本是好事，但是并非所有的争论都是有效与有益的。在以上议题中，有些是电影史上早已发生过、有了结论并经电影创作实践验证了的（例如早在1927年，英国人拉尔夫·布洛克就明确提出了电影“不是戏剧，不是文学，不是绘画”），是在炒冷饭；有些是虚构、虚设了二元对立的理论模式进行无休止的推演（例如长镜头派与蒙太奇派、声画关系、纪实与虚构、好莱坞电影与欧洲电影、商业电影与艺术电影）；有些则根本就是很荒唐的，例如将中国当代导演进行人为的代际划分。凭年龄而不是凭风格来划分是令人羞愧的，如所谓的“第四代”、“第五代”、“第六代”划分以及它们的美学疆界之争。也有给不同导演贴上不同的标签，以便将这种身份合法化，但这些标签本身又含有有害的成分。当然，我们没有资格苛责前人。从某种意义上讲，他们的探索都是可贵的，毕竟经过那么多年的封闭，认识历史与规律需要一个过程。但是，作为一种回顾，我们又必须尽量做到冷静客观，暂时撇开对前辈们的劳动所应抱持的尊敬之情。围绕上述议题的论争不仅仅浪费了时间与精力，而且混淆了视听，使我们对一些真正需要关注的问题失去了敏感性。

在电影创作的叙事技巧方面，情况也不容乐观，一些根本不适合电影媒介的手法长期被奉为我国当代电影的经典。譬如《城南旧事》所开启的淡化故事情节、散文式结构所产生的负面影响一直延续到“第六代导演”。而《黄土地》整部片子只是由一幅幅静止的照片组成，与电影媒介“活动影像”的基本属性背道而驰，但是一直以来却在评论界、影视院校的讲堂上被津津乐道。《红高粱》中大量使用的隐喻也因与民族性牵扯到一起而获得合法性，殊不知隐喻乃是电影媒介表现中的大忌。隐喻本是文学媒介最为擅长的手法，因为文字的抽象性，本体只有凭借喻体才得以被读者理解；电影的形象是直观的，用了隐喻反而是化简单为复杂。我国电影的许多场面难以被西方观众所理解，一个重要原因就是我们的叙事违背了电影媒介直观性的基本特点，人为地赋予形象诸多抽象的含义。巴赞、克拉考尔的纪实美学被误读的结果是，一些人打着纪实的幌子，行艺术懒汉之实。对白过多、过于书面化，画外音过多，后期配音比重过大等，这些也是不可忽视的现象，出现这种种缺陷恰恰证明我们并没有掌握巴赞“纪实美学”的精髓。电影《梦想照进现实》通片充斥两个人物的对白，影像的表现余地几乎被压缩为零；而《夜宴》居然把“莎士比亚式台词”作为卖点大加宣传，直至发展到人物的一句话中出现三四个成语，大量的排比与比喻轮番上阵，真是让人哭笑不得。这些失误虽然是个案，但是该类影片拍摄于电影诞生一百多年后的21世纪，恐怕不能仅从试验的角度来解读，根源还在于我们对于电影叙事的基本规律没有掌握好。

说近三十年来中国电影语言并没有取得多少实质性的进步，这是一个从情感上令人难以接受的判断。但是，如果我们不拘泥于理论上抽象的辩论，而是具体地解析一部部电影的一个个镜头所暴露出来的问题与不足，我们就不得不承认这个令人沮丧的现实。而所谓中国电影语言的现代化，也不得不从这个起点出发。

三、好莱坞电影叙事代表了电影叙事的主要规则，而这正是我们谈论中国电影语言的现代化时必须要正视的基本事实和前提

就像中国社会的现代化不能不以全球化作为参照，中国电影语言的现代化同样不能不以好莱坞作为参照，因为客观上讲，好莱坞电影无疑具有全球化的影响力。好莱坞电影称霸世界有着多重原因，但是就好莱坞电影本身来看，最不应忽视的当数它那一套独特的叙事规则。

关于好莱坞电影的叙事规则，美国电影理论家大卫·波德维尔（David Bordwell，1947— ）用充满尊重的语气称之为“古典叙述：好莱坞范本”

和“正典叙述”：“剧情片中，有一类叙述模式独占鳌头。……电影史上影响最深远的古典主义……也就是1917至1960年的好莱坞片厂电影。”①大卫·波德维尔是欧美电影批评界为数不多的对好莱坞电影予以积极评价的人士之一，因此更应引起我们的关注。如果说好莱坞电影在电影制作、发行、放映、商业上皆处于霸主的地位，那么长久以来，在文学理论、艺术理论、文化理论、传媒理论等领域对好莱坞电影的批判则占据了另一种霸主的地位。就艺术手法来说，好莱坞的类型化叙事被认为是保守落后的，因果关系链条被认为违背了生活真实，大团圆结局被认为是制造梦幻。具有反讽意味的是，好莱坞的批评者所指出的缺点准确地反映了好莱坞电影的叙事特点，也正是好莱坞电影称霸世界的公开秘密之一。大卫·波德维尔的看法也代表了很多人的看法：“古典好莱坞电影中，通常有心理背景明确的人物，试图解决某个明显的难题，或者达到某些目标。在这过程中，人物与他人或外在环境产生冲突。故事以一个关键性的胜败收场，或是问题解决，或是目标达成或失败。……在古典的故事框架中，因果关系是最主要的整合原则。”②对于好莱坞电影叙事特点的认识，人们并无多大分歧，分歧主要在于如何看待和如何运用这些叙事规则。

从上述简单的梳理中，我们可以看到，构成好莱坞电影强大的叙事能力的正是戏剧性、故事性、因果关系、虚构、情节等线性叙事元素。线性叙事不仅是好莱坞的主流风格，也是主流电影的风格所在。

当然，电影叙事的基本规律与电影叙事的不同风格和流派是不同范畴、不同层级的概念，不应混同起来。但是，既然同属电影这门艺术，那么无论不同流派与风格的电影存在多么大的差异，它们在叙事上总是存在一些基本的共同点，这些共同点是电影之所以被称为电影的内在依据。我们所要做的就是拨开不同流派与风格的迷雾，去甄别不同风格与流派的电影所承袭的共同的叙事规律，否则我们就容易在电影的一般规则与特殊规则之间造成混乱，从而产生认识上的误区。譬如电影的蒙太奇规律，毫无疑问是电影的基本叙事规则，而《谈电影语言的现代化》一文则否定蒙太奇规律是电影艺术的基础，好莱坞电影由于对蒙太奇叙事规则的娴熟运用而一度遭到否定；另一方面，该文却又把仅仅是一种短暂现象的意大利新现实主义电影、新浪潮电影视为电影的本体特征的代表。这种错乱导致我们对

---

①［美］David Bordwell著，李显立等译：《电影叙事：剧情片中的叙述活动》，台北：远流出版事业股份有限公司1999年版，第335页。

②［美］David Bordwell著，李显立等译：《电影叙事：剧情片中的叙述活动》，台北：远流出版事业股份有限公司1999年版，第335~336页。

于电影叙事的一般规律的探索走入了误区。

毫无疑问，好莱坞电影当然具有其意识形态性。但是从电影语言本身的角度来说，好莱坞电影却不仅仅是好莱坞电影本身。在更广泛的意义上，好莱坞叙事代表了电影叙事的主要规则，而这正是我们谈论中国电影语言现代化时必须要正视的基本事实和前提。比如作为好莱坞电影叙事基本规则的“连贯性”，就是建立在观众认知习惯与视觉惯性的基础上的，而这是超越国家与民族的。所以我们不该将意识形态视角与电影语言视角混为一谈，从而影响我们对好莱坞电影叙事的正确吸收。巴赞在他那篇著名的《电影语言的演进》一文中指出：“1930—1940年间，在电影语言中仿佛形成了一种世界各国普遍使用的表现手法，这种表现手法主要起始于美国。”[①]可见，巴赞并非我们所想象的那样否定好莱坞电影表现手法的价值，相反，对其作了充分的肯定。而认为“世界上各国电影工作者们，从蒙太奇理论出发，不停地前进，已经走出了很远”[②]，很显然是对好莱坞电影叙事手法与电影一般叙事手法之间关系的误判，因为蒙太奇规律正是好莱坞继承先辈传统并加以发扬光大的基本规律之一。这种误判的关键之处在于将电影的一般叙事手法当作一个按照时间顺序，不断进行先后更替的过程，把好莱坞电影叙事只当作其中一个发展阶段来予以否定。其实，作为一门基本成熟的艺术，电影必然有其稳定的、自成系统的基本表现规则；而好莱坞电影之所以能够发展壮大，也必然承袭了电影的基本表现规则。这合乎理论与实际的双重逻辑。我们在这里无意为好莱坞电影唱赞歌，而只是想从中国电影语言现代化的角度出发，进一步考察好莱坞电影叙事系统中到底哪些是我们所需要掌握的。

当然，电影语言的基本规律与电影的不同风格和流派是不同范畴、不同层级的概念，不应混同起来。好莱坞电影当然可以笼统地称为一种流派或者风格，但这并不妨碍我们从电影语言本体的角度来把握其特征，因为好莱坞电影语言从某种意义上讲，的确代表了电影语言的基本规律，而不仅仅是一种风格或流派，这早已被电影的发展史所证实。

---

①［法］巴赞著，崔君衍译：《电影是什么》，南京：江苏教育出版社2005年版，第64页。

②张暖忻、李陀：《谈电影语言的现代化》，《电影艺术》1979年第3期，第46页。

四、加强中国电影语言基础研究，进行“三基”补课，是中国电影产业化大发展的必要前提

前面我们剖析了中国电影语言现代化命题中的诸多误区，揭示了成熟稳健的电影语言体系对于美国电影繁荣的重要支撑作用。电影语言一旦成熟后，反过来就会形成自身的稳定性。一方面，这对于后来的导演具有一定的制约性，后来者不可能置它们于不顾，从零开始进行电影创作；另一方面，电影先驱们创造的一系列表现手法，并非为他们所独享，任何别的导演都可以吸收这些基本手法进行拍摄。因为上述手法并非属于通常意义上的风格技巧范畴，千人可以有千面，而是属于电影语言的深层结构，是一门具有普遍意义的崭新的艺术手段或艺术语言。问题在于，作为后来者的导演们有没有认识到这些。

中国电影语言要取得真正的突破，对以下几方面的考量不可或缺：

1. 在电影产业化发展的同时应加大对电影语言的研究与讨论的力度

21世纪以来，我国电影产业发展迅速，2013年票房收入超过200亿元，2014年可望达到300亿元。中国电影黄金十年的预判似乎正在应验。然而，作为一个电影消费大国，人们不难发现，好莱坞电影占据了中国电影票房的重要份额。所以，在表面的繁荣之下，潜在的危机仍然是巨大的。类型电影话语似乎提供了一个振兴国产电影的契机。对于那些急于靠电影赚钱的电影人来说，类型电影似乎变成了一条捷径。近年来，不止一位导演凭借电影基本功尚未过关的处女作就取得了巨大的票房收益，比如徐峥导演的《泰囧》、赵薇导演的《致我们终将逝去的青春》、郭敬明导演的《小时代》系列和韩寒的《后会无期》等。仔细研究这类跨界导演的电影语言，不难发现其有剪接鲜有蒙太奇，有长镜头鲜有场面调度，难怪被人称为“粉丝电影”。

电影创作界的这种现象应特别引起关注，因为从电影语言的角度来说，这种轻松的成功引发很多电影新人跃跃欲试，从而忽视了对电影语言基本功的重视。美国类型电影导演如希区柯克、约翰·福特等在正式执导大制片厂作品之前，大都拍摄了不计其数的短片，因此才保证了数十年影片质量的稳定。我们很多导演的处女作暴露了多处基本电影语言常识的缺乏，比如许多叙事靠旁白来完成，频率过高的特技闪回打断当前的叙事流程，把闹剧当喜剧等。也有人一口咬定票房成功就说明一切。然而，这类影片的票房很大程度上只是学习了类型电影体系外在的宣传包装手段，将影片强行制造成一个社会事件或社会话题，刺激起观众“影片到底怎么样”的好奇感，而并非对影片本身的认可。失去了电影语言基本功的支撑，这类

成功显得十分脆弱，不可能在整体上振兴中国电影产业。

电影理论界也表现出同样的浮躁。当下，与电影产业化研究热潮形成鲜明对比的是，电影基本观念、基本叙事、基本技巧方面的研究渐受冷落。与20世纪80年代相比，电影语言方面的基础研究专著、论文、学术论争、科研立项等都大幅度减少。有一个例子可以说明，邵牧君先生曾在《西方电影史论》一书的前言中表达了对电影基本理论问题无人回应、无人论争、无人质疑的失落与尴尬。

未来中国电影产业的振兴与长期繁荣，离不开电影语言的重要支撑作用。强化电影语言没有捷径可走，应该继续开展电影语言创新与继承的广泛讨论。

2. 应该综合平衡汲取欧洲艺术电影与美国类型电影二者之长

美国类型电影发展是建立在成熟的电影语言的基础上的，具体表现在适应商业环境的电影观念、电影叙事与电影技巧，同时，在电影的实际发展中，创新求变也从未停止过。中国的情况比较特殊，从改革开放以来的情况看，往往特别容易走偏，将二者对立起来。在20世纪70年代末至80年代初，中国电影界受到意识形态的干扰，片面接受巴赞等欧洲电影理论的影响，一头扎进反好莱坞类型电影的漩涡；到了1994年受到进口大片冲击震撼后，又争相拥抱好莱坞，却将其成功简单化为大投资、大场面、大炒作等外在环节上。一会儿学欧洲电影，一会儿学美国电影，什么都学过，却很难学到其精髓。今后中国电影语言创新必须重新检讨在学习取经道路上走过的曲折道路，正确看待曾经的得与失，为今后走上一条正确的电影语言创新之路打好基础。其实，只要正确理解电影史就不难发现，不少欧洲导演去到好莱坞之后，都拍出了经典的类型电影；而新好莱坞更是广泛吸收了欧洲作者电影理论、法国新浪潮、意大利新现实主义等的营养。中国电影要真正形成自己的语言体系，必须在充分了解世界电影语言发展的基本经验的基础上进行。

3. 应该在影视院校或专业教育领域进行“三基”方面的去弊与纠偏

影视院校或影视专业是中国电影人才培养的主阵地，中国电影语言的创新必须从电影专业教育领域抓起。当前，最为迫切的是进行电影“三基”方面的去弊与纠偏工作。比如，在电影基本观念方面，应当从理论和实践两方面阐明电影发明的基本原理，阐明媒材（媒介材料或介质）特性对于每一门艺术独特属性的决定性作用。考虑到电影综合艺术类在高校教材中普遍存在的现状，有必要重新开展电影综合艺术类的大讨论，并全面修订相关教材。在电影叙事方面，要特别警醒文学叙事学与符号学对电影叙事学疆域的全方位挤占，必须把纯粹的学术理论研究与面向电影实务的电影叙事学研究区别开。在电影表达技巧层面，加强对电影剪辑、场面调度、电影台词、电影表演等环节的基本功训练与提高。到目前为止，我国影视院校还没有设置专门的电影剪辑专业，也没有院系建制。电影文化、电影艺术概论、电影美学方面的“大理论”摆满了图书馆的书架，但电影剪辑方面的专业书籍（包括翻译的）却屈指可数，这与蒙太奇作为电影语言基本手段的地位极不相称。中国电影整体上空间立体感不强，场面调度少而又少，机械的正反打镜头充斥银幕。影视院校或专业表演课基本上沿用舞台剧套路，银幕上的动作、对白舞台化痕迹依旧明显，显露了电影观念的滞后。上述种种表明，影视院校在电影“三基”教育方面任重而道远，中国电影产业振兴必须从培养电影人才做起。

（原载于《电影评介》2008 年第 24 期，略有修改）

强化主持人的专业精神

应天常
（广州大学新闻与传播学院副教授）

近几年，我国主持人队伍迅速扩张，但除部分主持人比较称职外，多数专业素质和专业能力偏低，他们作为一种“俗套角色”（Stock Character）随处可见。他们将青春靓丽、英俊潇洒看作主持人的“资本”；他们认为主持人就是靠头脑灵活，擅长表演……《现代传播》中有一篇文章这样描述目前的主持人现象：

“有人说，这是一个浮躁的年代。也不知从哪年起，当我们看腻了正襟危坐、字正腔圆的老化主持人，渴盼充满活力、贴近观众的‘新型’主持人的时候，我们的视野却一下子又被一大群花花绿绿、手舞足蹈的形象所充斥。这些形象一律有着机关枪般的语速，小儿多动症般的手势，港台艺人般的语气语调，以及对节目内容丝毫没有深入了解的肤浅。”①

肤浅的职业认知和不完善的能力结构，导致许多主持人如昙花一现，终因难以胜任工作而被淘汰——即使已有些名气，因为没有底气也只能知难而退。这几年，面对激烈的媒介竞争，有些主持人从荧屏悄然离去，也是因其有自知之明。

一、主持人是有特定专业要求的职业

人们将主持人看作一个工种、一种职业，却普遍忽略主持人既定的专业要求。一种职业转变为一种“专业”，国际通行的标准是：它是一种全日工作的专职性职业；它具备本专业的基本理论体系；有本专业的协会和培训基地；有从事本专业的准入门槛；有本专业的职业道德准则。以此衡量主持人，它应当是一个专业。

诚然，确立主持人的专业意识是一个渐进的过程。如今我国广播电视节目主持人事业已经走过34年的历程，专业研究和理论建设成果斐然，

---

① 方红：《谈电视节目主持人风格之抄袭》，《现代传播》1998年第1期。

近年来，国家广电总局发布《中国广播电视播音员主持人职业道德准则》、国家广电总局资格考试委员会发布《全国广播电视记者、播音员、节目主持人资格考试大纲》，这对提高主持人的专业素质是十分必要的，这些都表明，强化主持人的专业精神是当务之急。

从业资格是既定的专业规则，它是“专业精神”的外显形式，主持人专业精神的本质，是一种“内心自觉的坚守”。主持人的工作内容是与社会、与人接触，因此，主持人专业主义的核心是全力承担社会责任的精神境界，是超越物欲的追求，是人格和人性的真善美在自己职业生涯中的体现。也就是说，专业精神来是自内心的一种力量，它体现于一个人的工作态度——爱业、敬业、专业、创业。主持人的工作态度折射出人生态度，而人生态度决定了工作业绩和生命价值。

播音员、主持人作为新闻工作者，对其专业精神的追求在任何国家都是受到重视的。美国广播电视的默罗时代、克朗凯特时代，新闻选择的价值标准是新闻的重要性、客观性、及时性、接近性，新闻事件本身的价值意义是新闻取舍的唯一标尺。尤其是，他们坚持客观公正的新闻态度，很少在自己主持的新闻节目中随意发表议论。

二、目前新闻节目违背专业精神的表现

主持人专业精神突出体现于新闻节目。从这个角度说，以商业尺度评判主持人节目的资质和效益是不全面的。比如新闻播报和主持，它的专业要求就是“开诚布公地发布消息”（芭芭拉·沃尔特斯语），就是满足观众的信息期待、提供货真价实的新闻，这是媒介无可推卸的责任。现在盛行的新闻娱乐化、播报方言化、新闻戏说化等，在非新闻手段上玩花样，以“博眼球”，违背了主持人的专业精神。

随着我国广播电视体制改革的开展，媒介“市场化”将主持人推向追求收视率、追求经济效益的第一线，专业操作和专业行为失范的情况屡见不鲜。

目前我国新闻节目主持人专业精神缺失的主要表现是：

1. 主持人角色定位模糊

大众文化的逻辑是以“曝光率”决定其知名度的。节目主持人拥有持久的高“曝光率”，尤其是近几年娱乐文化在电视节目中的比例增大，不少主持人有自我“明星化”、“名流化”、“艺人化”的倾向，自我角色认知的迷失，其后果是虚幻地以“文艺明星”、“知识精英”、“智慧化身”自居。他们“不仅掌握了媒介话语权，还承受着运用这种话语权来维护自

己作为名流的象征价值的压力，因此，他们很容易陷入过度的自我表现之中，极大地损害了节目的专业品质”[①]。

这里不妨举几个例子：

2004 年 12 月下旬，广东某电视台新闻主播在播报乌克兰总统候选人尤先科“遭遇投毒致面部变样”的新闻时，调侃道：“看来，这位靓仔想恢复原样儿是没指望了……”这不仅是对这位受伤害的候选人的不尊重，也不符合事实——后据《羊城晚报》报道，英国鲁道夫医院认为：“尤先科的面部几年内可以痊愈。”

这位主持人“说新闻”时信口开河，在说到莫斯科将要举办“日用奢侈品展览”的新闻时，其导入语是“都说俄罗斯的经济不景气，可俄罗斯人对日用品却很挑剔，这就是咱们说的‘穷讲究’……”这不仅是有损国际关系的议论，而且也不符合事实——就在此前几天，新华社报道普京总统在一次讲话中强调：“俄罗斯连续 5 年 GDP 以平均 6% 以上的增长速度发展，已经进入经济高速发展国家的行列。”

看来，这位节目主持人知识贫乏又不虚心学习，暴露了专业素质和人格修养的缺陷。

2.“戏说”新闻的“看客心态”

这几年，“新闻娱乐化”乘坐“民生新闻”的“列车”跑得很快，而且随着“新闻娱乐化”的进一步泛化，各类新闻节目出现“戏说化”的趋势，据说这是主持人“平民化”的表现。

改变电视“语态”是 20 世纪末至今的一种改革趋势，包括语态“平民化”。其作为一种创造和追求，可以成为新闻主持的一种样式或风格，但“平民化”绝不是“随意化”、“低俗化”，更不是用“戏说”方式主持节目、亵渎新闻。现在有些主持人的一个特点是在节目里喋喋不休，他们“亢奋的表达欲”形成随意的表达惯性。比如一位主持人在说到“冬季护肤品旺销”的新闻时，随便加了一句导入语：“俗话说，温饱思淫欲……”难道用护肤品就是有“淫欲”了吗？

娱乐化“戏说”扭曲了新闻价值，反映的是媒介对社会事务的泛娱乐心态，这种心态是对新闻事实无关痛痒的“看客心态”。

比如：美国发出恐怖袭击预警，主持人说：“一遇风吹草动，山姆大叔就胆战心惊”——主持人幸灾乐祸，溢于言表；

再如：广州酷暑，热死 20 多人，主持人戏说道：“这几天，广州地区酷热，‘酷毙’了 20 多人……”——主持人信口开河，无关痛痒；

---

①刘自雄：《新传播语境中节目主持人及其行为规范》，《电视研究》2003 年第 4 期。

再如：一位打工青年的手指被机器切掉9根，辗转被抬到省城医院再植，匆忙中将一根手指遗忘在事故地点。讲到此处，主持人"戏说"道："话说手术开始了，出现戏剧性场面：医生瞪大双眼，哦嗬，第9根手指忘记送来了……"——主持人戏言调侃，近于冷血。

三、新闻主持人专业主义的核心价值

新闻节目主持人专业主义的核心，也是悲天悯人的人文精神，是对社会责任的严肃态度，是人格魅力的张扬和真善美在职业生涯中的体现。人文精神的核心是"人文关怀"。

宏观地说，人文关怀应是现代大众传播的一种理念和追求，它体现以人为本的思想，即对人的尊重，对终极价值的探求，对民众疾苦与生存境况的关注。上面报道"手指再植"的主持人所表述的新闻事实不能说不真实，但由于选择了"戏说"，不仅表明主持人不健康的新闻态度，反映出不怀好意随意议论的"看客心理"，也造成新闻价值和媒介立场的歪曲，损害了媒介的公众威信。

现在废话连篇稀释新闻，用商业广告肢解新闻节目，或以经济手段操作新闻，为制造对受众的视觉和听觉的"冲击力"而在新闻形式上随心所欲地出"怪招"……这些丧失专业精神的现象必须纠正；而为追求收视率就港腔港调地"说"、趣味低级而要贫嘴式地"侃"，尤其是嬉皮笑脸地"戏说"他人的痛苦，这种"看客心态"，严格来说是新闻专业精神的堕落，其后果是新闻媒介丧失作为"社会良心"的地位和权威。媒介竞争日益激烈，它带来的应是新闻的真实性和新闻职业理想的提升，不应该是放弃社会责任，更不应该是冒着损坏频道形象、栏目资质、荧屏威望、资讯诚信的风险，追求经济效益。

在这个方面，美国早期新闻节目主持人给我们树立了榜样。比如沃尔特·克朗凯特，他主持《晚间新闻》时"拥有"一分半钟发表评论的时间。后来因为他发表了关于"越南战争"的著名评论，推动了战争的结束，于是CBS董事会作出决定，"允许"克朗凯特每天增加一分钟的评论时间，既可提高收视率，也可巩固其"舆论领袖"的地位。但是克朗凯特婉言拒绝了。他认为，他的主观介入"已经很够了"，他认为应该尊重受众解读新闻的权利。

克朗凯特的社会责任感和非功利的职业态度，是主持人专业精神的集中体现。正因此，默罗、克朗凯特、拉瑟不再是商业电视所欢迎的节目主持人。但是，他们坚持的新闻专业精神为我们树立了标杆。当然，随着时代的发展，专业主义的内涵在继承前辈遗产的同时被赋予了更丰富的内容，但是专业主义精神是超越时空的。

（原载于《声屏世界》2007年第7期，略有修改）

论《舌尖上的中国》的陌生化效果

夏清泉
（广州大学新闻与传播学院院长助理，广播电视艺术系副教授 ）

《舌尖上的中国》在国内热播，收视率超过同时段的电视剧，它引起的大量话题开始流行。在当前中国的媒介环境下，这部讨论饮食文化的纪录片，在选题上有自然的贴近性。更重要的是，它不仅仅是一部展示中华饮食的纪录片，而且以全新的视角，对中国饮食方式及其背后天人合一、人与环境相互依存的传统文化进行了重新阐释，获得了一种陌生化的效果。央视纪录片制片人时间曾经说纪录片需要在创作上对生活进行陌生化，其实，纪录片的陌生化不仅仅指的是纪录片在创作手法上的求新求异，更 在于通过艺术作品的创新，让观众感受全新的现实，从而获得对生活的一种特别的体验。在中国经济飞速发展、社会结构不断转型的今天，离自然和传统也越来越远的人们，对那些熟悉的食品背后的传统以及其中凝结的中国人的智慧渐渐遗忘,《舌尖上的中国》唤起了人们对家常饮食的亲情。《舌尖上的中国》之所以能成功，便在于其立足于当下中国现实，创造了一种对自然饮食和传统文化的陌生化体验。

一、关注现实角度的陌生化处理

《舌尖上的中国》并没有遵循传统美食纪录片的思路，而是把片子的关注点定位在食品背后的人上，将美食纪录片对物的专注转化为对人的关注，更进一步，人从自然获取食材创造了食物，食物实际上代表了人和自然之间的关系。传统的美食纪录片大体上有两种模式，一是旅游的体验模式，即对食品、菜式等的介绍，从而带出当地的风土人情，大部分栏目纪录片便是采取此种形式；二是历史挖掘模式，探索某类食品或菜式的起源、发展、变化，代表性纪录片是韩国拍摄的《面条之路》。以美食中国为选题的纪录片，如果按照一般的思路采取旅游体验模式，便是平均用力地介绍八大菜系的代表作，并寻找地域文化和菜式之间的关系。这种模式带来的缺点是只见菜不见人，同时菜式的代表作往往距离普通老百姓很远，在当前中国的社会环境下难以引起观众的共鸣。如果按照历史挖掘模式，则可以从五千年中国饮食发展史的角度探讨饮食风格的变化、味觉美学的变迁和时代的关系。而在《舌尖上的中国》里，对传统进行科学式的考察并不是首要任务，它将传统放置在现代人视角中，寻找传统和现代的交接点，这种对传统的诠释方式，更利于现代观众接受。比如在《五味的调和》这一集中，编导选择了甜、咸、酸、辣、鲜这五味来讲述中国美食对味的追求，这种分类不同于我们经常采用的酸、甜、苦、辣、咸的传统分类，编导如此选择，却能更好地阐述在传统和当下之间的中国人在饮食上的传承与融合。这种站在当下的诠释视角，也更能吸引当代观众的关注。《舌尖上的中国》关注方式的转换，继承了 20 世纪 90 年代以来中国纪录片的平民视角传统，突破了传统饮食纪录片的创作形式的限制，同时这种视角融合了 21 世纪以来中国纪录片对故事的探求，让视点的选择更好地隐藏在故事的叙述中，形成了融合创新的陌生化效果。

二、结构方式的借鉴与突破

《舌尖上的中国》每一集均采用阐释的方式。在确定每一集的主题后，编导选择代表不同层面的点来阐述与论证主题。这些点的关系可能是空间上的，也可能是特色上的。比如第一集《自然的馈赠》，主题是特别的食材来自于自然的馈赠，人和自然是一种和谐的关系。片子将中国独特的自然地理分解成高原、山林、边陲、江南湖泊、东北冰湖及海洋，以对应广阔土地上的各种自然地貌结构，而每一点讲述一个或两个故事：松茸的故事、竹笋的故事、盐制作火腿的故事、莲藕的故事、冰上捕鱼的故事、远洋捕捞的故事。这样，中国特色的食材、地理、人和自然的关系被巧妙地阐释出来。为了让这种阐述能更好地被观众接受，片尾还设计了主人公的集体展示，并通过抒情意味的解说词进行总结，提炼主题，强化了结构上的阐释效果。

这种阐述论证式结构并不像田野调查纪录片或政论片那样具有论证结构上的严谨性，而是用隐喻的方式获得一种诗意的美学效果。此种结构同时导致的一个特点是它在处理时间和空间上的自由感和跳跃性。中国纪录片对“真实”的本质概念非常重视，事件上的前后关系是处理段落时最常用的手段，在空间的转换上，也以片中人物行动的转换来作为空间转换的依据，以获得“墙壁上的苍蝇”般的客观观察效果。《舌尖上的中国》在结构上脱离纯粹客观纪录片中时间和空间对结构的桎梏，故事产生的隐喻修辞将对象对准了有代表性的个人，又不同于传统政论片过于枯燥的论证结构，对于中国纪录片来说，它获得了结构的创新效果。

《舌尖上的中国》这种结构方式和英国BBC制作的《行星地球》、央视和BBC合作的《美丽中国》在结构上有着很大的相似性，节目的编导在接受媒体采访时也谈到本片受BBC纪录片的影响。《行星地球》中关于海洋的一集里，其结构安排便是从海岸悬崖上的镜头到海边渔民的捕猎鲸鱼再到潜水捕捞等并列来展现人从海洋的获取。在《美丽中国》第一集《锦绣华南》中，空间从桂林跳跃到云南元阳再到石林等，其依据便是华南地区水稻种植文化影响下人和土地之间的关系的创作思路。《舌尖上的中国》对BBC纪录片结构上的吸收与改造，体现了中国纪录片对更好地融入国际市场、传播国家形象的努力。

三、拍摄点选择的独特视角

在纪录片创作中，点选择好了片子就成功了一半。如同剧情片拍摄前的剧本规定了影片的主体故事一样，纪录片的核心事件是由拍摄点决定的，所以选择的拍摄点的典型性、自身的故事性、表现力等因素，是纪录片获得成功的重要先决条件。《舌尖上的中国》无论在菜式、食材的选择上，还是在人物故事的选择上，完全不同于传统的饮食纪录片，正是这种拍摄点选择的陌生化，给纪录片带来了意想不到的收视效果。如果对该片中出现的菜式进行统计的话，家常菜在片子中是绝对的主角，比如在第四集《时间的味道》中出现的菜包括：泡菜、腊味、烟熏腊肉、火腿、紫菜、虾酱等，无一不是普通百姓日常所吃的。哪怕在第五集《厨房的秘密》中特级厨师居长龙和梁子庚所做的菜，也是豆腐和咸鸭蛋。但如何让这些普通家常菜获得新鲜而独特的效果呢？第一，纪录片选择具有新鲜性和地域特色的家常菜，这既能展现地大物博的中华大地上饮食的特别性，也能让观众获得新的体验；第二，编导在节目中展示了从食材到菜式的制作过程，特别是展示了普通观众难以了解的食材的生长和选择，让观众了解普通家常菜中蕴含的中国人的智慧和劳动；第三，食材和菜式背后的故事具有感染力。在拍摄纪录片时经常说的一句话是：东西的好坏是一方面，关键是背后的故事好。故事是包装食材、菜式的最有感染力的材料，普通的东西附上动人的故事，它就不再普通。通过这三方面，普通的家常菜在片子中被陌生化处理，这使大部分生活在城市而远离自然的观众，产生了既新鲜又陌生的美食感受和文化感受。比如在松茸这个点上，松茸本身并不常见，其昂贵的价格和纯天然的生长也让观众很感兴趣。同时在松茸背后藏族女孩卓玛身上的亲情故事让人感受到食材背后的辛劳和期望。再如片子中对豆制食品这个点的处理，豆制食品是中国饮食的特色，体现了传统中国人对食材的改良与重新塑造，是必须出现的点。片子选择了云南的豆腐、安徽的毛豆腐以及东北的酱。云南豆腐拍摄抓住制作豆腐过程中纯净的井水带来的鲜嫩，这是通过还原食材的制作过程形成了陌生化的效果；而毛豆腐其外形和发酵让食材本身具有独特的新鲜性，能引发观众的兴趣；酱料作为中国特有的一种豆制品，展示其手工制作的过程，融合了家庭关系和情感，同样也获得了观众的认同。

四、故事讲述的创新

在故事的处理上，《舌尖上的中国》采用更具诗意的叙事技巧，没有拘泥于跟踪记录叙事技巧或者营造强烈的情节冲突，而侧重用故事表达情感和传递理念，从而获得了叙事上的创新效果。20 世纪 90 年代中国纪录片在故事上注重对过程和细节的展现，力求在屏幕上还原生活的真实。故事的情节来自于长时间的跟踪拍摄，更多采用时间顺序的叙事。进入 20 世纪 90 年代末期，中国纪录片开始探索更具有市场效果的故事讲述方式，细节和过程在纪录片的首要地位让位于情节，为了获得更具悬念和冲突性的效果，编导往往将更多精力注入悬念的铺垫和转折中。《舌尖上的中国》的故事讲述吸收了十几年来中国纪录片发展的叙事技巧，同时又体现了一种全新的诗化特色。其陌生化的诗意叙事策略是采用多条线索互相交织来推进故事，这多条线索中既包括人物为主的行动，也包括对食物、地理等的说明，这种交织使叙事、说明、抒情、议论融合为一个整体。比如第三集《转化的灵感》中关于豆腐球的故事，主人公姚贵文一家制作豆腐球是贯穿故事的核心线索。故事并不依托姚家某个具体的时间或事件展开，姚贵文一家在社会生活中的冲突性和戏剧性都被忽略，而是根据豆腐球制作中两个核心因素——如何控制时间获得优质豆腐球、什么是制作优质豆腐的根本来创造叙事上的冲突点，这让故事带有了说明文的特性。在叙述的进程上，片子打破了制作豆腐球步骤上的进程，而是先从豆腐球发酵的时间开始讲述，让观众先看到令人垂涎的豆腐球，进而转到姚贵文妻子需要在短时间包好豆腐以避免变质。当故事讲到姚贵文使用炭火烘烤时，叙述在这里中断，转而说明建水的地理特色和饮食风味，之后再回到豆腐球这条线索上，继续讲述豆腐本身质地的优良和风、阳光、水的关系。在水和豆腐关系的讲述中，故事空间转换到具有象征意味的大板井，姚家的线索再次隐隐出现，但叙事重点转化到井水、传统等。这种多条线索交织融合导致情节淡化，叙事中断又缠绕，产生了独特的叙述节奏，让故事获得了一种诗化的特质。

人物的处理方式也是该片在故事讲述上的一大特色。故事不仅仅从一个人物或人物的单一事件出发，而是更多地将人物关系进行延伸，比如在第一集《自然的馈赠》中松茸的故事里，人物从藏族小姑娘丹增卓玛延伸到卓玛的妈妈，从而让这个只有8分钟的故事获得了多重奏的主题：自然和人、努力上进的姑娘、母女亲情等。在处理纪录片叙事的时候，如果单个人物或事件本身戏剧性比较弱，经常采用的一个策略是增加其他线索形成交织的合力。因为节目时长和拍摄时间的问题，像《舌尖上的中国》这样空间跨度比较大的片子，拍摄进度决定了其难以进行长时间跟踪拍摄以获得更有情节张力的素材。在松茸的故事里，卓玛单条线索的核心情节是采松茸卖个好价钱，这个情节是比较单薄的，也缺乏推动叙述进展的力量，多线索和多主题的重奏能够让故事变得更加饱满。

在《舌尖上的中国》里，故事诗化通过线索的融合、表达方式的融合以及人物关系枝蔓的延伸来实现，这种创新的故事讲述，营造了一种超越现实的精神氛围，让观众在习以为常的日常生活中体会其中包含的深情和意义。

五、镜头运用营造视觉奇观

为了使家常食品和日常生活获得超越现实的陌生化效果，《舌尖上的中国》通过独特的镜头尽力创造视觉的奇观。在有限的制作经费和设备条件下，为了创造视觉效果，片子非常关注镜头视角的选择，比如拍摄挑担人时利用蜘蛛脚将摄像机绑在扁担头上获得独特的跟拍效果，利用水桶将摄像机吊装下水井拍摄仰视效果，为了获得高角度而将摇臂抬进水田甚至山里拍摄等。经常使用不同设备以适应不同画面需求，超35毫米高清摄像机或者单反相机为画面获得了更小的景深，小型高清摄像机的大景深和广角为跟拍提供了清晰度和便利性。食材、菜式的拍摄经常打破纪实拍摄的连续性而采用重新布光拍摄或在不违背事件真实的基础上对人物进行现场调度。逐格拍摄在全景空镜头和表达时间流逝上被大量运用，也获得了诗化现实的效果。

另一方面，强化了空镜头在叙事中的作用。因为故事讲述上采用了叙事、说明、议论、抒情的融合，所以在片子的镜头使用上，对记录性长镜头的使用非常谨慎，抒情性、气氛性空镜头被更多地使用。为了不让空镜头叙事停滞造成视觉的疲劳，编导更需要空镜头有视觉的奇观感来调动观众的兴趣。超现实的造型镜头一般使用在广告片或宣传片中，《舌尖上的中国》创造性地融合了纪实拍摄和造型镜头，创造了纪录片的诗意。比如在每一集的结尾设计了每集主题的阐述和总结段落，故事主人公的笑脸如同广告片的风格，这些摆拍的镜头抽离了记录事件的语境，以纯粹的造型方式诗化了现实，留给了观众思考的空间。

六、总结

《舌尖上的中国》转换了传统美食纪录片的创作视角，将镜头对准家常菜式以及寻找食材、制作菜肴的普通中国人，展示了中华饮食文化中蕴含的中国人的智慧，阐释了饮食背后的人与自然、人与传统及人与社会的关系。片子记录现实但超越了现实，通过对现实的陌生化处理，让观众能更深刻地思考日常生活中包含的中国人的精神。

（原载于《中国广播电视学刊》2012 年第 9 期，略有修改）

错位的想象

——从《五朵金花》看少数民族题材电影的汉化与雅化

邹鹃薇

（广州大学新闻与传播学院广播电视艺术系副教授，博士）

作为中华人民共和国建国十周年十八部献礼片的压轴之作，《五朵金花》在剧本创作与影片拍摄上虽然只用了极短的时间，却收获了全国人民的掌声和世界的目光。在学术界，从20世纪五六十年代被褒扬为“突破了传统的喜剧的框框”，“开拓一片崭新的天地”，“与我们现实生活的基调是十分谐和的”，“是社会主义喜剧的发展方向”①，到“四人帮”时期被斥责为“攻击三面红旗，丑化少数民族，宣扬爱情至上”②。即使在最近的二十年里，《五朵金花》要么被贬为与现实主义脱节的虚假的歌颂性喜剧，它“仅仅停留在生活的表层”、“是肤浅的，缺乏深刻的内涵”，不但“没有成功地刻画出喜剧人物形象”，反令人觉得“肤浅、虚假、做作”，根本“不能代表社会主义喜剧的发展方向”③，要么被赞为“给今天‘主旋律电影’的创作提供了许多富有启迪性的思路和方法，而且某些地域色彩的选择和民族特性的表达也给中国电影的创新开启了某种可能”④。而笔者将避开某种道德性的评价，从故事原型、影片创作、叙事模式等角度探讨电影《五朵金花》轰动中国并成为一代经典的真正原因。

---

① 艺军：《试论社会主义的电影喜剧》，《电影艺术》1961年第2期。

② 转引自《中国作家协会昆明分会举行座谈会为优秀影片〈五朵金花〉恢复名誉》，《云南日报》，1978年10月31日。

③ 胡德才：《对十七年“歌颂性喜剧”的反思》，《南京大学学报》2005年第5期。

④ 李二仕：《五朵金花的“今点”意义》，《当代电影》2005年第2期。

一、《五朵金花》的故事原型

在探求《五朵金花》的故事原型之前，不妨先从一桩有关经济赔偿问题的民事案件谈起。2001 年 2 月 5 日，《五朵金花》的编剧赵季康（原名赵继康）和王公浦把云南曲靖卷烟厂告上了昆明市中级人民法院，认为其生产的“五朵金花”牌香烟侵犯了剧本的著作权，在长达 8 年的诉讼过程中，云南省高院合议庭最终认为“原告赵继康、王公浦于 1959 年创作出版了电影文学剧本《五朵金花》，对该剧本两原告依法享有著作权，受法律的保护”。但是，由于当时的《著作权法》没有明确表述对作品名称的保护，因此“单就‘五朵金花’一词而言，得不到著作权保护”[①]。法庭的判决引发了法学界的争议，其焦点在于“作品名称能否受法律单独保护”，并在此基础上形成了两种截然不同的学术观点。[②]

在初审中，被告云南曲靖卷烟厂提出以下六点举证对原告进行反驳：“一、金花是大理妇女喜欢使用的名字；二、金花作为女性名字不具独创性；三、《白族本主文化》中有金花姑太、金花龙姑、金花姑娘的说法；四、金花公主；五、《白族文学史》有金花姑太、金花公主、金花宫主等；六、《白族神话传说集成》有关于白族始祖的传说。”因此“五朵金花是白族文化的表现形式”[③]。卷烟厂的举证存在相当大的纰漏，首先，它把“五朵金花”拆解成“名词”+“数词”，有悖于“五朵金花”的整体性；其次，它所列举的《白族本主文化》、《白族文学史》等书中都没有《五朵金花》的故事原型；最后，白族始祖传说中五个分别嫁给了“老虎、狗熊、蛇、老鼠、毛毛虫”的女性始祖是无名无姓的，与“金花”无关。

既然《五朵金花》的故事原型与白族的民间故事无关，那么金花与阿鹏的名字是怎样被选择的？“五”又是如何被确定的呢？据张树芳口述：“寻找金花这一构思，源于莫沙电影剧本《点苍红旗飘》里反映的白族姑娘杨秀珍为纸厂上山砍竹，因雾大迷路，困于山间，受尽饥寒，厂职工寻找她这一真实故事。”“剧中女子之所以叫金花，源于我们白族民间给女孩子取名普遍喜欢用个花字，为金花、银花、吉花、菊花、灼花”，而阿鹏的名字因为“民间常给男孩取名阿鹏”。至于“五朵”更是文学创作的

---

①《赵继康、王公浦与云南曲靖卷烟厂著作权纠纷案》，《云南省昆明市中级人民法院民事判决书》，（2001）昆民初字第 82 号。

② 张元、李辰亮:《“五朵金花”案引发的法律思考》, 中国法院网, 2006 年 7 月 9 日。

③《赵继康、王公浦与云南曲靖卷烟厂著作权纠纷案》，《云南省昆明市中级人民法院民事判决书》，昆明初字第 82 号。

偶然性所致，张树芳回忆“公浦通读剧本《十朵金花》提纲……大家认为金花太多，剧情太散，应再剪裁取舍”[①]，王公浦质疑张氏，他说赵季康最开始写的是《十二朵金花》，在袁勃的建议下缩减为《七朵金花》，最终被夏衍定为《五朵金花》[②]。

“金花”的原型名字是“杨秀珍”，除“金花”之外大理还有其他各种与“花”相关的女性名字，而“五朵”并非来自“五个女性始祖”的传说，而是文化官员影响创作的结果。同时，卷烟厂所津津乐道的“金花姑太、金花公主”等白族本主形象在汉族的民间故事中也有类似的出现，例如“金花”以及“金花娘娘”曾记载在汉代古籍《广东新语·神语》中。[③]

那么，“五朵金花”的创作立意究竟有没有原型？如果有，它应该借鉴了哪些文艺作品呢？赵季康在一次访谈中提及该影片的三个创意来源，一是白族民间爱情故事《望夫云》。作者声称1956年“去大理收集过民族民间传说，曾经考虑过改编白族的长诗《望夫云》”。二是政府组织的先行写作班子。他们提供了“大理花甸坝矿洞六姐妹的先进事迹”，引发了她“把‘矿洞六姐妹’安置到农、牧、副、渔包括当时大炼钢铁的现实典型环境之中”的设想。三是京剧《花田错》。作者在两次进京汇报的过程中，“参考了当时正在北京上演、放映的京剧《花田错》等戏和电影”，“终于顺利完成了《五朵金花》文学剧本的创作”[④]。这三点中，究竟哪一点才是真正的创作原型呢？

首先，作者自认“《五朵金花》的开场戏，三月街的赛马”，“原是改编《望夫云》组织过的情节”。然而，民间故事版的《望夫云》并没有三月街赛马情节，[⑤]它开篇描写的是朝拜三种神灵的绕三灵盛会。据学者

---

① 张树芳、赵定甲：《〈五朵金花〉访谈录》，《大理文化》2004年第2期。

② 公浦：《读〈《五朵金花》访谈录〉几点质疑——兼及我内心的倾诉》，《大理文化》2005年第1期。

③ 明末清初屈大均《广东新语·神语》记曰：“广州多有金花夫人祠，夫人字金花，少为女巫，不嫁，善能调媚鬼神。其后溺毙湖中，数日不坏，有异香，即有一黄沉女像容颜绝类夫人者浮出，人以为仙，取祀之。因名其地曰仙湖。祈子往往有验。妇女有谣：祈子金花，多得白花，三年两朵，离离成果。”

④ 赵季康:《写在〈五朵金花〉重新上映的时候》,《云南日报》, 1978年10月15日。

⑤《望夫云》的故事详情请参见《白族民间故事传说集》，北京：中国民间文艺出版社1984年版；《白族民间故事》，昆明：云南人民出版社1982年版；《中国少数民族爱情故事选》，兰州：甘肃人民出版社1983年版；《白族神话传说集成》，北京：中国民间文艺出版社1986年版。

研究，绕三灵产生于母系氏族时代，是每年的农历四月二十三至二十五，“亦称合欢会……日间群游各觅佳侣，入夜双栖双宿，苟且之事”[①]。而三月街的产生时间晚于绕三灵，又称“观音街”、“观音市”，最初带有宗教活动色彩，后发展成物资交流集市，每年农历三月十五至二十举行，也就是说，绕三灵与三月街是时间不同、内容不同、功能不同的两种盛会，《五朵金花》的开场戏无疑是对白族民间故事与习俗的随意嫁接与窜改。

其次，“矿洞六姐妹”的先进事迹令她“浮想联翩地把赛马的英雄与矿洞六姐妹搭上了桥”，公浦也进一步证实了该写作班子是滇剧团的席国珍与王少沛，然而，矿洞六姐妹的英勇事迹不过是大跃进生产的政治转喻，与《五朵金花》的爱情喜剧风格大相径庭。

再次，京剧剧幕《花田错》才是影片真正的故事原型。尽管作者在回忆文中只用了简短的两句话介绍前因后果，不但未对该剧做任何评价，并且其他的剧本参与者如王家乙、王公浦等人从未提及过该剧，甚至陈瑞林在季康的访问文章中只保留了前两个艺术来源，完全抹掉了《花田错》的存在。[②]与陈氏相反，笔者认为这一部借由误会巧合、性别错置、男欢女爱而发展出的喜剧才是真正孕育了《五朵金花》的“沃土”，它直接决定了影片的古典式喜剧风格而并非开创了社会主义喜剧风格。原因有以下两点：第一，因为情况紧迫，季康写稿之前无暇去大理采风，仅在昆明滇剧团听取了刚从大理采访回来的席国珍的“矿洞六姐妹”就撰写了《十二朵金花》的提纲，即刻由彭华带领进京汇报。导演王家乙进一步回忆了进京后的情况：夏衍看了《十二朵金花》后，提出：“这恐怕不行，也不能打动人，要观众看一个半小时的纪录片是坐不住的……最好按故事片去写，要有一点情节，另外要写人，作品不写人，是无法感染人、打动人的。”[③]这段话充分说明《十二朵金花》存在着巨大的修改空间，恰恰为正在上演的《花田错》提供了影响的契机。

第二，从文本角度而言，与《望夫云》和“矿洞六姐妹”相比，《花田错》最为接近《五朵金花》的情节走向、人物设置乃至喜剧式的美学风格。《花田错》原只为古典小说《水浒传》第五回“小霸王醉入销金帐，花和尚大闹桃花村”中的一段，传统演法并不完整，只到周通抢亲即止，直到荀慧

---

① 转自杨云飞：《从“掐新娘”看白族先民的生殖崇拜》，《白族文化研究2002》，北京：民族出版社2003年版，第227页。

②陈瑞林：《沃土育“金花”——访女作家季康》，《广西日报》，1980年12月31日。

③王家乙：《王家乙导演谈影片〈五朵金花〉创作》，《电影文学》2010年第1期。

情，走遍苍山洱海寻找意中人。“所谓伊人，在水一方。溯洄从之，道阻且长。溯游从之，宛在水中央”，阿鹏“千里寻佳人”正是《蒹葭》式爱情风格的少数民族演绎。整部电影无论是人物形象还是对白、唱词都充满着主流传统文化优雅含蓄的审美趣味。

女主角在电影中的出场是典型的京剧式亮相，剧本这样写道：“衣着素雅的那个赶车姑娘金花，用草帽半遮着脸儿，默默注视着小伙子修车的动作。”即使用竹筒给阿鹏洗手也“依然半遮着脸”，当阿鹏听到枪响跃上马背奔向赛场而落下工具后，其他姑娘大声叫喊，金花却“轻声阻止她俩”，就算阿鹏的比赛进行到最激烈的阶段，她还是“摆了下手，不让女伴们大声吵嚷”，只“眼睛一直盯着阿鹏，不自觉地把手里抓的那个口袋，紧紧地贴在她的胸口”。作者有意通过其他姑娘的聒噪反衬出女主角的娴静优美。不仅如此，剧本中关于副社长金花的形容词都集中在“默默”、“轻声”、“轻理（着头发）”、“微笑”、“躲在”、“羞涩”、“撒娇”等字眼上，甚至阿鹏也出现女性化倾向。在唱词上，金花的《绣围裙》深得宋词之婉转幽深。

“金线挑来银线绣，绣得春色飞上楼，暗藏心事有谁知？难解相思愁！燕子飞过楼窗口，要捎书信又害羞，莫是剑川花开迟，误了好时候？”

此词得闺怨之法，充盈着“绣”、“春色”、“上楼”、“心事”、“相思”、“燕子”、“书信”、“花开”等传统意象。影片故事发生在农历三月中旬，正是春暖花开相思成灾的时候，作者以“春”为词眼引出思春少女的百转愁情。词之上阕写上楼之感，温庭筠有“梳洗罢，独倚望江楼”，李白有“暝色入高楼，有人楼上愁”，写的是登楼抒愁思的场景；“绣得春色飞上楼”继承了女诗人将织绣与闺阁愁思相连的传统，张玉娘之“鸳鸯绣罢阁新愁，独抱云和散画楼”、盼盼之“坐绣日高花影移，天涯人怨动遐思”，女性以日常针绣生活为兴发之物，进而抒发相思之情；“暗藏心事有谁知？难解相思愁”又与朱淑真之“初合双鬟学画眉，未知心事属阿谁”构成了古今对话。

下阕继之古风，以“燕子”兴发，首先，燕子是随季节迁徙的候鸟，春天社日北来，秋天社日南归，是春的信使。其次，燕子雌雄颉颃，双宿双飞，是美好爱情的象征。再次，燕子南来北往，可代人传书，一解离情苦楚。词中“燕子飞过楼窗口，要捎书信又害羞”则采用了“代人传书”之说法。后句“莫是剑川花开迟，误了好时候”以花开再次点明春意，所谓“燕归君不归”，“终日两相思”，不疑君失信而疑花开迟，唯恐错过三月相逢日，喜作“愁语”的闺阁传统写活了“春日思春”的怀春少女对于爱情的向往和对情郎的思念。

相反，真正的白族爱情歌谣是简单直接的，其活泼的感观方式残留着少数民族文化的原始活力。在他们的爱情观中，解决“山”和“水”等具象阻力的办法绝不是“千里寻佳人”式的“溯洄从之”，而是采用暴力解决客观阻碍，最终完成两人的结合。如白族民歌《推倒高山住一坝》：

“哥妹什么来相隔？哥妹隔着一座山，哥妹隔着田一坝，分开在两边。坝子本是无情坝，高山本是无情山；推倒高山住一坝，天天能见面。”

又如《喝干大江来相会》：

“男：花上花，只爱阿妹这朵花；阿妹啊，要想移花没花盆，要想过江无渡筏。

女：无盆难阻花发芽，无筏难挡人过江；阿哥呀，喝干大江来相会，推开高山同一堂。”[①]

《推倒高山住一坝》用拟人的手法把高山和坝子作为无情之物与有情人形成对比，展现了少数民族奔放的自然想象力。“推倒高山”进一步体现了白族彪悍纯朴的民风，在爱情面前，苍山可推倒，洱海亦可填。《喝干大江来相会》中“喝干大江来相会，推开高山同一堂”也一反“汉之广矣，不可泳思。江之永矣，不可方思”中爱情主体面对汉水和长江之阻力，只能无可奈何，在幻想中寄托思念的行为，而是以“喝干大江”的雄浑气势反映了少数民族在对待以“水”为代表的自然干扰面前的无可匹敌的爱情勇气。

三、“男”追“女”：主客体的族际书写

刘禾认为“殖民地支配者和被支配者的关系，在中国民俗学的语境里，被转换成了大汉族主导文化与少数民族及区域方言文化的关系”[②]。电影《五朵金花》无意于少数民族区域风俗的探索，它的兴趣是通过异族拟叙事完成主流文化价值的书写，以主客体的文化模式展示汉族与少数民族的关系，使之发挥“统治国对于隶属民族可以从此得到较善的统治法”的作用。[③]影片中男追女，凤求凰，琴瑟和鸣的爱情模式象征着作为“男性”的汉族

---

①李耀宗等编：《中国少数民族情歌选》，成都：四川民族出版社1985年版，第214~215、199~200页。

②刘禾：《语际书写——现代思想史写作批判纲要》，上海：上海三联书店1999年版，第157页。

③何思敬：《民俗学的问题》，《民俗周刊》1928年第1期。

对于作为“女性”的少数民族的情感追逐，并最终统一于党的社会主义宗旨之下。

1958年，为了配合经济建设的“大跃进”，毛泽东提出“新民歌运动”并在全国掀起了轰轰烈烈的民歌采风与创作竞赛。民歌资源丰富的云南省委宣传部向各县委发出了“立即组织搜集民歌”的通知，大量的少数民族长诗短歌发表在报刊上，甚至收集成著作出版。①然而，这场文化运动与现代民俗研究“意义完全不同”。②赵毅衡通过《我就是玉皇》的创作过程得出新民歌体“是一种以貌似天真无邪的强借大众名义的作伪手段”。③《五朵金花》也以假借白族故事的伪民俗形式呈现于荧幕之上。与《刘三姐》的“汉族文化对少数民族”的“占有和强行改编”④不同的是，《五朵金花》只是汉族文化一厢情愿的他者想象与文化殖民。影片花费近2分钟重点表现了剧本中轻描淡写的一个场景——“一个女歌唱家登台了，高音喇叭里播送出嘹亮动听的歌曲”。电影中，这名女歌唱家的扮演者是云南著名的歌唱家黄虹，她出生于昆明，“长于演唱云南汉族民歌，地方风格突出，泥土气息、生活气息浓郁”⑤。这位身着汉族民间服饰的歌唱家用活泼婉转的汉式小调吸引了舞台底下一大群少数民族听众，一方面有效展示了新中国族裔之间的文化融合；另一方面，却以一种居高临下的姿态解构了少数民族的“能歌善舞”。

1958年底，时任中央文化部副部长夏衍在云南主持西南区民族文化工作会议，会议期间，夏衍在袁勃的陪同下，参观了大理古城、周城村、苍山花甸坝以及南诏德化碑、元世祖平云南碑和崇圣寺三塔，每到一处都受到了“古代迎接贵宾的形式”的招待。首先，这次美好的云南白族之行让夏衍“对白族很感兴趣”，并直接决定了他于1959年初选择白族题材电影作为国庆十周年献礼。⑥其次，与其他民族相比，白族是最早接受汉化的少数民族之一。春秋至唐初，中原华夏文明逐渐进入白族，唐王朝时南

---

①《大规模地收集全国民歌》、《大家都来学民歌，云南民歌集出版》，《人民日报》，1958年4月14日，1958年4月4日。

②刘禾:《语际书写——现代思想史写作批判纲要》，上海:上海三联书店1999年版，第162页。

③赵毅衡:《村里的郭沫若:读〈红旗歌谣〉》，《今天》1992年第2期。

④郑天健:《关于〈刘三姐〉的创作》，《剧本》1960年第9期。

⑤金重:《黄虹论》，《民族艺术研究》1993年第5期。

⑥公浦:《读〈《五朵金花》访谈录〉几点质疑——兼及我内心的倾诉》，《大理文化》2005年第1期。

诏国成为中原政权的藩属国，元朝消灭大理国改建行省，白族正式成为主流国家意识中的一部分。我们从“古代迎接贵宾的形式”以及“元世祖平云南碑”等风俗与古物上便可一窥悠久的臣服历史，毫无疑问，选择白族题材最能体现“统治国对于隶属民族”优秀的“统治法”，同时也最易成为汉族观众普遍接受的通俗文化的表现对象。夏衍一早就将电影的主题定为“表现祖国的山河美、人情美，主题意义就是社会主义好”，周恩来也评价它“歌颂了我们美好的国家美好的人，歌颂了我们人与人之间的美好关系”。显然，少数民族（白族）是缺席的，“国家”和“人民”把民族之间的文化差异统一于中国（汉族）的整体概念之中。

在白族的民歌与民间故事中，女性的主动意识非常强烈，当男性遇到困难，她却能异想天开地提出“喝干大江来相会，推开高山同一堂”的建议，而《辘角庄》中的白圭主动向父亲讨要天婚，坐在牛背上让牛走到哪家嫁哪家。《五朵金花》中的女主角们虽然身兼副社长、炼钢组组长等社会职务，在两性关系中却退位于“被追逐”的客体状态。

金花虽对阿鹏一见钟情，却始终草帽遮面显示矜持，即便用竹筒浇水给阿鹏洗手，都未展露真容。第二次见面是赛马会后，金花把阿鹏落下的工具送还给他，当她漂亮的面容和健美的身材“怔住”了阿鹏时，金花却悄然退出。第三次见面是阿鹏众里寻她千百遍，独步洱海却幸闻歌声，于是蝴蝶泉边又见金花。在这场定情戏中，只要阿鹏显出主动性意向，金花立即采用欲迎还拒、徘徊不定的态度。她一开始在泉边提问“小妹梳头为哪椿”？阿鹏回应“唱个山歌试妹心”，金花“轻理着头发”，“微笑”地鼓励：“有心唱歌莫多问”，“见面好相认”。阿鹏接着大胆地“拨开前面的花丛，向姑娘走去”：“哥是有情人啊！”金花却立刻退缩“躲在古老的蝴蝶树旁”劝阻阿鹏：“朝露哥莫学！”阿鹏并不理会，他进一步来到金花的身旁，借着一把银鞘短刀表白心迹：“哥心是钢最坚贞”，“难折好钢刀”，金花依然“微带羞涩地避开小伙子的视线”，唱出自己的重重疑心：“山盟海誓先莫讲”，“阿哥有心再来会”，“相会待来年”。唱罢“羞涩地低下了头，接过刀，一笑跑了”。金花的“思春”—“徘徊”—“逃离”重现了《西厢记》中崔莺莺月夜和诗“兰闺久寂寞”却又临阵“赖简”、《红楼梦》中林黛玉与贾宝玉共赏《会真记》却又“微腮带怒，薄面含嗔”的场景，汉族女性矛盾犹疑的爱情心理影响了季康笔下的金花形象，呈现出被动的情爱结构。

20 世纪五六十年代的少数民族题材电影建构了一种整体的想象性民族诗学，一方面汉族文人把自己的审美想象与异族欲望强加于少数民族题材的文艺叙事中，使之成为主流观众喜闻乐见的美学形式。另一方面影片“互补”了汉族文化中稀缺的因子，构造了中华文化多重性的幻境，满足了观众“换位”的快感，这些造成了“自己梦境和意识幻想的观众”将“沉迷于人类经历中那些异常的、禁忌的、不正当的事情”。[①]尤其是影片中的情歌对唱，让观众换位成异民族的文化主体，通过暂时忘却汉文化传统带来的羞耻感，从而安全地体验到异族的两性经验。然而，汉族编导们在异族采风过程中也“并非客观的观察者”，“而那些被研究的人也是复杂的人，并非只是被观察者，他们也在主动利用他”。[②]一方面，少数民族主动接受了被汉化的命运，白族人也认为《五朵金花》“反映了大跃进以来白族人民新的生活和新的面貌”，因为“他们把又穷又白的大理，变成了社会主义的幸福的乐园”[③]。另一方面，汉化与雅化意味着艺术的主流化，少数民族通过主流化的表达方式保留并发扬了其文化遗产，甚至因此获得丰厚的旅游资源与经济效益。

少数民族影视音乐大师雷振邦曾以“太单调，不好听”来评价拉祜族的一首“当地最流行的民歌”[④]，如果一个专业音乐家需要花费大量的时间和精力才能欣赏一首地道的民歌，这对于普通观众而言更是不可能完成的任务。因此，主题、情节、人物甚至音乐和美工上的汉化与雅化成了少数民族电影走向主流文化群体的必要条件。面对当代少数民族电影无法进入主流影院的困境，饶曙光呼吁国家性的“政策安排”和政府“有形的手”的援助，[⑤]在这个层面上，20世纪五六十年代少数民族题材电影的美学特征与生存状况能够给予我们有益的启示。

（原载于《民族艺术》2012年第4期，略有修改）

---

①［美］伊万·布莱迪编，徐鲁亚等译：《人类学诗学》，北京：中国人民大学出版社2010年版，第83页。

②［美］詹姆斯·克利福德编，高丙中译：《写文化——民族志的诗学与政治学》，北京：商务印书馆2008年版，第12页。

③王存高：《喜看“五朵金花”》，《中国民族》1960年4月刊。

④吕金藻：《浓郁的民族风格，鲜明的地方特色——谈雷振邦同志的电影音乐创作》，《人民音乐》1983年第3期。

⑤饶曙光：《少数民族题材电影：概念·策略·战略》，《当代文坛》2011年第2期。

"瓮中之众"：电影作为广告媒介的受众研究述评

刘　荣

（广州大学新闻与传播学院广告系讲师，博士）

我们常用"瓮中之鳖"来比喻已在掌握之中，逃跑不了的东西。电影作为传递广告信息的新兴媒介，便拥有这种使人如在瓮中，不能逃脱的巨大魔力。这种魔力使得你作为电影观众，在感知到广告信息时，没有办法通过换台、关闭等一系列惯常做法来回避它。尤其当你处在座椅舒适、温度适宜的影院放映厅时，巨大屏幕的视觉冲击、杜比音响的周身环绕，整个空间氛围就像是一个无形的"瓮"，将你牢牢套在其中，难以逃脱。而作为被引诱入瓮的你我他，构成了怎样的受众图景，与其他媒介相比又有哪些独特之处，这是本文的探讨重点。为了贴合叙述视角，本文仅以在影院环境中的电影受众为目标对象，为了表述的自然，"电影观众"、"电影消费者"会与"电影受众"交替出现，但其内涵所指是一致的，都指在电影院观看电影的人群。

一、电影作为广告媒介的价值

国内综合性广告代理公司已经注意到，电影正成为客户考虑的新媒体[①]。尽管关于电影营销还没有来自可靠第三方的数据支撑，但票房的上涨和四大黄金档期[②]的成熟意味着看电影的人越来越多，电影媒体的影响力也随之扩大。其价值和优势在于：

（1）从媒体传播效果来看，在电影院内，广告的观看和接受效果比一般的环境效果要好，电影放映前的5~8分钟时间段，对于广告主和整个行业而言，是一块很大的空间。这一点国内外的认识是一致的。因为进场看电影的观众很难回避广告信息，而这正是传统媒体最大的软肋。电视、

①郑香霖：《电影营销：小荷才露尖尖角》，《中国广告》2010年第5期。

②指贺岁档、春节档、暑期档、黄金周档（"五一"和"十一"）。

广播观众可以通过调台来避开广告时间，网络用户可以通过过滤软件来逃离广告信息，户外广告则可以通过转移视线和离开现场来避开。但当影院灯光开始变暗，杜比环绕音响徐徐响起时，你躺在舒服的皮沙发上，温度适宜，爆米花香甜，看几个广告打发等待开场的几分钟似乎也没什么不好。

（2）从受众群体的价值来看，媒介用户碎片化使得18~35岁这一最具营销价值的受众群体很难覆盖到，而这群人正是影院受众的主要构成部分。这里以CMG[①]的调查为例做一个直观的感受：进入影院的观众平均年龄在31岁；他们关注品牌、可支配收入高；18~50岁的观众占70%；53%的观众为女性；60%的观众已婚；65%的观众受过大学教育；这些人居住在距离影院7~10英里范围内。同时，由于电影院的选址往往在商业中心，看电影的和在社区购物的也往往是同一群人。这就意味着，每个电影院的消费者都是一个潜在的社区商家的消费者，有着较强的消费驱动因素。

（3）从未来的发展前景来看，电影、电影院及电影的话题性这三方面都有营销价值和社会影响力。一场好的电影能产生上亿元的商业价值，聚集规模庞大、不亚于电视黄金档的观影人群，非常适合集中性的品牌宣传。这从下图中的数据中可见一斑，每年的观影人数都在稳步增长，在2009年，达到了2.1亿人次，构成了非常可观的受众群体。此外，观众来影院也不只是观看电影那么简单，在影院内和周边会有很多消费行为发生，比如吃饭、购物、游戏等，这也使得电影院作为整合营销的平台成为可能。电影的话题性也是其他媒体不能比拟的，一部在多家影院上映的片子，随着票房的上升，对影片的讨论和报道也会使得关注人群增多，将并没走进影院的一部分人也囊括进来。

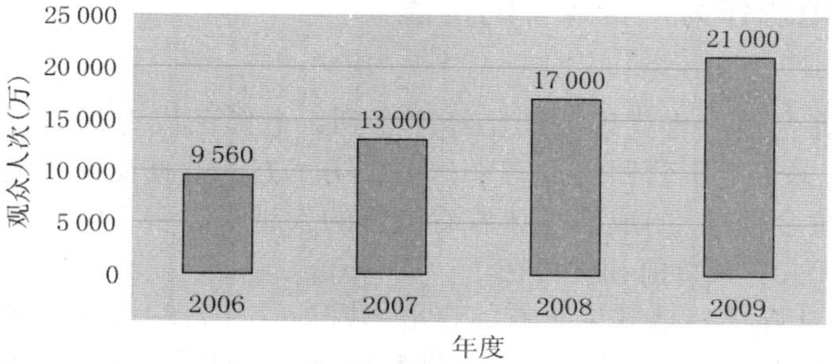

2006—2009年中国城市影院观众人次趋势

数据来源：2010年中国电影产业研究报告。

① Cinema Marketing Group，美国一家专营影院营销的公司。

二、电影受众的特征描述

在与其他媒体的接触过程中，受众在时间的控制上和空间位置的选择上是完全自由的，这些自由增大了广告费打水漂的风险。但是对于在影院看电影的观众，这样的风险被大大降低了。正如最常用来描绘电影受众的英文单词“Captive”所形容的，你被俘获了，成了瓮中之众。除了“被俘获的受众——瓮中之众”这一显著标签外，对电影受众的描述还集中在这样一些方面：

（1）年轻、受过良好教育、收入比平均水平高。在这三项人口统计特征上，国内外研究高度一致[①]。这三项一再被强调的特征是驱动美国电影中广告数量不断增长的三驾马车。尤其是在汽车商眼里，这群人喜欢品牌、比一般人更富足、喜欢花大钱购物。国内对电影受众的描述也强调了“价值群体”这一点，认为他们更年轻，收入、学历都比普通大众高，品牌消费的意识较强，是电影媒体的价值和本质所在。

（2）对于国内电影受众来说，“娱乐休闲”是消费者观影的主要动机、“票价接近”是消费者选择豪华影院的重要诱因、“服务管理”是消费者选择影院的主要影响因素。在营销策略的反应上，观众对票价下调非常敏感，但和服务、环境相比，后两者更重要[②]。从这里我们可以看出，与其他媒介相比，电影消费者更注重观影过程中舒适的身心体验，尽管对价格的敏感与在消费其他产品时类似，但保证休闲质量的服务和环境因素却更为重要。

（3）在电影消费者的认知和态度方面，学者们看法不一。有的学者认为，现在影院播放的是制作比较讲究的广告，观众还不太反感[③]；有的则认为在“经济挂帅”指导思想的引领下，我国目前的电影广告大有“泛滥”的趋势，无论是植入式的隐形广告，还是非植入式的贴片广告或映前广告，都已经到了令观众反感的程度[④]，甚至有人认为，国内观众不愿意看到电影之前的贴片广告。与国内学者说法不一的情况相反，国外研究呈现出一

① Christine Bunish. “The Power of In-cinema Marketing”. *Advertising Age*, 2005, Mar 28, 76(13).

②毕玉：《南京地区豪华影院观众消费行为调查报告——以新街口国际影城为例》，《消费导刊》2010 年 4 月刊。

③黄升民、姜江：《电影媒体将成为很好的“户内”户外媒体》，《中国广告》2010 年 5 月刊。

④刘双舟：《电影媒体价值的提升呼唤观念的转变》，《中国广告》2010 年 5 月刊。

边倒的乐观景象。我们从下表中可以看出，以电影为媒介播放广告能起到较好的认知效果，且相比其他广告方式有更积极的态度倾向。

关于认知和态度的研究数据

机构 / 研究名称	数据信息	备注
1.Lieberman Research for Screenvision, 2004	■ 认知方面 64% 的品牌回忆率（包括辅助 / 无辅助回忆）。 ■ 态度方面 （1）65% 的品牌偏好（包括喜欢 / 有些喜欢）。 ■ （2）51% 的购买意向（包括肯定购买 / 可能买）。	服装、软饮料、汽车、化妆品、香水以及越野车的品牌偏好高达 84%~96%。
2.National Research Group for NATO	态度方面 （1）63% 的受访者回答：他们的影院体验没有因为广告而变得消极。 ■ （2）81% 的受访者回答：他们不会因为播放广告而回避一家影院。	无
3.Arbitron Study，2003	态度方面 （1）对“我不介意在电影开始前播放广告”这句话选择“非常同意 / 同意”的： 12~17 岁，占 72% 18~24 岁，占 68% 55 岁及以上，占 59% （2）认为电影广告比他们看的电视广告“更有趣”的情况： 18~24 岁，占 62% 25~34 岁，占 58% 55 岁及以上，占 30%	综合来看，年轻人对电影广告持积极的态度。

三、电影受众的研究小结

2004 年，在电影中植入广告的方式引发热议，争论的焦点在电影作品本身，并没将影院也纳入电影营销的讨论范畴。随着电影市场观众规模的稳定增长和固定消费群体的形成，不只是电影，影院场所本身作为广告媒体的价值也突显出来。2010 年 5 月，《中国广告》做了一期电影营销的专题，从专题内容上看，电影营销囊括了电影、电影院以及与电影相关的一系列营销活动。2010 年 8 月，在北京举行的“首届中国电影营销价值及院线投资论坛”在谈及电影营销时，则更具体地涉及线上的广告植入、广告贴片，线下的活动冠名、广告短片等一系列的打包宣传，即“电影的整合营销”。这意味着，电影受众的概念外延从之前“看电影的观众”拓展到与电影、电影活动、电影资讯等相关的所有目标对象。

除了概念的拓展和延伸，国内外的电影营销人员还从传统广告轰炸的弊端中吸取了教训，比较注重受众的广告观感体验和对广告的接受心理。从画面质量和内容控制两个方面双双把关，把进入影院的观众当作“宾客”，提供不招致反感的广告，放慢脚步，有序深入，谨慎地向目标群体伸出营销的触角。如，国外有映前 9 分钟的广告时长限制，国内有 8 分钟的业内共识。这些努力都将在保护好平台价值的前提下，为电影受众提供舒适的娱乐体验，使其如在瓮中，不愿逃脱营销的捕捉。

［原载于《广告大观》（理论版）2011 年第 3 期，略有修改］

世俗英雄
——论香港警务剧之警察形象塑造

许莹冰
（广州大学新闻与传播学院播音主持系讲师）

香港电视剧从20世纪80年代进入内地，就迅速以题材新颖、内容时代性强、演员生活化演绎等特点，使内地观众耳目一新，受到多年的热捧。在内地电视剧的制作越来越成熟的今天，我们仍能从香港电视剧的制作中获得有益的经验。

按照主题和选材，我们可以将香港电视剧分为警务剧、神话剧、民国剧、武侠剧、时装剧、都市情感剧、亲情伦理剧等。在这浩瀚的剧类大海里，我仅选取警务剧来以一斑窥全豹吧。

香港警务题材的电视剧除了在香港拥有稳定的受众群，长盛不衰外，在内地也很有市场，不但香港人爱看，内地人也喜欢看。本文将以香港警务题材的电视剧为研究对象，以其警察形象的特点与塑造手法为切入点，分析研究香港警务剧的创作模式，借以反观国内警务题材电视剧的人物塑造问题，以资提供借鉴和参照的经验。

一、警察形象的塑造有模式可循

香港警务题材电视剧中对于警察形象的塑造，有一个明显的共同特点——展现世俗英雄，即展现各类警务工作者的平凡性与英雄性。无论是《陀枪师姐》中的陈小生，《离岛特警》里的家聪，或是《烈火雄心》里的骆天佑，还是不久前热播的《刑警2010》中的米安定，让观众看到的都不是高大全的精英形象，而是真实可感的，如同身边邻居一样的平凡人。这些警察有的带点痞子味，有的幽默，有的脾气火爆，有时也会懦弱怕事、会嫉妒他人，性格虽然各有不同，却都会在关键时刻彰显出人性的光辉，有着自己做人的一杆秤。因为角色展现出的性格中的多样性和复杂性，使得观众能在里面找到自己的影子，感同身受，自觉不自觉地将自己的生活与剧情相对应，从而产生“生活就是如此”的审美感受。同时，电视剧是源于生活又高于生活的艺术创作，编剧将正直、诚信、奉献、宽容、孝悌等传统道德理念隐藏在剧情中，通过角色自身的思考或角色之间的矛盾冲突，不着痕迹地散发出来，传递出来，给予观众现实生活的心灵指导。

香港警务题材电视剧的题材涉猎面很广，从消防（《烈火雄心》）、缉私（《缉私群英》）、扫黄（《扫黄先锋》）、谈判（《谈判专家》）、刑事侦查（《雷霆第一关》、《刑事侦缉档案》），到刑警（《O记实录》、《刑警2010》）、法医（《鉴证实录》、《法证先锋》）、女警（《陀枪师姐》）、学警（《学警雄心》、《学警出更》），可谓是网罗香港警察的各类职务。通过比较分析，笔者发现这些连续剧里的警察角色都有共同的特点，就是他们都是“平民英雄”。对于香港电视剧对警务人员的塑造手法，笔者归纳出以下几种模式：

1. 以平凡出身塑造主角的平民性

在警务剧中，警察角色虽然性格各异，却都有着平民百姓的习性，他们一般出身于市井阶层，或者家庭情况属于中产阶级。如《烈火雄心》中的骆天佑、大兴、司徒拔三人是屋村中从小玩到大的密友，三人中的天佑憨直、热心，大兴鲁莽而正直，司徒拔爱偷懒、耍小聪明，后来三人一起考上了消防员。天佑幼年被消防员由火警中救出，所以心藏当消防员的理想，为人正派，非常有责任感，而好兄弟大兴与司徒拔，设计为与其作比较、衬托的角色。这帮年轻人好玩、孝顺、富有正义感，同时也有人性的弱点，所以后来司徒拔走上协同犯罪之路，却能自责自省，乃至最后以自杀警醒兄弟与社会。而戏里的女警主角，同样也是草根出身——沈碧瑶因父亲去世后留下一笔巨债，要她独力承担，却得不到警察男友的支持，因而在赌气和无奈下报考消防员。这个后来有英勇表现的女消防员，在最初的入门考试中竟然作弊。这些角色往往是骨子里正直、充满爱心、积极向上，表面却表现出斤斤计较、自私小气、爱贪小便宜等小市民的缺点，这些个性因为其出身与成长背景，而显得真实可信。

又如《扫黄先锋》中的督察江楚帆，中年发福，缺乏男子汉的霸气和硬朗，对老婆唯唯诺诺，虽然有点小聪明，但是心胸比较狭隘。从第一集开始，这位主角就“展现”出他的“草根魅力”——一意孤行地执行放蛇行动，失败后责怪与其有意见分歧的同僚公报私仇；妻子的新铺开张，穿着随便就去参加，备受诟病；以欺骗、胁迫的幽默方式让嫖妓的表兄为自己做内线——这绝不是一个帅气俊朗、英勇过人的主角形象，反而像是一位邻家大叔，幽默而无能，可是他敢于孤身犯险、深入虎穴查找犯罪证据，他对于警察职业是那么忠诚与热爱。

女主角欧阳枫隶属警察局调查科，是个孤儿，虽然正直善良、积极上进，但却因出身贫贱和从事警察这种高危职业，而遭遇男友家庭的冷眼与反对。编剧一边赞颂警察的奉献精神，一边也将警察的无奈与世俗的价值观念交融制造出矛盾，让受众得以观人生百态，品人生百味。

2. 以世俗的个性展现真实的人格魅力

如果一个英雄集坚定的信念、高尚的情操、过人的胆识、敏捷的判断力、善良的品性于一身，我们一定会觉得这个人不真实。香港警务剧从来不喜欢设计高大全的角色，而是让角色个性鲜明，在每一位英雄身上，都有着普通人常见的性格缺陷，或者是价值观的小偏差，或者是不雅的行为习惯，然而正是这样设计，才让这些角色真实可感、鲜活立体。

《陀枪师姐》中的陈三元，代表满脑子理想主义的年轻警员，充满正义感和抱负，见到出事就往前冲，而娥姐是警局里的行政职员，是个热心而思想单纯的家庭主妇式人物，她为大家合买六合彩、开会给大家准备风扇、为新来的女警察送上小礼物等，展现出世俗而平凡的人生状态。在谈到为何当警察时，她给出了很实际的答案："说为人民服务是假的，贪它福利好、人工高又铁饭碗，价值高啰。"——真实得很。

又如剧中的枪械专家陈小生，在三元盲目追逐逃犯导致闹市枪击案后，与三元谈如何做好警察。三元质疑："警察应该见贼就追呀！""我不是说做一个英勇的警察不对，是要勇得有智有谋才行，没智没谋像无头苍蝇一样到处撞，那叫愚勇。"短短几句话，展现了他机智果断的一面。而与娥姐误打误撞的几次冲突，以及他喜欢下厨煮饭的情节，展现的是他在生活中的小男人的黏糊劲和顾家精神。是人就离不开吃喝拉撒的凡人琐事，香港电视剧往往会展示出主要人物的生活全景，从工作、生活、朋友圈等多层次多角度来展开剧情，从而塑造角色鲜明而鲜活的个性。

个性中小缺点的存在除了令角色更真实，让观众看来更具有贴近性，易于引起共鸣乃至审美愉悦以外，也使剧情更具有张力。因为正是这些小缺点，为今后角色的转变或蜕变埋下合理的伏笔，成为推动矛盾冲突和剧情发展的因素之一。

在《学警狙击》里，卧底Laughing哥梁笑棠以鲜明的个性，彰显出亦正亦邪的英雄本色，广受好评，该角色大获成功，成为香港警务电视剧中一个经典形象。甚至因为观众的喜爱程度而令电视台推出第二版，改写其牺牲的情节，更由此衍生出"Laughing哥"的电影版和前传。一个电视剧中的配角竟然引起如此广泛的关注，这在以前的电视剧收视反应中是少有的。梁笑棠在剧中一直以玩世不恭的混混形象出现，直到剧情揭穿其卧底身份，大家才一下子看清他隐藏在平民形象之下的英雄本性，其为隐瞒身份完成任务而参与打斗伤人行为后的自责，那份心灵的煎熬，那份孤独与隐忍，表现得如此真切。

3. 以剧情的生活化展现角色的平民性

《离岛特警》中，杨家聪原为卓越的香港飞虎队成员，在一次任务中受伤后，休养期间被调入民风朴素的坪洲驻守。与众多警务剧不同，该剧选择了一个小岛为故事背景，以悍匪要报复警察和继续作案为主要线索，围绕一桩桩扑朔迷离的案件，刻画出一个个有血有肉、有情有义的人物。该剧走出一般的“官兵捉强盗”故事的桎梏，将人物从单一的警匪关系延伸发展为朋友、继而是情敌再变为对手关系。在这里面，有警、匪惺惺相惜成为朋友，又因为法律形成敌对关系的矛盾，有好友之间三角恋的纠葛，有生母不能相认、继母大爱动人的伦理价值观，还有对于恩情与爱情如何抉择的痛苦纠结。帅气的家聪富有正义感而有点大男子主义，疾恶如仇，大公无私。从飞虎队这样一个精英部队调到坪洲这个小岛上，开始非常不适应慵懒的工作氛围，整治纪律却不得人心。小岛上似乎一切都是风平浪静，接触到的尽是些邻里纠纷、骗取保险的小案。小岛上民风淳朴，但信息闭塞，村民的观念也比较落后、愚昧，村民之间虽有矛盾但却很团结，一致对外，家聪费了很长的时间与精力才逐渐融入村民。

整部电视剧的情节就像扔入湖中的一颗石子，激起一层层往外扩散的涟漪，这与国内警务片喜欢用树形或线性交叉的故事情节表现很不一样。在该剧中，每一集都会出现很多矛盾冲突，而每一个冲突的结果又迅速成为下一步剧情发展的起因，甚至激起一圈的连锁反应，同时充分地展示了人物的性格。如第一集，家聪枪伤被逼参与抢劫行动的安顺，打死威豹；威虎眼见弟弟被打死并看到家聪的面貌，潜入医院想杀家聪；来医院探望妹妹的静芝，碰巧暴露了威虎，家聪救静芝的同时也使威虎刺杀未遂逃跑；家聪同事兼好友天佑鼓动家聪向静芝示好，与静芝的妹妹静茵四人初次认识；顾及家聪的人身安全，警察局将家聪派往坪洲岛；家聪与天佑提前到坪洲岛“微服私巡”，与骑单车送酱油的安心相撞，引起误会；安心回家换衣服时发现有人偷窥，偷窥者逃跑时遇到家聪二人，使家聪被安心及村民误解为偷窥者；家聪用警务知识拼出犯人图像，却发现村民“家丑不计较，外人不放过”的劣性。在这部分剧情中，村民粗俗的着装、语言、行为充满市井味道，随着一对对矛盾的纠结、冲突，除了主角以外，连一众配角也是性格鲜明。家聪热爱事业，积极向上而不善变通；天佑聪明豁达，精通人情世故；安心男孩子气，聪明能干但思想保守、性格倔强；安全是小混混，目无尊长，欺善怕恶；安顺的爸爸脾气暴躁，与子女感情生疏，只看重钱；警长陈仲棋是典型老好人性格，处处圆场，一句“多一事不如少一事，少一事大家好办事”道出了他自己的心声与性格。

4. 以大事件突出角色的英雄性

由黄日华、苗侨伟、宣萱领衔主演的台庆剧《刑警2010》，掀起收视热潮。《刑警2010》有别于一般写实的警务剧，它以一个刑警的传奇故事作包装，描写一名原本充满正义感的警察如何变成知法犯法、挑战法律的危险人物，从拯救他人走向自我毁灭之路。剧中案件主要以香港十大重案为蓝本，选择观众熟悉的象征性场景，加入新的曲折案情和人物恩怨，重新塑造案件，令全剧剧情更加紧张精彩。

围绕这些大事件的侦破过程及抓捕罪犯的过程，一众警察的机智和英勇拼搏的精神得到了全面的展示。

侦破灶底藏尸、密室杀人案时，米安定与石东升在追捕逃犯的过程中充分展露出他们的勇猛与奋不顾身的崇高精神。石东升不顾个人安危，与嫌疑犯在摇摇欲坠的竹棚上追逐、打斗，更从二楼的高处飞扑向已落地的嫌疑犯；米安定看见同事身处险境，也立刻爬上建筑棚架，及时抓住坠落的石东升，更不顾自己安危，将东升晃到安全地带而自己却坠落到地上。在快节奏的6分钟镜头里，拉扯、追捕、攀爬、跳跃、打斗，时间虽不长，却充分展示了香港警察的拼搏精神、忘我精神和舍己救人的高尚情操。

二、电视剧带来的现实意义

一度轰动国内外的菲律宾绑架香港人质事件，最后是以8死6伤的惨痛结局收场的。我们姑且将菲律宾警方与相关负责人在该起人质事件中低下的应变能力和低劣的处理手段放在一边，而探讨一下香港人质自身的处事态度与方式。在被劫持的时间里，香港人质表现出过人的智慧与胆识——将其他团友的孩子谎称为自己小孩一并带下车而成功获救的曾女士；勇敢扑到哥哥身上为哥哥挡子弹的梁颂仪；曾考虑夺枪自救，最后为阻止枪手开枪而不幸遇难的梁锦荣；勇敢维护客人，血洒工作岗位的旅游团领队谢廷俊。事态的发展一直揪着我们的心，甚至像电视剧一样迂回起伏，悬念四起。为什么要把这么重大的事件比喻为电视剧，这似乎不合情理而缺乏人文关怀。这是因为，我们从新闻画面、生还者的讲述、相关深入调查的细节里，可以还原出像电视剧一样的情景——只是，这不是演戏，而是一场真实的灾难。

面对灾难，正是考验人性光辉与黑暗的时刻。我们看到人质机智勇敢地将别人的小孩也带走，而不是只顾自己逃命；看到面对绑匪的责问“谁是负责人”时，勇敢站起来与绑匪协商的香港领队是何等的大义凛然，菲律宾导游则以身体和家庭状况可怜为由而第一个离开，并没顾及自己是车上唯一能与绑匪进行语言沟通的人，她的责任心和大爱精神与香港导游谢廷俊相差甚远。

我们的电视剧总是将宣传教育功能摆在首要位置，要么是唱响主旋律，